新形势下工会干部能力与素质提升系列

工会主席当好“娘家人”的20种艺术

GONGHUIZHUXI DANGHAO NIANGJIAREN DE 20ZHONGYISHU

闫晓燕◎主编

中国工人出版社

图书在版编目（CIP）数据

工会主席当好“娘家人”的20种艺术 / 闫晓燕主编.—北京：中国工人出版社，2016.6
（新形势下工会干部能力与素质提升系列）
ISBN 978-7-5008-6435-6

Ⅰ.①工…　Ⅱ.①闫…　Ⅲ.①工会工作—中国—干部培训—学习参考资料
Ⅳ.①D412.6

中国版本图书馆CIP数据核字（2016）第121648号

工会主席当好“娘家人”的20种艺术

出 版 人	芮宗金
责任编辑	吕　静　王　璇
责任校对	孙湎伟
责任印制	栾征宇
出版发行	中国工人出版社
地　　址	北京市东城区鼓楼外大街45号　邮编：100120
网　　址	http://www.wp-china.com
电　　话	（010）62350006（总编室）　（010）62005039（出版物流部） （010）82075935（工会与劳动关系分社）
发行热线	（010）62004002　（010）82081553（传真）
经　　销	各地书店
印　　刷	北京市密东印刷有限公司
开　　本	710毫米×1000毫米　1/16
印　　张	16
字　　数	230千字
版　　次	2016年7月第1版　　　2016年7月第1次印刷
定　　价	40.00元

本书如有破损、缺页、装订错误，请与本社出版物流部联系更换

工会主席当好职工“娘家人”的诀窍

习近平总书记在同全国总工会新一届领导班子集体谈话时指出：“工会干部要努力把自己锤炼成听党话、跟党走、职工群众信赖的‘娘家人’。”工会干部当好职工群众的“娘家人”，是党的殷切期望，是职工群众的强烈期待，更是工会组织肩负的神圣职责。工会主席是工会工作的领导者，承担着组织、指挥、协调的重要职责。因此，工会主席只有认真学习研究领导艺术的理论，娴熟地掌握和运用领导制胜的艺术，才能当好职工“娘家人”，保证工会工作的顺利开展和效率水平的不断提高。

工会主席当好职工“娘家人”的艺术是指工会主席作为工会主要领导者，在解决职工群众的问题时表现出的学识、才能、智慧和技巧。它是建立在一定的知识、经验和辩证思维基础上的，对工会领导方法方式的创造性运用，是非规范化、非程序化的领导行为。工会主席当好职工的“娘家人”，是新形势对工会主席提出的新要求，是应对工会工作日趋专业化、复杂化的需要，是工会工作特别是工会领导工作自身发展的必然趋势，是提高领导效能的重要途径。一个有作为的、有创新力的工会主席，应该主动、积极地掌握和运用一定的艺术做好职工群众工作，开创工会工作新局面。

工会主席当好职工“娘家人”的艺术具有一定的基本原则：一是审时度势、因势利导原则，是指工会主席做职工群众工作时应以时间、地点和条件为转移，切不能思想观念僵化，一个药方治百病，一个模式搞到底。二是把握时机、处事适度原则，是指工会主席做职工群众工作时必须掌握适度的原则，即人们通常所说的“注意分寸”“掌握火候”“恰到好处”。尤其应注意掌握好“过”与“不及”之间的度，要在“过”与“不及”之间见艺术；掌握好“动”与“静”之间的度，要在“动中有静，静中有动”中见艺术；掌握好“刚”与“柔”之间的度，在刚柔相济中见艺术。三是随机应变、机智灵活的原则，是指工会主席做职工群众工作时不仅要有坚定的原则性，而且必须具备权变意识、机智灵活的随机应变能力，将原则性和灵活性辩证地统一起来。四是着眼职工群众、突出工会特色的原则，是指工会主席必须坚持“从群众中来，到群众中去”的工作原则，一切着眼于职工群众，一切立足于职工群众，一切为了职工群众。

工会主席当好职工“娘家人”的方法和艺术既相互区别，又相互联系。方法是指工会主席为达到一定的目标而进行的认识活动和实践活动的方式和手段。艺术是指工会主席在解决实际问题时所表现出来的学识、才能、智慧和技巧。

工会主席当好职工“娘家人”的方法与艺术的区别在于：第一，方法有比较稳定的程序，可以做比较精确的规范，有定型化的特点；而艺术则不拘一格，很难作出精确的规范，全靠工会主席根据自己的学识、才能、胆略、经验去灵活掌握，因而具有灵活性和随机性的特点。第二，方法是具有普遍意义的方法，更具一般性；而艺术则是在特定的时间、地点、条件和特定的对象中由不同的工会主席创造的，因而更具特殊性。第三，方法可以为任何工会主席所用，但艺术则只属于那些有知识、有才能、有胆略、有经验、富于开拓创新精神的工会主席的杰出创造。同时，工会主席当好职工“娘家人”的方法与艺术是互相联系的。一方面，方法离不开艺术，方法只有通过艺术才能体现出来；另一方面，艺术也离不开方法，艺术以方法为前提，在熟练掌握方法之中不断创新和发展。工会主席通过方法的经验总结和积累，升华为更高超、更奥妙的艺术。

工会主席要掌握当好职工“娘家人”的艺术，必须讲求科学方法。一是要增强理论修养。工会主席要切实掌握马克思主义理论，坚持以邓小平理论、“三个代表”重要思想、科学发展观为指导，认真学习贯彻习近平总书记的重要讲话精神。同时还要学好革命导师的领导艺术理论，掌握现代科学方法论。二是要提高自身综合素质。工会主席当好职工“娘家人”的艺术是在其自身的知识、经验、才能和智慧的基础上产生和发展起来的。离开知识、经验、才能和智慧的肥沃土壤，便无法产生真正的领导艺术。所以工会主席要努力丰富知识、积累经验、提高才能、增长智慧、加强锻炼。三是要理论联系实际。工会主席要破除各种思想障碍，自觉地把自己的工作经验概括、总结、上升为理论，并用已经形成的理论来指导自己的工作。如果工会主席领导艺术理论不与实践相结合，就不可能得到提高和完善，也就没有生命力。联系实际，首先是联系中国当前全面深化改革的实际；其次是联系新形势下工会工作的实际；再次是联系工会主席自身的实际。四是要借鉴与创新。借鉴就是要总结吸收古今中外领导艺术的理论和实践，学习和借鉴必须坚持批判和扬弃的原则，学习和借鉴其中符合科学的内容，切忌不可照搬。借鉴的目的是为了创新，就是要结合中国国情、工会会情乃至工会主席的具体环境和条件，去创造具有中国工会特色的领导艺术，各级工会主席们应当为此而努力。

编　者

2016 年 4 月

目录
Contents

第1篇 工会主席的领导艺术

一、从领导能力到领导力的提升

一般说来，领导能力与领导力几乎是同义语，二者没有根本区别，可以在日常生活中通用，但从严格意义上说，领导能力与领导力之间既有联系又有区别。工会主席的领导能力是其履行工作职责所需要的一般技能和素质，包括战略思维能力、决策用人能力、沟通协调能力和思想政治工作能力等。工会主席的领导力是其对职工群众施加并为职工群众自觉接受的正向的、积极的影响力和凝聚力。领导能力是个静态的、相对狭义的概念，而领导力则是一个动态的、内涵更广的概念，它包含领导能力但又不局限于领导能力。

第一，领导能力强调大小强弱，本身并没有明显的方向性。而领导力是一种矢量，它是一种正向的、积极的影响力，它既有大小又有方向，还强调着力点和受力的对象。同一个工会主席的领导能力作用在不同职工对象身上，其领导力是明显不同的。

第二，领导能力强调工会主席本身的技能和素质，其大小与职工群众的接受程度没有多大关系。而领导力突出工会主席与职工群众之间的双向互动和相互作用，领导力的大小不仅取决于工会主席的作用，而且取决于职工群众的反作用，取决于职工群众认同和接受领导的程度。

第三，领导能力具有相对稳定性，工会主席一旦拥有某种领导能力，一般来说在相当长的时间段内变化不大。而领导力则与领导情境密切相关，它强调领导力大小的动态性，是因职工群众的不同和所处领导情境的不同而随时变化的。有的工会主席在正常时候领导力可能很强，但在危急关头领导力则可能变弱。

第四，领导能力与领导职位相关，常常与工会主席的权力画等号，因此领导能力的内涵相对单一。而领导力是职位权力和非职位权力的叠加，职位权力即硬权力是领导力的基础，非职位权力即软权力对领导力有放大和提升作用。领导力既与领导权力和领导能力相关，又与领导魅力和领导魄力相连。

第五，领导能力一般特指工会主席具有的领导才干和素质。而领导力不仅属于领导者，普通职工群众也不同程度地拥有领导力。领导力强调的是对他人的影响力和凝聚力，是每个人都可以拥有的。此外，领导力是可以学习的，它是在实践中人们能感受到的有形和无形的影响力。领导力的随处可见正在给我们的社会注入活力，带来进步。

二、工会工作需要领导力

工会做好职工群众工作要少一点管理，多一点领导。管理重在管事，重在控制，追求秩序和效率。领导重在以人为本，重在激励，激发和凝聚力量。因此，在很大程度上可以说，工会工作离不开领导能力，更离不开领导力的修炼和提升。

领导力要又领又导，会领善导。“领”是带领率领，领方向，领队伍。“导”是善于引导，重在事前定目标和方向，激发组织成员的斗志；是善于辅导，重在事中进行业务工作的辅导；是善于督导，即事后的检查监督，跟进反馈，以提高领导工作的绩效；是善于教导，重在提升组织成员的能力和素质，重在人才的培养。多理善导就要把理论和实际结合起来，在理清工作头绪的基础上用柔隐的方式去引导组织成员满怀激情地投入到各项工作中。

简单来说，领导力要发挥带领和引导两个作用。往哪儿带领需要决策力，如何引导需要影响力，这是领导力的两个要素，用公式表示：领导

力 = 决策力 × 影响力。因此，领导力的基本构成就是决策力和影响力。带领求方向，是决策力；引导聚力量，是影响力。领导力是决策力和影响力的综合，二者缺一不可。

领导重在决策，决策重在选择，在限制中选择。进一步而言，选择重在创新思维，重在打开思维的空间，打开选择的空间。领导决策之前要充分发扬民主，深入基层实际进行调查研究，多听听专家、下属和职工群众的意见。同时，领导决策又要善于抓住机遇，当机立断。领导决策需要信息和知识，更需要胆识、智慧和勇气，关键时刻需要责任意识和担当精神，需要魄力和决断力。领导决策的难点和重点在于决断。此外，工会主席还要善于根据自身职责主动站在全局的立场为上级出谋划策。

领导决策要求工会主席必须善于战略思维、法治思维、创新思维、系统思维、历史思维、辩证思维和底线思维。要坚持问题导向，一切从实际出发，在决策前多调查研究，善于协商民主，坚持民主决策、科学决策和依法决策相结合，坚持决策的顶层设计和基层探索相结合。

领导影响力重在激励与凝聚两个环节，前者重在动力，后者重在合力。领导的激励和凝聚需要处理好授权和用权的关系，一方面要简政放权，另一方面又要用好权力。工会主席既要用好硬权力，又要善用软权力，激励、凝聚需要沟通认同，需要协商民主，这都需要软权力。硬权力是领导力的基础，要严用硬权力，慎用硬权力；工会主席还要下大功夫修炼提升自己的软权力。如果说决策力需要工会主席的魄力，那么影响力则需要工会主席的魅力。

领导力强调硬权力和软权力的结合，用公式表示：领导力 = 硬权力 × 软权力。传统的领导能力几乎等同于职权即硬权力，而现代治理语境中的领导力更多地依赖软权力。硬权力是外在的、法定的、有限的、强制性的，带来的只能是下级对上级的服从，它是一个“常量”，不管你的能力大小，只要居于同一职位就几乎具有相同的硬权力。软权力是内在的、个人的、无限的，它是一个“变量”，带来的是职工群众对工会主席发自内心的认同，强调的是主动性和自觉性。软权力来源于工会主席的品德高尚、作风过硬、能力超群、经验丰富和绩效超优等与个人相关的多种因素。

三、工会主席领导力的修炼与提升

“打铁还需自身硬。”全面深化改革开放，推进工会治理现代化，对工会主席的领导力提出了更高的要求。领导力的修炼既是工会主席治理能力提升的过程，又是工会主席成长成才的过程。

（一）三德修炼

孔子认为，君子应“仁者不忧，智者不惑，勇者不惧”。换言之，工会主席要修炼三德，即仁德、智德和勇德。这里的仁德强调工会主席的作风，是广义的情商；智德强调工会主席的能力，是广义的智商；勇德强调工会主席的责任意识和担当精神，是广义的胆商。

一是工会主席的仁德修炼。仁者爱人，工会主席心中要有大爱，爱工会、爱职工，要有“绿我涓滴，会它千顷澄碧”的大仁大爱信念和全心全意为职工群众服务的宗旨情怀。仁德的重点是信念坚定，是为职工群众服务，是清正廉洁，是作风优良。仁德是广义情商的概念，主要包括两个方面的内容：一是仁者不忧，二是仁者爱人。所谓仁者不忧，强调的是工会主席通常富有自信，能始终保持积极向上的阳光心态和奋发有为的进取精神，重在自我管理和自我激励。所谓仁者爱人，强调的是工会主席要关心他人，不仅关心单位和工会的发展，而且关心社会和国家的进步，重在了解他人和影响他人。广义情商主要是工会主席在情绪、作风、道德和意志等方面的品质，主要体现在工会主席既能够自我管理和自我激励，又善于把握他人情绪和影响他人，处理好自己和他人关系的综合能力。毫无疑问，工会主席只有具备高情商，才能管得住自己，管得住身边人，才能够坚定理想信念，大仁大爱，服务好并带领好职工群众。因此，二者在本质上是一致的。领导力的本质是感召力，是影响力。因此，工会主席更需要积极进取、开拓创新，不用扬鞭自奋蹄，有效地传递正能量，激励广大职工群众奋发有为、积极向上。

二是工会主席的智德修炼。智德修炼的重点是能力建设，是决策水平的提高，是勤政务实，是把中央精神和单位实际相结合，创造性地开展工会工作。工会主席要有机遇意识，知道什么该做什么不该做，知道什么时候该做什么事，善于取舍，把握机遇。坚持原则性和灵活性的统一，既要深刻领会中央和工会的施政理念、方针和政策，理解世界和国家发展的大势，把握住发展的方向和战略，毫不动摇；又要了解本单位的实际情况，有什么优势和劣势，有什么机遇和挑战，注重从实际出发，因地制宜、因时而变，创造性地开展工作，关键在取得职工群众满意的实效。

三是工会主席的勇德修炼。勇德修炼要求工会主席要有胆有识，敢于担当，不惧怕责任、压力和风险。勇德的重点是担当精神，重在敢于担当，重在责任意识。真正的工会主席就是工会工作责任、困难和风险的担当者。敢于担当是大智和大勇，是见识和胆识，是责任和使命。有的工会主席对事情看得清清楚楚、明明白白、透透彻彻，但总是患得患失、关键时刻优柔寡断、犹豫不决、无法决断。工会主席不能怕担风险、更不能怕担责任，工会主席一定要有强烈的担当精神和巨大的政治勇气。

（二）加强学习，加强实践锻炼

要成为一名优秀的工会主席，一靠自身努力，二靠组织培养。工会主席自身努力的重点是加强学习，要重点学习马克思主义基本理论、中国特色社会主义理论体系、工会理论；还要学习近代史、党史、工运史，学习法律、政治、经济、科技和文学等方面的知识，学习领导科学理论和领导方法，掌握领导活动的特点和规律，了解领导干部的成才之道，尽快地从领导活动的必然王国走向自由王国。组织培养的重点是加强实践锻炼。实践锻炼意味着工会主席要在实践中经受考验，提高才干，磨炼意志，增强担当，赢得职工群众的认同与感情，提升自己的才干、意志和担当。

四、工会主席的领导方法与领导艺术

领导方法和领导艺术是两个既相互区别又相互联系的概念。领导方法体现的是领导活动的一般规律和方式方法，领导艺术强调的是领导方法的具体应用。领导方法中科学化的东西较多，强调领导工作的规律性和程序性；领导艺术中个性化的东西较多，强调领导工作的创造性和特殊性。领导方法创造性地运用就成了领导艺术。领导艺术的应用需要领导力发挥基础作用，需要领导方法的融合与变通，需要辩证思维的看家本领，需要领导活动的实践和感悟。

（一）从领导方法到领导艺术

领导方法遵循基本的领导原则和领导方式，领导艺术强调领导方法的灵活运用。因此，可以说领导方法的灵活运用就变成了领导艺术，领导艺术从不同角度彰显和诠释着领导方法的科学性和规律性。

领导方法强调程序性、操作性和规范性，领导艺术强调变通性、灵活性和创造性。领导方法强调领导活动的程序和规范以及领导工作的原则性和统一性。领导艺术则要基于自身的实际情况，既要植根中国的传统文化，植根中国工会改革发展的伟大实践，又要与所在地区的具体情况相结合，与当前的领导任务相结合，与工会工作相结合，与具体的领导事件相结合；既要适合工会主席自身的能力和优势，又要适合工会干部和职工群众的意愿和能力。

领导方法彰显领导工作的共性和普遍性，领导艺术凸显个性和特殊性。传统的观念总是认为工会主席都是那些积极表现、勇于发言、善于发号施令、制订计划的人，通常在人群中处于最主导的地位。然而事实未必完全如此，在某些情况下，内向型工会主席要比外向型的更加高效，关键在于被领导的人。外向型的领导方法能提供明确的权力结构和发展方向，但如果这些工会主席所领导的干部群众同样具有良好的主动性并勇于发言，就有可能产生摩擦，而把这种类型的干部群众与内向型领导组合起来，就可以通往成功。所以，无论是内向型领导还是外向型领导，都可能会成功，关键在于个性化领导艺术的应用，“运用之妙，存乎一心”。

领导方法可以通过学习认知，领导艺术必须来自实践感悟。领导方法具有科学性和规律性的特点决定了领导方法可以通过学习和训练获得。与领导方法相比，领导艺术更强调领导经验的总结，领导实践的感悟。

领导方法强调的是不变，领导艺术追求的是权变。领导科学最初试图寻找最佳的领导方法，结果徒劳无功。一种领导方法是否有效取决于组织文化背景，取决于具体的领导任务，取决于干部群众的积极性程度和能力大小，这种领导方法的权变就成了领导艺术。需要指出的是，领导方法与领导艺术的区分只是相对的。

（二）领导思维与领导艺术

领导艺术的实质是一切从实际出发，根据变化了的情况和具体条件运用相应的领导方式和领导方法。领导艺术需要战略思维、法治思维、创新思维、系统思维、历史思维、辩证思维和底线思维，但主要与辩证思维相关。领导艺术与领导思维是互为表里的，领导思维强调领导工作要一切从实际出发，把握法治思维和创新思维的统一、普遍性和特殊性的统一、两点论和重点论的统一以及原则性和灵活性的统一。

一是法治思维和创新思维的统一。运用领导艺术要求工会主席具备创新思维，根据实际情况发挥主动性和创造性，从而提高领导工作的绩效。但这种创造性的发挥是有底线、有边界的，这就是法治思维。换言之，创新思维必须以法治思维为引领，必须在法治框架下进行。创新思维必须于法有据，先立后破，“立”强调法治思维，“破”重在创新思维，创新思维必须以法治思维为前提，创新思维必须与法治思维相统一。

知识链接

柔隐领导

“柔隐领导”是相对于传统刚性的和外显的领导范式提出的一种新的领导范式。这种领导范式通常是以追随者为中心，领导者主要通过榜样示范、价值引领、法治引领、营造情境、提供服务等领导方法和艺术对追随者施加间接和无形的影响力，使得追随者不知不觉接受了领导者的领导。

二是普遍性和特殊性的统一。不管是党的领导还是政府领导，也不管是工会领导还是企业领导都遵循共同的领导力规律，体现共同的领导力特点，但它们各自又有明显的特殊性。党的领导总揽全局，从大政方针到选人用人，党政军民学，党是领导一切的；政府领导更强调依法行政，工会领导突出领导力的柔隐性，企业领导更凸显创新性。领导力的特殊性还体现在不同层级、不同阶段、不同人物、不同环境和不同对象等方面。

三是两点论和重点论的统一。两点论意味着分析问题要把握矛盾的主要方面和次要方面，要全面，要统筹兼顾。重点论意味着分析问题要善于抓住矛盾的主要方面，抓住重点，抓住牛鼻子，务必分清大小难易，明确轻重缓急，摸清内在规律，抓住着力点，找准突破口。两点论和重点论是辩证统一的，两点是有重点的两点，重点是两点中的重点，离开两点谈重点或离开重点谈两点都是错误的。因此，也要看到矛盾的主要方面和次要方面是可以相互转化的。

四是原则性和灵活性的统一。领导艺术精彩纷呈，但万变不离其宗，不能偏离党的宗旨，不能违背工会的性质，不能脱离党的领导，不能离开中国特色社会主义工会发展道路。正如习近平同志所强调的那样，既不能以灵活性损害原则性，又不能以原则性束缚灵活性。领导艺术要因人而异、因事而异，领导艺术永远没有唯一答案。由于不同的单位情况不同，这就要求工会主席在把握原则性的基础上，根据本单位实际情况灵活应对，变通处理，根据领导规律、领导环境、领导任务、领导对象、领导经验和领导智慧等诸多要素来确定有效的、合适的领导方式方法。

（三）领导艺术的应用

领导艺术的应用既与领导实践、领导经验和工会主席的个性风格相关，又离不开领导力的强大作用。毫无疑问，许多情况下领导经验与领导艺术具有一定的关联，但这种情境下的领导艺术只是浅表层次的，只是工会主席自发、自为的层面。更高层次的领导艺术需要领导理论的指导，需要领导力的应用，需要工会主席通过主动、自觉的学习和实践加以把握和运用，从而实现领导艺术从必然王国向自由王国的飞跃。

一是吃透两头的领导艺术。工会主席既要吃透上头，“接上天线”，深刻领会中央和上级的路线、方针和政策；又要吃透下头，“接上地气”，准确了解本地区、本单位的实际情况和职工群众的意愿，把两头有机地结合起来才能在实践中创造性地开展工作。吃透两头的艺术要求工会主席要注重原则性和灵活性的结合，强调领导力和执行力的统一。吃透两头的领导艺术离不开理论与实践的结合，离不开领导和职工群众的结合，离不开实事求是，一切从实际出发，工会主席既要学理论，向上级学；又要学实践，向工会干部学，向职工群众学，在学习和实践中吃透两头，形成领导工作的动力和合力。

二是“来去自如”的领导艺术。“从群众中来，到群众中去”是基本的领导方法和工作方法，也是领导力产生和运用的基本规律。所谓“来”，主要是要把职工群众中分散的智慧、意愿和力量集中起来，工会主席要带头走在前面，要比职工群众付出更多辛劳、接受更严格约束，要有更高的能力和素质要求。所谓“去”，就是放下架子，主动沟通协商，亲民务实，缩小与职工群众之间的感情距离和心理距离，从而强化自己的亲和力和影响力。运用“来去自如”的领导艺术要防止出来以后回不去，也要防止回去之后出不来。所谓出来以后回不去是指工会主席的能力和素质高于职工群众，但不沟通不协商，回不到实践中去就可能犯教条主义的错误；而回去之后出不来，缺少正确的理论指导则可能犯经验主义的错误。

三是方圆兼顾的领导艺术。所谓“方”是指领导工作的原则性和权威性，领导决策的目的和目标必须坚定不移；所谓“圆”是指领导工作的灵活性和策略性，实现领导决策的具体方法则要灵活和变通。把原则性和灵活性有机地结合起来才成其为真正的领导艺术。所谓方圆兼顾就是要做到“大方小圆，内方外圆，先方后圆，己方他圆”。大方小圆是指大事与中央一致，与上级一致，坚持原则不动摇，不含糊；小事可以适当地灵活变通，在法律许可的范围内体现创造性。内方外圆是指内在的思想信仰要坚定，要讲党性，做人堂堂正正；外在的行为要适应社会，适应环境。先方后圆是指原则性是第一位的，“方”是根本，“圆”是第二位的，是不能破坏方的。己方他圆是严于律己，严以用权，严以修身，对自己高标准严要求，对干部群众则要宽容宽松。

四是自觉行动的领导艺术。中国工会的基本职责是维护职工合法权益。工会主席领导艺术的最高境界就是“把工会的正确主张变为职工群众的自觉行动”。中国古代思想家老子把领导分为四个阶段。第一种是“恨之侮之”，第二种是“敬之畏之”，第三种是“亲而誉之”，第四种是“不知有之”。“恨之侮之”指的是统治者使用强迫命令等简单粗暴的方式来实施高压统治，被统治者虽然表面屈从，但背地里却对其恨之入骨。“敬之畏之”的管理是那种依赖行政命令，依靠刚性的规则规范和惩罚的方式来管理，被管理者对管理者心存畏惧，敬而远之。“亲而誉之”的领导是通过柔性引导和激励凝聚等方式与干部群众之间建立彼此信任的关系，他们感到自己的领导可亲可近，人前人后对其都赞不绝口。老子在《道德经》中说，功成事遂，百姓皆谓“我自然”。这就进入了“不知有之”的领导艺术最佳境界。干部群众没有感觉到你的领导，但已实实在在地接受了你的领导。“不知有之”的领导艺术要求工会主席少一些干预和管控，多一点引领和服务，多营造合适的领导情境，进而用观念和制度影响职工群众。

领导力是领导艺术的理论基础，领导力具有科学性与普遍性；领导艺术则是领导力的实际应用，更强调灵活性与创造性，更需要在中国化和本土化上下功夫。进一步来说，运用和提升领导艺术需要一切从实际出发，需要因地制宜、因时而变、因人而异。运用和提升领导艺术需要汲取优秀传统文化的精华，需要社会主义核心价值观的引领，需要工会主席在原则性和灵活性的结合上多下功夫。运用和提升领导艺术还需要工会主席具有战略思维、法治思维、创新思维、系统思维、历史思维、辩证思维和底线思维，既要掌握领导方法，更要实践感悟。

第2篇　工会主席的决策艺术

一、工会主席的决策

在工会主席的职责中，科学决策是一项十分重要的工作，也是工会领导活动的核心。因此，工会主席必须对决策的概念、特点有准确的把握，对决策的重要性有充分的认识。

（一）决策及其分类

决策，就是作出决定的选择活动，它包括决策的研究制定和决策的实施两个过程。所以，从完整的意义理解，可以把决策表述为：为实现一定的目标，从许多个备选的行动方案中，选择最优化方案并付诸实施的活动过程。科学决策，就是指领导者按一定科学程序，依靠专家集体，运用现代科学思维方法和先进技术手段进行的决策活动。

在管理活动中，根据客观实际情况的变化，决策呈现各种各样的形式，据此可以从不同方面进行分类。

从决策的形式看，可分为常规决策和非常规决策。常规决策也称例行决策，特点是有一定的重复性。工会主席可以凭借经验按照例行规章和程序作出决策，不必每次都作新的决策；非常规决策是日常工作中并非重复出现的非例行活动的决策，它具有偶然性或随机性，这类决策比较复杂，往往需要收集整理大量数据，再加上工会主席的经验判断，方能作出的决策。

从决策的发展进程看，可分为经验决策和科学决策。经验决策是指决策者根据自己的知识、经验、能力，主观地作出经验判断，其特点是具有主观随意性，决策效益不稳定；科学决策是指有科学的决策体制，遵循决策程序的原则所作的决策，其特点是比较符合客观规律、决策效益比较稳定。

从决策的规模看，可分为宏观决策和微观决策。宏观决策是指那些涉及或影响全局性问题的重大决策，微观决策是指那些仅仅涉及区域或局部性具体问题的决策。

从决策的层次看，可分为高层决策、中层决策和基层决策。高层决策主要是解决全局性的重大问题，其特点是具有战略性和长期性；中层决策主要是遵循高层决策的意图，安排一定阶段的任务，解决本地区、本部门的问题，其特点是具有局部性、执行性和连接性；基层决策主要是解决实际工作中的具体问题，其特点是具有短期性和技术性。这三种决策因其决策的层次不同，而具有不同的职能和作用，但三者之间又具有交叉效应。

从决策目标的重要程度看，可分为战略决策和战术决策。战略决策是指影响总体发展的全局性决策，其特点是高层领导机关立足全局，着眼未来，具有宏观性；战术决策是指关系到个别局部发展的具体性决策，其特点是它在方向和内容上，服从于战略决策，是实现战略决策的方法手段。

从决策过程的作用看，可分为突破决策和追踪决策。突破决策是指促进事物发生方向或性质的突变的决策；追踪决策是指在决策实施过程中，根据反馈对执行决策中出现的偏差进行控制纠正或者由于情况的突变，以及原决策有误而调整原来决策的决策。

从决策的具备条件看，可分为确定型决策、风险型决策和不确定型决策。确定型决策是指几个方案中都有明确的肯定的唯一结果，通过比较，容易判断，便于选择；风险性决策是依照部分资料所作的决策，对可能发生的问题有一定的把握，但不完全有把握，存在不可控制的因素，具有一定的冒险性；不确定型决策是指对决策的未来发展结果无法完全控制和预测，有一定的随机性和偶然性。

我们从不同的角度来观察决策，就会得到不同的决策分类。对于工会主席来说，关键并不在于掌握决策的类型，而是面对纷繁复杂多变的具体情况做具体分析，研究新情况、新问题，既要谨慎对待，不草率行事，又要把握实际情况，果断决策。

（二）工会主席决策的特点

决策作为人类的一项社会活动，具有普遍规律性。然而，作为某一特定领域的决策，又显示其特殊的规律。工会主席决策必然要符合于工会组织的特性而具有自己的特点。这些特点有以下两方面：

1. 群众性

工会是群众组织，有别于党政机关和企业行政。工会工作的方法不能带有强制性，而需要在职工群众自觉自愿的基础上开展各项工作，这就必然要求工会主席的各项决策都要符合职工的意愿和要求，使决策具有广泛的群众基础。而要做到这一点，其主要途径是让职工群众参与决策的制订，使决策作为群众性的决策。

2. 参与性

这是指工会主席就本组织系统以外的问题所作出的各种参与、配合和协调性质的决策活动。在这种情况下，工会主席参与决策活动，但不是由他去拍板定案。工会主席的参与决策活动，较为集中体现在参与党政系统的各种决策。这是由社会主义社会中工会的性质、地位和作用决定的。工会主席通过参与决策，及时地向党组织及政府反映职工的合理愿望和要求，从而使党和政府的各项决策能更好地体现职工群众的意志和利益。从目前来看，工会领导决策的参与性已经得到了较为广泛的体现，这也说明工会主席的决策有参与性的特点。

（三）工会主席决策的基本程序

工会主席决策一般可分为确定目标、拟订方案、审定方案、实施方案和追踪决策五个基本步骤。

1. 确定目标

目标是指在一定的环境和条件下，在预测的基础上所期望的结果。目标是决策的基础，没有目标就无所谓决策；而目标选择的正确与否，则直接关系到决策的成败。但是，目标的确定不能是随心所欲的。一般来讲，它有四个特点：第一，单一性。目标是单一的，只能做一种理解。第二，定量性。目标的成果或程度是可以计量的。第三，明确性。设立目标必须具体明确，目标应当是可以计量成果、规定时间、确立责任的。第四，目标必须分主次。当决策目标不止一个，而是多个的时候，工会主席就要权衡轻重，列出先后次序，分为必须达成的和希望达成的目标。所以，确定目标是一项严肃而又审慎的工作。

2. 拟订方案

决策都是在已经形成的方案中经过选优作出，从这个意义讲，拟订可供选择的各种方案是科学决策的关键步骤。为了保证预选方案的质量，一般要求在拟订预选方案时坚持三个原则：一是目的性，就是预选方案要符合决策目标的要求，对准决策的目的；二是可行性，就是预选方案建立在切实可行的基础上，讲求实际，量力而行；三是多样性，就是要从多种途径和角度来准备预选方案，但方案之间不得雷同或大同小异。

3. 审定方案

每一个备择方案，都是围绕决策目标的实现而制订的，体现了各自的优点。这就需要工会主席对备择方案进行选择，选取其一或综合成一。这个工作就是审定方案。在审定方案的过程中，需要注意做到：一是确定一个选择标准；二是根据具体条件确定最优标准或满意标准；三是进行局部试验；四是准备必要的应变措施。

4. 实施方案

制订决策方案的最终目的是为了贯彻实施，以实现预定目标。因此，决策制订以后，开始进入实施阶段。当方案选定以后，在普遍实施的过程中，要做好四项工作：一是编制具体实施计划，把决策方案具体化；二是组织动员群众力量，调动群众的积极性和创造性；三是落实责任，建立严格的责任制；四是建立检查监督制度。

5. 追踪决策

在决策的实施阶段，由于外部情况的急剧变化，或由于决策本身的严重错误，原有决策方案在实施中已表明脱离实际，甚至危及决策目标的实现时，就必须对原有方案进行根本性的修正，对此我们称之为追踪决策。因为决策是人作的，人的错误总是难免的，再高明的领导者，也有失误的可能。所以，在进行追踪决策时，工会主席要有一定的勇气，敢于正视现实，克服阻力，尽可能地减少损失，弥补失误。追踪决策是对原有决策的扬弃，是对原来决策的再认识和重新决策，这在决策过程中是一种正常的现象。

（四）工会主席决策的方法

1. 传统的方法

传统的决策方法主要依靠和综合决策者自身的经验、资历、智商、情商等个体特点，按照依托过去熟悉的经验、简单易行并能较快解决问题和最有把握控制后果的原则进行决策活动，提出决策的方案。这里我们着重介绍现代的方法。

2. 现代的方法

现代决策常用的方法包括专家咨询法、课题委托法、畅谈会法和特尔斐法等。

专家咨询法。专家咨询法就是充分发挥专家学者的参谋咨询作用，从战略高度和宏观角度对决策过程给予指导，对决策的实施效果进行分析研究，提出优化方案和改进建议，对重大决策进行论证和评估，增强决策的科学性，提高决策的能力和水平。

课题委托法。对一些专业性强，影响面广，涉及多因素、多层次的决策内容，可以通过课题委托的方式，委托科研院校、民间政策咨询机构进行研究和分析，最大限度地减少决策失误的可能性。

畅谈会法。畅谈会法也是一种有效的决策方法。畅谈会法又称头脑风暴法或者集思法，它采用会议的方式，利用集体的思考，引导每个参加会议的人围绕中心议题广开言路，激发灵感，在自己的头脑中掀起风暴，毫无顾忌、畅所欲言地发表独立见解的一种创造性思维的方法。

头脑风暴法。其基本原理是通过专家们的集体讨论，集思广益，发挥专家们的创造性思维，进行专家间的信息交流和相互启发，诱发专家们产生“思维共振”，达到互相补充，获取更多更好的新方案、新结果、新思想和新信息。专家的选择要与预测的目标相一致，而且要有一些知识渊博、经验丰富并对问题有较深理解、较强的分析与推断能力的专家参加；会议组织者对与会专家应一视同仁；营造一个良好的会议环境，让专家们知无不言，言无不尽；明确产生新思想、新方案是会议的第一目标，即想法越多越好，尽可能地广开思路。

特尔斐法。特尔斐法是现代决策中必不可少的方法之一。特尔斐法（Del—phi Method）是一种利用专家意见的方法。这种方法以函询征求所选定的一组专家的意见，然后加以整理、归纳、综合，进行统计处理，将结果匿名返回给各个专家，再次征求他们的意见，进行有控制的反馈。如此经过多次循环反复，专家们的意见日趋一致，认识和结论趋于统一，专家们的意见与结论的可靠性亦更为提高，提供了更接近实际的、更可行的选择或决策依据。这种方法既保持了专家会议法、头脑风暴法的优点，又克服了这些方法易受专家之间心理干扰和压力的弊端。此法还可以和电子计算机技术结合，转化为电脑智能型技术，也可与互联网结合使用。

（五）工会主席决策的重要性

决策理论的创立者西蒙曾说过：“管理就是决策。”决策能在错综复杂的管理中分清主次问题，作出正确决断，提高工作效率；决策能面临经常不断发展变化的情况，及时发现问题，变旧决策为新决策，排除阻碍提高效率的种种障碍；决策能减少冒险性，避免犯或少犯工作中的错误。工会主席与党的领导者一样，决策在其领导活动中同样居于十分重要的地位。在领导工作中，工会主席如能根据实际情况作出正确的决策，并付诸实践获得成功，就会产生强有力的影响，使工会工作充满生机和活力。

随着我国社会主义市场经济体制的建立和完善，工会工作的领域和内容得到不断拓宽，面临的新情况和新问题也越来越多，需要工会主席独立地、迅速准确地作出各种决策。决策已成为工会主席工作的中心环节。

1. 工会主席决策贯穿于工会工作的各个方面

工会主席对本工会的工作，负有全面领导的责任，所作出的决策往往是影响工会工作整体的决策，如对工会职能的决策，对工会方针的决策，对工会工作重点的决策，对工会财务支出方向的决策，都将贯穿于工会工作的各个方面。

2. 决策本身能构成一种影响力和号召力

工会的大量工作和活动，大多需要吸引和组织职工群众来开展。工会领导决策的目标正确、方案得当，就能够使广大职工群众在努力为之实现的过程中迸发出一种强烈的工作热情和创新精神，而且正确的决策目标还可以逐级分解，落实到各个岗位直到每个职工，充分调动他们的积极性和创造力。可以说，好的决策能够有效地促进工会组织的良性循环，产生一种强大凝聚力，把职工紧紧地团结在工会组织周围，这样才能充分发挥好工会的职能。

3. 决策是工会主席履行领导职责的基础

作为基层工会主席，在所从事的各种工会活动中存在着大量的需要进行选择和作出决定的工作，大到关系工会组织的组建和发展的战略性问题，小到在解决和处理日常事务中的战术性问题。国外决策家认为，领导就是决策。可见决策在工会主席领导工会工作中的重要程度。作为工会主席，不懂得科学决策，或者不善于决策，就难以开展工作，也就无法实现其领导职能。

二、工会主席的决策艺术

工会主席决策力的提升重在运用决断艺术。决策有两个基本环节：一是策的环节，重在集思广益，不断打开思维空间和选择空间；二是决的环节，也就是及时正确地决策，把已经形成的决策方案选择确定下来。策和谋主要考量决策者的认知能力和分析能力，需要信息知识；而决和断则主要依赖决策者的智慧和勇气，需要见识和胆识，需要取舍和判断。

（一）工会主席决策的原则

1. 决策重在简约

工会主席决策既要策又要决，基础在策，重点在决。工会主席只在关键时刻才做决策。领导决策的艺术首先是要减少日常的决策，这样既能提高决策的质量，又能提高决策的权威，因此，工会主席要把主要能力和精力放在“决”的方面，提升决策艺术。过去，我们说领导工作两件大事，一是出主意，二是用干部。现在来看，实际上，许多工作是可以交给职工群众去出主意的。也就是说，工会主席要尽可能少出主意，让职工群众尽可能去多出主意。工会主席要更善于出大主意，而小主意则可以让职工群众去出。职工群众中出主意的人越多，出的主意越多，这个社会也就越和谐，越有活力。

过去，工会主席既管出主意，又管选主意，所以理所当然地选自己出的主意。因此选择的空间很小，容易漏掉许多别人的主意，甚至是许多好的主意。现在，对于工会主席来说，最重要的事情也许不是自己出主意，而是选主意、合主意、断主意。因此，决策艺术首先要把出主意的工作交给职工群众去做，工会主席集中精力选主意，自然而然就容易站得高，看得远，客观公正地选出切实可行的好主意。

工会主席选主意并不是包办一切。工会主席的职责不是去出所有的主意，也不是去选所有的主意。决策重在简约，其步骤如下：第一步先把一般性的事务性的工作简约掉，工会主席心无二用，要有重点地做好决策这一重要工作。第二步再把决策过程中谋的工作、出主意的工作尽量简约掉，谋与断相对分离，工会主席集中精力做好断的工作，做好选主意的工作。第三步继续简约，把那些过去经常由自己断的事尽可能地交给合适的人去断。

工会主席要限制自己的主意，多开发职工群众的新主意；要限制自己的领导行为，多引导职工群众的领导行为；要限制自己的控制管理，多促进职工群众的自主管理；要限制自己的领导行为，多鼓励职工群众的自我领导。工会主席的“过度领导”和“过度决策”，必将限制职工群众的想法和行为，压抑职工群众的积极性和创造性。因此，工会主席决策要尽可能地减少决策的数量，提高决策的质量。

2. 决策重在排序

“当断不断，必受其乱。”领导决策重在抓住机遇当机立断。这就要求工会主席在决策时一方面要缩短决断的时间，另一方面要缩小决断的空间，缩短时间和缩小空间重在优先排序，避免“布里丹选择”。决策从来没有最优选择，多数时候是鱼和熊掌不可兼得，这时候就需要工会主席实事求是，从“最优”选择转到“次优”选择，“后退一步天地宽”。决策要基于价值，要明确价值标准，所谓价值就是什么最重要，什么最有用，价值取向决定了决策标准排序，决定了我们把哪个标准放在第一位。这种排序不是绝对的，一定要根据具体的时间和空间来进行判断。

知识链接

布里丹选择

丹麦作家布里丹曾经写过一个故事。他说有一头驴子肚子饿得咕咕叫，到野外去找青草吃，发现左边有一堆草挺好的，可觉得没有右边颜色好。于是又跑到右边那一堆草去，却发现右边的草虽然颜色好但品种没有左边的好。所以，它又跑到左边去……就这样，一会儿颜色、一会儿味道、一会儿品种、一会儿新鲜度，选来选去拿不定主意，最后饿死在青草堆中。这头驴子之所以饿死就是因为它追求最优，不会取舍。

3. 决策重在时机

“时来天地皆同力，运去英雄不自由。”毛泽东晚年常引用这一诗句来表明时机对领导工作的重要性。邓小平告诉我们，“机会要抓住，决策要及时”。习近平多次强调领导干部要增强机遇意识。工会主席的决策是对已经形成的决策方案的最终取舍和选择，是对其心理意志力的考验，需要胆识，重在抓住时机。有胆强调工会主席要勇于担当，主动承担风险和责任，敢于开拓创新，善于攻坚克难，能够闯出一条路来，推动工会工作干出一番事业来；有识强调有超前意识，善于把握机遇，有独到的见解，有洞察形势、预测前景的敏感性，善于把握时机；有胆有识强调对工作敢想敢干，抓得准、紧、实，能够在艰难曲折的道路上取得卓越的工作实绩。

（二）工会主席决策的特点

工会工作有其特殊性，工会主席的决策也有其特殊性。

1. 工会主席的决策必须具有超前性

决策的超前性，是指工会决策相对于政府、企业行政来讲，决策要先作出一步的特点。也就是说，工会主席要在政府与企业行政决策之前，就要拿出决策性意见，拿出我们工会的建议、意见或对策。工会主席的决策必须具有超前性，这是由工会的特点、工会主席的职责决定的。工会要维护职工的切身利益，就要求工会在政府、企业行政作出一些决策之前，提出工会的意见、对策和建议。只有如此，工会才能参得上、参得进、参到点子上。作为工会主席，必须及时地组织自己的干部、职工研究对策；必须超前就有关问题征询职工群众的意见，掌握广大职工群众的要求；工会主席工作繁忙，而工会队伍中的专业人才相对于企业行政与政府机构来讲，要薄弱得多，这些状况也要求工会超前组织力量，笨鸟先飞；否则，工会工作就会处于被动地位，对政府与企业行政将要作出的决策，提不出意见、建议或对策，职工的利益可能未得到考虑。另外，工会主席还要根据职工群众的要求，积极主动地提出建议，要求政府、企业行政在某些问题上作出决策，这也是一种超前决策。

那么，工会主席怎样才能做到决策的超前性呢？要做到这一点，工会主席应注意下述几点：一是要积极、主动地了解政府、企业行政的动态，掌握其决策意向，了解其决策要点；二是工会主席应根据中央文件的精神，要求政府、企业行政向工会通报情况，参加其专门机构，使信息渠道正常化；三是工会主席应主动地调查了解职工群众的愿望和要求，掌握职工方面的信息，为作出超前决策提供群众基础；四是工会主席还要积极发动、调动社会上的力量，帮助提出决策方案，积极组织工会干部与职工群众，研究提出比较系统、既有定性又有定量分析和适合实际的意见、建议和对策。

2. 工会主席决策必须民主

决策的民主化，是指在决策中充分发扬民主，以确保决策的科学性。实现决策的民主化，就要求领导者改变旧的家长式的个人决策体制，建立新的适应现代化需要的完整的科学决策体制。工会是民主建设的重要推动者，工会应当成为民主建设的典范；工会是职工群众的团体，必须能代表职工群众的利益；工会是否脱离群众，工会存在的基础是否牢固，都要求工会主席的决策民主。工会主席的决策直接关系着广大职工群众的权益，为了避免决策的失误，要求重视专家、学者的智囊作用，重视职工群众的作用，实现决策的民主化。

3. 工会主席决策要注意吸收社会各方面专家的意见

为了保证工会主席决策的科学性，就必须努力吸收社会各方面专家学者的意见。专家学者，一般是指在某些专业方面积累了丰富的经验和知识，并具有解决该专业问题能力的人。如工会工作涉及较多的管理、法律、工资、劳动保护、社会工作等专业领域都有从事这些方面研究的专家学者。

工会工作涉及社会的各个领域，许多现实问题都需要工会主席进行有效的决策，在决策内容上体现广泛性和复杂性。所以，工会主席在决策过程中除应根据自身现有的条件培养各类专业人才和建立起相对固定的智囊机构外，还要采取灵活多样的方式联系社会上各学科领域的专家、学者和各类信息咨询机构，认真听取他们对工会的一些重大决策的批评和建议，提高决策水平。要吸收专家学者参与决策，最为关键的是需要做好组织工作，也就是选择合适的专家学者以及如何让他们充分发表意见。一般而言，具体选哪一类专家学者须根据所要决策的问题而定。而具体人数则要根据问题的复杂程度、信息的掌握程度等适当确定。

让专家学者能够互不干扰，充分自由地发表个人的意见，这也是组织工作的重要环节。一般来说，要为专家学者准备许多背景材料，并选择合适的讨论形式，减少彼此间的不利影响，创造一种能使专家学者充分发表意见的人际环境。要充分发挥专家学者的作用，除了做好上述工作外，还要注意重视智囊机构的作用。我国各级党政部门的政策研究室，国家和省市级各类研究中心，以及大量科研和咨询公司、所、学会等，都在发挥着日益重要的决策智囊作用。我国工会系统也有各类调研和专业研究机构，发挥着重要的决策智囊作用。所以，工会主席在决策过程中要注意借助于各类智囊机构，以实现决策的科学化和民主化，这也是工会主席必须掌握的决策艺术之一。

4. 工会主席要注意区分程序化和非程序化决策

工会主席要善于区分程序化决策与非程序化决策。在实际工作中，工会主席主要对非程序化问题作决策。这样，就可以使工会主席工作重点集中，提高决策科学化程度，又可以充分调动工会干部的积极性。

程序化决策，是指这些决策呈现出重复和例行状态，其特点是有一定的重复性。工会主席可以凭借经验按照例行规章和程序作出决策，不必每次都作的决策。程序化决策可以通过规定标准的处理规程，设置专门的机构、人员去作出，如财务会计收支、扶贫职工的确定，就业介绍、工会事业的日常经营等。程序化决策通过标准操作规程，可以提供一种教育新成员合于习惯性组织活动模式的手段，提供了一种将习惯模式公之于众，经常修正、检查的手段。非程序化决策，是日常工作中并非重复出现的非例行活动的决策，它具有偶然性或随机性，如兴办新的企业、事业、财务支出结构的重新研究确定、职工福利事业的改革等。处理这类问题没有标准操作规程，有些是需要直觉和创新来决断的。在日常工作中，工会主席主要对非程序化问题作决策。在实际的工作中，程序化决策和非程序化决策有时是难以分开的，这个问题也是工会主席在日常工作中应当注意的。

三、工会主席的决策素养

工会主席必须拥有和保持较高的决策素养。所谓决策素养，是指决策者对决策对象实施决策的能力，它是决策者从事决策活动所必须具备的基本条件。决策者的素质在很大程度上决定着决策的质量。

（一）创新精神

创新精神是人类在创造性活动中不断锤炼而形成的胆识与气魄，它从精神上和心理上激励人要敢于创造、勇于创造。创新精神对一个时代、一个国家、一个民族是至关重要的，就工会主席而言当然也是如此。坚定不移地走中国特色社会主义工会发展道路是前人没有干过的伟大事业，碰到的是新生事物，遇到的是新问题，只能决策创新，锐意进取，走前人没有走过的路。对于工会主席来说，创新是其应尽的职责，因为决策本身就是一种创造性的劳动，它是以变革现状为目的的，不创新就不能发展。工会主席必须具有超人的胆识和气魄，敢冒一定的风险，敢于摆脱现成的模式，不因循守旧，大胆探索；突破条条框框，解放思想，不唯书，不唯上，只唯实；转变旧的思维方式以及旧的体制和制度，使之适应新形势发展的需要。培养创新意识，在实践中勇于创新，大胆创新，是工会主席决策水平和决策能力的体现。

（二）科学素养

决策者的科学素养是正确决策的基础。作为一个决策者，具备相当的科学素养、科学常识和判断力是必不可少的。科学技术和文化知识是决策者制定决策的基础。因此，工会主席应该具有相当广泛的科学技术和文化知识，包括工会专业知识和管理知识，这些知识不仅是书本知识，还有在长期的工作中积累起来的经验知识。

一般科学文化知识是学习和掌握其他必要知识的基础和手段。在学好科学文化知识的同时，还要通过继续教育补充领导、管理、决策、经营方面的知识，调整自己的知识结构、专业结构，以适应工会工作的需要。工会主席没有科学文化素养和管理知识经验，就很难搞好全面深化改革新形势下的决策。

（三）民主作风

工会主席是否具有民主作风直接关系到决策的成败，直接影响工会主席自身的权威。工会主席要有良好的民主作风和科学的工作态度。民主作风就是相信职工群众、依靠职工群众，从群众中来、到群众中去，只有集思广益才能使决策更加完善。缺乏民主作风、独断专行是行不通的。除此之外，工会主席在决策过程中还必须坚持科学的工作态度。工会主席要尊重科学、尊重知识、尊重客观规律、遵循科学的决策程序，注意研究客观事物的发展变化，不能凭想当然、按自己的好恶行事，更不能用经验主义的态度来对待决策工作。工会主席在实际工作中要听取各方面的意见和建议，只有这样才能制定出科学合理的决策。因此，民主作风要表现在工会主席作出决策之前，要全面听取职工群众的意见，充分体察职工群众的利益要求，并把这些利益诉求切实纳入到决策体系当中去。

四、工会主席决策的相关艺术

决策是工会主席领导活动中的一项关键工作，它直接影响到工会工作的全局，为保证决策成功，工会主席就必须掌握和灵活运用科学决策的方法与艺术，但同时对一些与决策相关的艺术也应很好学习和掌握。

（一）预测的艺术

工会主席决策的超前性特点，决定了工会主席首先要掌握好预测艺术。预测是人们对自己的活动可能产生的后果以及客观事物的发展趋势，事先依据一定的方法作出的科学分析。预测作为一种科学的预言，对于领导决策有着十分重要的作用。预测是科学决策的前提，它能为决策提供有科学根据的假设和判断，帮助工会主席确定工会领导活动的目标，选择最佳实施方案并事先评估决策产生的后果和影响。一切有效的领导活动，都是正确决策的结果。正确的决策来源于正确的判断，而正确的判断又来源于对未来进行合理的科学预测，预测作为一切领导活动的起点，在领导工作中，起着指示器作用。

预测方法很多，约有两百多种，但大多数还处于试用阶段，真正实用的只有20余种，领导者常用的预测方法主要有以下几种：

1. 经验判断预测法

这种方法包括个人与集体两种。个人经验判断预测法主要是依靠领导者个人的智慧、经验及逻辑思维能力，来揭示事物发展的客观规律，以预测未来。这是普遍采用的方法，它具有简便灵活、迅速及时、易于掌握等优点。但个人的经验和智慧又总是有局限性的，因而有时预测结果误差较大。集体经验判断预测法是依靠领导集团的集体智慧、经验及逻辑思维能力对未来的事情进行预测的方法。这种预测方法较之靠个人经验进行预测，显得更全面、更可靠、失误比例较小。

2. 专家会议预测法

专家会议预测法是指根据规定的原则选定一定数量的专家，按照一定的方式组织专家会议，发挥专家集体的智能结构效应，对预测对象未来的发展趋势及状况，作出判断的方法。专家会议有助于专家们交换意见，通过互相启发，可以弥补个人意见的不足；通过内外信息的交流与反馈，产生“思维共振”，进而将产生的创造性思维活动集中于预测对象，在较短时间内得到富有成效的创造性成果，为决策提供预测依据。但是，专家会议也有不足之处，如有时心理因素影响较大，易屈服于权威或大多数人意见，易受劝说性意见的影响，不愿意轻易改变自己已经发表过的意见，等等。

3. 模拟实验预测法

这种方法是根据事物发生发展的条件与结果的内在联系，模拟实际事物的发展过程，从中取得第一手实验数据，并通过对这些数据的分析，预测同类事物在相同条件下的发展趋势和状态。这种方法，在科研领域中普遍应用，在工会领导工作中则可借鉴。

4. 时间序列预测法

时间序列，也叫时间数列、历史复数或动态数列。它是将某种统计指标的数值，按时间先后顺序排到所形成的数列。时间序列预测法就是通过编制和分析时间序列，根据时间序列所反映出来的发展过程、方向和趋势，进行类推或延伸，借以预测下一段时间或以后若干年内可能达到的水平。其内容包括：收集与整理某种社会现象的历史资料；对这些资料进行检查鉴别，排成数列；分析时间数列，从中寻找该社会现象随时间变化而变化的规律，得出一定的模式；以此模式去预测该社会现象将来的情况。

有了科学的预测方法，还要讲求运用它的艺术，否则再好的方法不会运用或运用不好也是徒劳。预测方法的运用艺术主要有以下方面：

1. 信息的收集与处理艺术

准确、丰富的信息是科学预测的依据。领导者分析形势、预测未来、指导工作都离不开信息。所以，信息的收集与处理是预测乃至决策中的重要一环。信息的收集与处理包括三个步骤：一是信息收集的技术。工会主席要根据某种决策的需要，划分信息搜集范围、制定信息搜集的措施、组织专业人员收集国内外有关情报资料，工会主席本人也要广开渠道，多方面掌握第一手资料，如开调查会、作典型的调查、个别谈话、重视来信来访、网络信息搜集等。二是信息处理的技术。即工会主席要对搜集来的大量信息作分析处理，从中获取对决策最有价值的真实信息。三是建立信息库，如档案室、图书馆、办公室的文件柜等。工会主席还要手勤，用多种方式进行手头资料的积累，做好信息工作对工会主席决策大有益处。

2. 预测方法的选择艺术

预测方法种类繁多，在什么情况下，选择什么样的预测方法，这就是预测艺术问题，它需要工会主席应有把握全局和综合考虑的能力与水平。一种预测方法，一般是既有优点，又有缺点，因此，对于不同场合、不同需求要进行客观具体地分析，而且还应学会尽可能地扩大自己的视野，归纳和搜集多种方法，使选择的工作有比较大的余地。

3. 处理预测中出现的偶然问题的艺术

预测过程中考虑的因素，尽管比较全面，但是还有许多次要因素容易被忽略，而这些因素又会在某些时候突然变动，从而影响预测结果，这种偶然性的因素是很难预料得到的。预测中的偶然性不外乎三个方面，即选择预测方法的偶然性、预测中意外情况出现的偶然性和预测结果的偶然性。正确对待和处理预测中的偶然性问题应把握三点：首先，不能忽视和放过对偶然出现的情况的分析，要善于从偶然因素中发现必然情况，找出事情的内在联系。其次，要敏锐地抓住一些“不相关联”的偶然情况。就是说，不仅不能忽视和放过与事情“有关”的偶然性情况，而且对那些表面上“不相关”的偶然性因素也要注意，为此，要具有敏锐的观察力。再次，要正确地对待预测后出现的偶然结果。偶然结果的出现，只不过是出现了预测者所未考虑到的重要因素。对于这种情况，预测者要善于反思，接受经验教训，以利于更好地决策。

（二）规划的艺术

规划是为实现一个决策所确定的总目标而进行的人力、财力、物力的配置以及为实现这一总目标而采取的时间上的步骤。从时间的角度看，规划可分为长远战略规划、中期规划和短期规划；从内容的角度看，可分为政府规划、军事规划、企业规划、党和工会及群团组织的规划等。不论哪一种规划都是决策的具体化和落实。没有规划，决策所规定的奋斗目标，就只能是笼统的纸上谈兵，无法具体地贯彻实施和落实。所以，如何做好规划也是工会主席必须掌握的一门艺术。规划的艺术主要可概括为以下五个方面：

1. 统筹兼顾、全面安排的规划艺术

这一艺术强调的是在对决策目标做具体规划时，既要突出重点，又要兼顾其他方面，主次要搭配好，使资源、人力、资金的配置，既要有重点，又按比例，这是唯物辩证法的两点论和重点论在规划工作中的具体体现。具体来说，统筹兼顾、全面安排应注意，要对工会工作全面考虑，要对国家、集体、个人三者利益统筹兼顾，要人力、财力、物力综合平衡。

2. 环环相扣、逐渐推进的规划艺术

这是指对某一决策的规划，需要设计一系列相互关联的小目标，这些小目标因果相应、前后相继、逐渐推进，最终实现总的决策目标。之所以要讲究这种规划艺术，是因为总的决策目标的实现，必须依赖于每一个小目标的实现。每一个小目标、每一个小的环节都与整体密切相关。所以必须环环相扣，在规划时只有讲求环环相扣，才能最终实现决策目标。

3. 有节有度的规划艺术

这一艺术强调的是在规划工作中要讲究分寸、注意火候、抓住机会。这是在规划中不易掌握的艺术之一。要掌握有节有度的规划艺术，需要注意下列问题：一是要做到胸中有数。就是对情况和问题一定要注意到它们的数量方面，要有基本的数量分析。工会主席在作规划时，一定要有数量观念，要把握工作的数量界限及其与质的关联性，只有如此，才能作出科学的规划，保证决策的正确贯彻实施。这时工会主席保持清醒的头脑至关重要。二是选取最佳火候。最佳火候是在事物的发展过程中，最有利于促进事物发展的形势，抓住了这一形势，就能促进事物顺利发展。最佳火候需要在认识和把握事物的总的度的基础上，通过具体的科学分析研究和比较才能选准。最佳火候的选择，必须做到具体问题具体分析，不搞一刀切。总之，作为领导者，在规划中要选取最佳火候、抓住最佳时机，这是讲求有节有度的规划艺术的重要内容，也是保证规划成功的重要条件之一。

4. 留有余地的规划艺术

这一艺术强调的是领导者在作具体规划时，不是将所拥有的人力、财力、物力都全部投入，而是留有余地，作为机动。要做到这一点，就需要规划中的每个阶段目标和分目标或各项指标不能订得太高，一定要实事求是、恰如其分。留有余地的规划艺术，强调规划的可能和稳重，不仅强调现在的可行，而且还要强调未来变化的情况下可行，留有后路，做到万无一失，争取主动，目的是使规划建立在稳固的基础之上，使之在实施过程中，真正切实可行。留有余地的规划艺术不是消极的、保守的规划艺术，而是积极的、主动的规划艺术。

5. 扬长避短、趋利避害的规划艺术

这一艺术指的是正确认识与处理利与害、长与短的关系，注意发挥优势，避免劣势，以实现决策目标。这一规划艺术，对于工会主席的规划工作具有指导意义。任何事物都有优势和劣势，要扬长避短，就是要发扬优势，这样才能避开短处，从而取得最后的胜利。要掌握扬长避短、趋利避害的规划艺术，就必须正确认识长与短、利与害的辩证关系，并在这个基础上，找出它们各自存在和转化的条件，根据实际情况，运用和创造扬长避短、趋利避害的具体形式，以推动事业的发展。

（三）发挥智囊团作用的艺术

在当今社会，领导者要作出正确的决策，必须充分发挥智囊团的作用。因为智囊团提供备选方案，进行科学论证，帮助领导者正确决策，因而成为当代领导者决策活动不可缺少的重要组成部分。

智囊团工作水平的高低，最主要的是取决于智囊人才素质的高低。所以，如何选择智囊人才就成为工会主席一项很重要的艺术。智囊人才的素质构成主要有：事业心强，有广博的知识，头脑敏锐，思想解放，并有创新精神；要有严格的科学态度和系统分析能力；掌握现代化的科学研究手段和方法；具有良好的文字和口头表达能力；能客观地考虑问题。上述条件是非常重要的，但是，从实际选择工作考虑，工会主席应从下述方面对智囊人才进行选择考虑：一是合格的智囊人才应有一两个学科受过很好的专业训练。二是智囊人才应当受过决策技术的训练。三是智囊人才应有在跨学科领域里工作的兴趣。四是智囊人才应该是心甘情愿以出谋划策为业的人。工会主席选好智囊人才，将大大有利于提高决策水平。

智囊团在科学决策中起着重要的作用，科学的决策必须有智囊团。但是，智囊团的工作是在工会主席的委托与指导下进行的，最后还要由工会主席拍板定案。这就是说，智囊人员的作用只能是给领导者提供参考的决策方案，而不是代替领导者的决策。因此，将工会主席与智囊团的关系处理好，是科学决策的重要一环。一个优秀的工会主席，既要善于利用“外脑”，在智囊团工作的基础上作出正确的选择与判断，同时又要有自己的头脑，牢记自己的责任。工会主席处理好同智囊团的关系应把握以下三点：

第一，应该允许智囊团提出与自己想法不一致的意见。客观事物的多样性、复杂性、发展性，决定了人们对其反应的多样性和解决问题的多种方案。只有通过对多种方案的鉴别、比较、互相补充，才能形成最佳方案。所以，工会主席应当鼓励并认真听取智囊人物提出的与自己想法不一致的建议和意见。有时，相反意见本身，正是决策所需要的另一种预选方案，如果只有一种意见，就无所谓决策了。

第二，既要善于发挥智囊团的作用，同时又要有自己的头脑。智囊工作是一项长期艰苦的科学劳动，智囊人物运用现代科技知识和方法手段，经过研究慎重提出的见解、建议和方案，有很强的科学性，工会主席应当尊重智囊团的意见。在实际工作中，智囊团的意见有三分之一被采纳，那就是一个高明的智囊团；但如果百分之百的意见都被采纳，那么，不是专家们越位，就是领导者低能。反之，如果智囊团的意见百分之百都不能采纳，其存在的必要性就很成问题了。作为领导者，工会主席应该善于利用外脑，在智囊团工作的基础上作出正确的选择和判断，同时又要有自己的头脑和主见，这样的工会主席才是优秀的工会领导者。

第三，让智囊团能够进行独立的科学研究。客观性和独立性是智囊团工作的基本特点，智囊团只尊重科学，服从真理，只对事业负责，对自己的研究成果负责。所以，工会主席必须尊重他们的独立性，不要干涉他们的研究工作，让其通过研究得出自己的科学结论。工会主席可以下达任务，也可以出研究课题，但绝不能定调子、画杠子、束缚他们的手脚和思想，如果工会主席出观点、出结论，只是让智囊团去按图索骥、搞论证，就从根本上失去了决策智囊存在的必要性。

第3篇 工会主席的用权艺术

习近平同志强调："严以用权，就是要坚持用权为民，按规则、按制度行使权力，把权力关进制度的笼子里，任何时候都不搞特权、不以权谋私。"因此，工会主席要树立正确的权力观，坚持权为职工群众所赋、权为职工群众所用，任何时候都要把职工群众的利益放在行使权力的最高位置，把职工群众满意作为行使权力的根本标准，做到公道用人、公正处事。工会主席既要严以用权，按制度规定来行使权力，把权力关进制度的笼子里；又要提升用权艺术，切切实实运用好权力为职工群众服务。

一、工会主席善用软权力的艺术

领导力即广义的影响力，包括强制性影响力和非强制性影响力两个方面。硬权力所产生的影响力是强制性影响力，这种影响力与职位相联系，有职则有权，无职则无权，它包括惩罚权、奖赏权、合法权；软权力产生的影响力是非强制性影响力，这种影响力与职位无关，主要取决于个人的个性风格、道德作风、能力专长、资历阅历、魅力魄力等因素，包括人格（高尚的品德和良好的作风）、专长（丰富的学识、卓越的技术、超凡的能力）等。强制性影响力是职位对职位的影响力，是上级对下属的影响力，是法定权力的影响力；非强制性影响力是人对人的影响力，是上下左右之间都可以产生的影响力，是职位和权力以外领导者个人的因素产生的影响力。

影响力的使用最终可以导致三种不同的结果：产生承诺、产生服从和导致抵抗。毫无疑问，这三种结果中第一种结果最佳，人们心甘情愿地接受一项任务，并愿为高效完成任务全力以赴。就这两种影响力而言，强制性影响力更可能带来服从或抵抗，而非强制性影响力更容易带来认同和承诺。传统的领导干部主要依赖硬权力，没有硬权力就没有领导力；现代的领导干部要尽量少用或者不用硬权力，而是主要借助软权力来实现领导目的。工会工作具有群众性、民主性，因此，工会主席更要善于运用软权力这种非强制性影响力。

1. 先用软权力，后用硬权力

工会主席自身有各种各样的影响力，如果想增强整体影响力，就必须把权力影响力与非权力影响力结合起来而形成领导力的合力。工会主席应该注意两种权力的搭配使用，如果工会主席处处靠职权、时时靠命令，仅仅依靠硬权力的运用是无法真正提高领导活动绩效的，因为职工群众可以“用脚投票”，他不高兴可以辞职，可以跳槽到其他单位和组织。我们必须正视这一现实，应该把硬权力和软权力搭配使用。特别是随着职工群众自我领导能力的增强，工会主席用权应该先用软权力，后用硬权力，开展工作时先沟通、先协商，软权力无效再用硬权力。“先礼后兵”讲的就是这个道理。

2. 多用软权力，少用硬权力

在现代领导活动中，硬权力的作用在逐步减弱，软权力的作用在逐步增强。因此，工会主席要尽量少用硬权力，多用软权力。当一件事既可以用硬权力解决，又能用软权力解决时，工会主席就应当多用软权力来解决。这样一来，工会主席的软权力就会越来越大，即使硬权力不变，总的影响力也会越来越大。

3. 软硬权力都要用，但必须重用软权力

过去，人们常常讲刚柔相济，以“刚”为主，“刚”是和硬权力连在一起的；现在，强调以“柔”为主，则是跟软权力连在一起的。刚柔相济不是对等的，而是以柔为主，以软权力为主，以影响力为主。工会主席用权的原则，应该因人而异、因事而异、因境而异。工会主席需要根据不同的情况选择不同的用权策略，应该考虑特定的权力基础和组织文化背景，只有这样，用权效果才会更加理想。

4. 积累软权力，慎用硬权力

一个普通职工可以有意识地在品德修养和能力业绩等方面积累软权力，当软权力足够大的时候，就会引起上级领导和职工群众的关注。这时候，可能推举你，上级领导也会选拔你为基层领导干部。一旦普通成员有了领导职务，其积累的软权力就变成了现实的硬权力。不过，各级领导干部都要尽量少用慎用硬权力。

二、工会主席授权的艺术

所谓授权就是领导干部将一定权力授给自己的直接下属，使被授权的组织或个人充分发挥各自的积极性、主动性和创造性，从而更有效地实现既定的领导目标。经济社会快速发展的今天，工会工作日益复杂化，掌握运用授权艺术对工会主席来说极为重要。一个成功的工会主席，并不需要事事亲力亲为，而要通过适当授权，让工会干部和职工群众充分发挥积极性、主动性和创造性，从而实现工会的工作目标。

（一）工会主席授权的好处

工会主席授权主要有四大好处：一是有利于工会主席解脱自己。授权使工会主席得以从繁重的具体事务中超脱出来，集中精力做好更加重要的事情，从而提高领导绩效。二是有利于工会主席提高自己的管理协调能力。工会主席把一些专业性、事务性较强的具体工作授权下属去做，随后对之进行必要的检查和督导，从而有利于工会主席自己熟悉工作、考虑长远、提高管理协调能力。三是有利于激励、锻炼和培养下属。授权是上级对下属的一种信任，也是对下属的激励、锻炼和培养，有利于调动他们的积极性、主动性和创造性。四是有利于用人所长、发挥团队优势和提高整体绩效。工会主席一定要根据管理幅度来决定是否授权以及授权的大小，管理幅度太宽了，自己管不过来，就必须多授权给下属；管理幅度有限，就可多将专业性、事务性较强的具体工作授权给下属。

（二）工会主席授权的方式方法

要实现科学的授权，不仅要依据一定的原则，而且还要采取适当的方式方法。领导者由于授权动机不同就有不同的授权方式方法。工会主席通常采用的授权方式方法有以下几种：

1. 柔性授权

柔性授权就是工会主席对于下属不做具体指派，仅仅指示一个大纲和轮廓，让被授权者有较大的自由活动的空间，可以见机行事，因地制宜地处理问题。如果下属精明强干，有工作能力，所处理的问题又比较复杂，难以定量，在这种情况下，可选用柔性授权。

2. 惰性授权

惰性授权就是工会主席把自己无暇处理的繁杂的事务，交给下属去办。如果上级和下属有着充分的信任关系，而下属又有非常强的办事能力，可采取这种授权。

3. 模糊授权

模糊授权就是工会主席一般只说明工作的范围和事项，指示所要达到的目标，而被授权者有较大的自由去选择完成任务的具体方法和途径。当工作任务重大而艰巨的时候，需要更多地发挥下属的首创精神和主动性的情况下，可以采用这种授权的方式。

4. 不充分授权

凡是在具体工作不符合充分授权的条件下，工会主席可采取不充分的授权方式。在实行不充分授权时，工会主席应当要求下属就重要性的工作，在充分调查的基础上，提出解决问题的全部可能的方案或行动计划，经上级领导选择审核后，再批准执行这种方案，并可将执行中的部分权力授予下级。

5. 刚性授权

刚性授权就是指工会主席对下属的工作、权力范围都有明确的指示。这种授权适宜于工作难度比较小，而且工作完成与否不会导致全盘工作失败的单位，同时，也适用于管理水平较高的单位。工会主席在充分授权时，可将完成任务所需的人、财、物等权力完全交给下属，并且准许他们自己去创造条件，完成好工作任务。

6. 弹性授权

弹性授权就是工会主席面对复杂的工作或对下属的水平、能力没有充分的把握，或者环境条件复杂多变时，适宜采用弹性授权。如：实行单项授权，就是把解决某一特定问题的权力授予某人，随着问题得到解决，权力立刻收回。或者采用定时授权，就是在一定的时期内把权力授给某人，时间到期后，权力马上收回。总之，这种授权的方法有很强的灵活性。

7. 引导授权

引导授权就是工会主席给下属授权时，要充分肯定下属行使权力的长处和优点，以充分调动其工作的积极性，同时，也要指出其缺点和问题，希望在工作中克服问题和缺点，还要进行适当的引导活动，防止走偏方向。

8. 制约授权

制约授权就是在领导授权以后，下属个人之间或组织之间的相互制约的一种授权的方式。它是工会主席将某一任务的职权，分解成两个或若干部分并分别授权，使他们之间相互钳制、相互制约，防止在工作中出现错误。

（三）工会主席授权的类型

授权是领导工作中一项非常重要的内容。所谓授权就是指一个人当了领导者、有了法定权力之后，向下属合理分权的领导行为。这种领导行为需要因地制宜、因时而异，因此就有各种类型，工会主席一般采用的类型有以下几种：

1. 随机授权和计划授权

随机授权就是指在工会主席领导活动中，依据某些随机性的工作的条件和需要将某一方面的职权授予下属。这种授权多因需要和机遇而定，所以，往往是临时性的、非计划性的。计划授权就是指按授权的预定程序、计划和步骤有计划地进行授权。这种授权一般通过会议、用书面行文的方式进行，其使用期也比较长，有稳定性。

2. 口头授权和书面授权

口头授权就是指在领导工作的运行过程中，将某项工作或者一方面的责任和权力口头授给下属。口头授权，一般属于临时性授权或随机性授权的一种，这种权力往往会随着工作任务的完成收回或自行失效。书面授权，就是指将权力以书面形式授予下属的一种方式，这种授权使用期一般比较长。

3. 长期授权和短期授权

所有的授权都不是无限期的，而是有期限的。以授权的时间长短相对比较，可以分为长期授权与短期授权。长期授权就是指下属对权力的使用期相对长些；相反，短期授权是指下属对权力的使用期相对短些。要根据工作的需要，来决定授权使用期的长短。

4. 逐级授权与越级授权

如果按授权者与被授权者之间的关系来划分，授权又可分为逐级授权和越级授权。所谓逐级授权就是指直接上级对直接下级所进行的授权；所谓越级授权就是指间接上级对间接下级所进行的授权。在领导工作中，一般来说，授权应当是自上而下逐级进行的，越级授权是应该避免的。这是因为越级授权往往会引起被授权者直接上级的不满，同时，也易使被授权者产生顾虑，影响其开展工作。但是，事物的发展往往是复杂的，有时，越级授权并非绝对不好。相反，在有的时候，越级授权是必不可少的，有利于解决问题，推动全局工作的展开。

5. 个人授权和集体授权

在工会领导工作中，常常有某一位工会主席自己决定将自己所属的部分职权授予下属，或口头或书面，或临时或长期，这种授权就是个人授权。个人授权往往会随着该工会主席离开原来的领导岗位，而被新的工会领导者所收回。在工会领导活动中，更多存在的是集体授权，就是经过集体讨论研究后，将某一方面或某一部分权力授予某人，这种授权多是常规的、行文的，既可以随任命干部同时授权，就是明确分工，也可以在任命干部后授权。集体授权是经常出现的。

总之，上述几种类型，在复杂的工会领导过程中，往往相比较而存在，相补充而发展。一般来说，很难说哪一种最为科学，哪一种可以完全没有必要。如随机授权和口头授权绝不等于草率和武断，它必须同样是慎重的，也同样可以是集体智慧的结晶，是集体的智慧通过特殊手段的运用。再比如一位统管工会工作全局的工会主席在面对复杂的工作局面时，他必须有随机的处置权，因此随机授权、个人授权与口头授权对他来说都是必需的。否则，如果一切按部就班，就会贻误时机，就会违背领导工作的规律。所以，工会主席各种类型的授权都应当兼收并蓄，取其所长而不可偏废，这样才能搞好工会领导工作。

（四）工会主席授权的原则和程序

工会主席的授权要达到预期的目的，就必须遵循一定的原则和程序，也就是说，只有按照正确的原则和程序的授权，才是合理、科学的授权，这样的授权才能取得好的结果。

1. 工会主席授权的原则

授权原则体现的是工会主席授权活动的规律，因此，工会主席的授权活动应遵循以下原则：

一是合理授权原则。这是指工会主席通过合理的程序和合法的途径进行的正当授权。作为领导者，工会主席不能随意将授权当作自己的私事，不顾工作需要，任人唯亲。

二是逐级授权原则。虽然有时越级授权是必要的，但在一般情况下，领导者只能对直接下属授权，而不能越级授权。如工会主席只能把所属的权力授给直接管辖的副主席或部门负责人，而不能越过他们而把权力授给他们的下属。越级授权会造成各管理层次权力的混乱，也会给中间领导者的工作带来被动，并使各部门之间产生矛盾。

三是权责明确原则。就是授权的同时明确下属的责任，将权力和责任一起授予下属。工会主席明确地将权和责同时授予下属，不仅可以促使下属完成各项工作任务，更好地实现授权目的，而且还可以堵塞有权无责或滥用权力的漏洞。

四是量力授权的原则。工会主席在授权时，一定要根据自己的权力范围、下属的能力的强弱和水平的高低，来确定授给下属权力的多少和责任的大小。所授之权，绝不能超过被授权者的能力所能承担的限度，防止使其疲于奔命，而无法胜任所担负的工作；同时，也要防止授权不足，避免影响被授权者能力的发挥。

五是因事授权原则。工会主席一定要因事择人，视能授权，绝不能因人设事，更不可把授权当作一种奖励的方法。

六是信任授权原则。坚持这一原则，就要求工会主席对于将要被授权的下属一定要有充分的考察和了解，认为可信者，才能授权，而一旦授权了就要充分信任，这就是“疑人不用，用人不疑”的道理，这也是坚持正确授权的一个非常重要的原则。

七是可控授权原则。正确的授权，不是放任不管，而是保留某种控制权。工会主席必须对被授权者实行必要的监督和控制，以防止其偏离工作的目标，但不是事事干涉；对严重偏离了目标、力不胜任或滥用权力者，要及时调整更换被授权者，这样才能既授权而不放任。

八是慎重授权原则。工会主席对授权的对象要广泛地、深入地了解，认真考察，多谋善听，不能盲目地授权，一定要将权授给最合适的人。

九是考绩原则。权力授出以后，要定期对下属进行必要的考核，对下属的用权情况作出正确的评价，并将考绩与奖励结合起来。

2. 工会主席授权的程序

程序是实现授权的具体途径，工会主席授权必须遵循正确的程序，才能达到预期的目的，这个程序的具体步骤如下：

第一步，分配责任。分配责任是一个非常重要的步骤，因为授权就是为了让下属担负起责任，没有责任，权力就没有任何意义。所谓责任就是工作任务，领导者要把任务分配得非常明确，不致使下属在工作中相互推诿扯皮。这就需要工会主席在授权前广泛掌握信息，经过深思熟虑，把很多工作做在授权之前。此外，在授权时，还要向下属指明应达到哪些预定的目标，取得什么样的结果。目标包括近期目标和长远目标、分目标和总目标。所以，分配责任是一件复杂的事情，需要做多方面的工作。

第二步，授予职权。在授予职权的过程中，工会主席应注意抓好以下两个环节：第一个环节是帮助下属制定大政方针、提出工作的规则；第二个环节是要把握下属的工作进程，及时给予人、财、物的支持。工会主席在制定大政方针、提出工作规划的环节中，一方面要求下属拿出一个完成任务达标的有效方案，另一方面要审议并修改下属的方案，并拿出行动的原则和方针。同时，还应当指出应注意的隐患与问题，提出对策，授予下属随机处置权。在支持下属工作的环节中，还要使下属明确领导的意图，以利于开展工作。

第三步，要坚持请示汇报和检查监督制度。行之有效的授权程序应当包括坚持请示汇报和检查监督制度。被授权的下属有义务向领导汇报工作，下属的汇报义务是授权的本质要求。请示汇报是对授权者负责的表现，也是被授权者获取授权者支持、指导、帮助、改进工作的重要途径。对于授权者来说，通过请示汇报制度可了解被授权人的工作情况，检查授权的实施情况和结果，对于其中存在的问题及时予以指导、帮助和解决。总之，坚持请示汇报和检查监督制度，对于授权者和被授权者双方都是十分必要的。

（五）工会主席授权的艺术

工会主席授权是一项科学、严谨、慎重的工作，要搞好这项工作，除掌握原则和方式方法外，还应善于运用授权艺术，把握好下述问题。

1. 一定要选好授权对象

工会主席对于被授权人一定要做深入细致的了解，认为可信、有能力者，才能授权。授权是一项政策性、原则性很强的严肃工作，所以必须慎重从事。这除了慎重地确定授权范围外，重点就在于选好被授权者。如果被授权对象选得不好或不太好，不但难以出现预期的授权效果，反而会增添不小的麻烦。所以说选好授权对象是授权工作的核心和基础。因此工会主席在授权前，必须要对授权对象做细致的考察和分析，如授权对象的基本素质、能力、性格、特点、兴趣、爱好、特长、以往的工作经历尤其是是否做过领导工作的经历、现任工作与所拟授权工作的相关性等，除此之外，还应考虑拟授权工作的性质、特点是否有利于授权对象发挥潜能性和积极性。在进行了多方面的分析之后，才能将权力授予最合适的人。这样做有利于保证选准最适合的被授权者，同时也可以防止投机者钻空子。在现实工作中，具有下述特点的人，往往是被授权的理想人选：一是有奉献精神的人，二是勇于创新的开拓者，三是不徇私情的忠直者，四是有独立处理问题能力的人，五是某些犯过偶然的、非本质性错误并渴望悔改机会的人，六是善于顾全大局、团结协作的人。

2. 在实际工作中要防止反授权

领导者授权是由领导活动的规律所决定的，因而它必须遵循一定的程序和原则。换句话说，只有遵循正确程序和原则的授权，才是科学、合理的授权。工会主席在授权过程中和在授权以后，一定要注意防止反授权。反授权就是指下级把自己所拥有的责权反授给上级，也就是把自己的职权范围内的工作问题、矛盾推给上级，让上级为自己工作。这样一来，会出现理应授权的上级领导反被下级牵着鼻子走，处理一些本应该由下级处理的问题，使上级在某种程度上、某些方面降为下级的下级。对于这样的现象，如果不加以注意，不仅使上级领导工作被动，忙于应付下级请示、汇报，而且还会养成下级的依赖心理，从而使上下级都不能很好地完成工作。

反授权现象的出现有两大原因，一是领导者方面的原因，二是下属方面的原因。从前者看，主要是不善授权或不愿真正放权。突出表现是对下属不放心，习惯于自己亲自动手才踏实；有的担心大权旁落，总爱事必躬亲，凡事过问；还有的官僚主义严重，喜欢大权独揽，个人说了算，下属根本没有自主权。从后者看，主要是贪图安逸、不思进取、怕负责任。突出表现是只求做官，不想干事，遇到矛盾就上交；只求讨好各方特别是上级领导，怕负责任，怕担风险，甘当太平官。

有鉴于此，必须从根源上防止反授权，作为领导者，工会主席应增强责任感，以对职工群众、对党、对工作负责的精神，对待自己的职责和权力，对待自己的下级。有了这样的责任感，就能对“反授权者”进行批评和帮助。如果是由于自己过于揽权或对下级工作不放心而造成的反授权，作为领导者应当及时吸取教训，自觉放权，让下属放手开展工作。如果反授权是因为下属水平不高，缺乏独立决策能力而造成的，作为领导应当从提高下属的素质和能力入手，为下级指出解决问题的办法和途径，但也要注意不能包办代替。如果反授权是下级出于讨好上级的目的，在这种情况下，作为上级应始终保持冷静的头脑，一定不要为下级一味的请示、汇报所迷惑。与此同时，还要对下级的这种行为提出中肯的批评，使下属认识自己的问题，明确自己的工作责任，要以自己的政绩和能力赢得上级的器重和信任，而不能把主要精力用错了地方。如果下级怕负责任，遇到矛盾和问题就上交，遇到好事就往上钻，对这种行为，就应当给予严肃的批评，在必要时可收回权力。工会主席如果以这样的态度对待反授权，就可以避免下级把其所拥有的责任反馈给上级，或把其职权范围内的矛盾和工作问题推给上级。

3. 要把握必要的权力，防止弃权现象

正确的授权，不是放任、撒手不管，而是保留某种控制权。没有可控权的授权是弃权。也就是说，工会主席在授出责权后，一定要保留自己必要的责任与权力，防止弃权。作为领导者，应当有指导权、检查权、监督权和修改权，这些权力从广义上来讲的，是广泛适用的。但具体来说，对于不同性质的任务、不同形势环境和不同的授权对象，领导者保留的权力内容不尽相同。

一般来说，工会主席要协助党委把握对直接下属和关键部门的人事任免权，也就是组织人事权，这样才能保证领导机构的正常运转和高效率。工会主席还要保留对直接下属之间相互关系的协调权。协调理顺下属之间的关系是十分重要的，是其他下属无法替代的。工会主席还应当保留最后的决策权，也就是当目标达成发生意见分歧的时候，工会主席要有驾驭能力，要正确分析全局、权衡利弊、当机立断、作出最后的决策。

4. 防止授权失控和失衡

在现实工作中，领导者授权以后，往往会出现失控和失衡现象。所谓失控失衡即是指权力授出以后，领导者对下级没有约束力和修正权，下级不听命于上级，甚至出现了侵犯上级职权的现象，即越权现象。越权即大权旁落，下属行使了上司的职权。授权本应是单向的、由上而下的，要防止出现逆向，即下属越权的现象。越权的危害是十分严重的，如不加以控制，就会出现混乱局面，影响正常工作的有序开展。工会主席防止授权失控失衡应注意如下几点：

一是要把握控制权和调整权，对下属的权力要做到能放能收。工会主席首先要把握控制权。要对授权下属选得准、选出好苗子才能委以权力。要严格控制权限范围，除特殊情况外，一般不准越权，不准先斩后奏，更不准斩也不奏。其次是把握调整权，当发现授权下属素质差、经常越权，或发现下属已背离工作目标、原则，给工作带来损失时，虽不能做到立即免职，但也要立即提出严肃批评，并削弱其权力，调整其授权。工会主席能放权、能收权，这是把握好控制权、调整权的起码要求。

二是要紧紧把握监督环节。防止权力失控的关键在于监督，监督就是保证领导体系的运行始终朝着既定目标。权力授出后，工会主席的具体事务减少了，但检查、指导、督促的责任却相对增加。工会主席要密切关注下属的工作状况、动向、信息，善于及时发现并解决问题，克服情况不明等官僚主义倾向。下属也有责任和义务向工会主席汇报工作情况，不能把上级的监督、指导视为一种干预，其实上级对下属的工作指导往往有着举足轻重的作用。

三是要建立畅通灵敏的信息渠道。工会主席对授权后反馈的信息要及时分析研究。通过信息反馈，不仅要及时发现授权时的漏洞，采取补救措施，而且在掌握下属运用权力的信息后，根据需要和具体情况，对授权进行必要果断的调整。

四是授权不能失衡。也就是说，工会主席在自己领导的组织系统内，对多个下属授权，权力分布要合理，不能畸轻畸重。如果对某个下属授权较多，则必须考虑他的威望和能力，是否为其他下属所接受。无根据的偏重授权，以个人感情搞亲疏性授权，是万万不可取的，是十分有害的。

五是要不断加强思想政治工作，提高授权下属的思想政治素质。下属越权或不能正确用权，往往不是业务素质不行，而是政治思想素质较差。因此，工会主席要加强思想政治工作，核心是对下属进行全心全意为职工群众服务的教育，树立正确权力观的教育，以及正确对待上下级关系和平行关系的教育。

走出误区

授权的误区

◆ 主观式的授权。这类授权人往往不是按完成工作任务所需要的权力授权，而是以自己对被授权人的政治思想品质、工作能力、业务知识水平的主观评价，以及与自己的亲疏程度等作为授权的依据。

◆ 随意式授权。这类授权人往往不是根据客观工作任务的性质、被授权人所具有的能力和知识水平等进行授权，而是以个人的好恶取人、选人，或者从平衡组织各派关系出发挑选被授权人。

◆ 三心二意式的授权。这类授权人在将权力授给下属运用的前后总是犹豫不决、反复无常的。这样的领导者往往忽放忽收，经常改变主意，使被领导者难以适应。

◆ 含糊其辞式的授权。陷入这一误区的授权人往往在向下属授权时是不明不白的，对于给下属什么权力，给多大的权力等需要十分明确的问题从来不讲清楚，这使得被领导者难以开展工作。

◆ 空头支票式的授权。陷入这一误区的授权人名义上将权力授给了下属，但实际上却千方百计地阻挠下属运用他已授予的权力。这类授权人的授权只是空头支票。

◆ 截留式的授权。这类授权人总是不适当地担心他授出的权力会被滥用，或认为完成那项工作不需要那么多的权力，因而这样的领导者在授权时，往往不授给完成任务所需要的全部权力。

◆ 无反馈式的授权。这类授权人无意于亲自建立和实行有效的对接权人开展工作的反馈控制。这种无反馈式的授权使领导人既不能及时获得各方面的最新信息以便修订本部门的发展战略和策略，同时，也不能使授权人根据条件的变化更有效地指导被授权人的工作。

◆ 完美式的授权。这类授权人在企求十全十美心态的支配下，往往借口防止下属发生失误而过多地钳制下属的活动，同时，这类授权人往往要求下属不能有任何工作失误。

◆ 牧羊式的授权。陷入这一误区的授权人在授给下属权力后，往往像牧羊人放羊一样，一切听其自然。这种看似给下属以完全自由的做法，实则滑入了放任不管的泥坑。这样的授权是无法搞好工作的。

三、工会主席权变的艺术

领导权变绝非领导权术，绝非玩弄权力的“厚黑学”。领导权变的实质是一切从实际出发，在分析影响领导活动绩效的诸环节、诸要素的基础上决定哪个因素应该变就变哪个、哪个因素变化最有效就变哪个。领导活动的根本目的是实现领导价值。要实现领导价值，工会主席就必须一切从实际出发来领导变革，既可以变自己，也可以变职工群众，更可以变领导情境、变领导任务。工会主席的权变主要包括以下四个方面的基本内容：

1. 因事而变

工会主席根据领导任务的变化而变化领导行为和领导风格。制定决策的时候可以多协商，工会主席与专家和职工群众一起出主意；执行决策的时候就要多命令，一切按既定规则办，切实提高执行力。工作任务复杂时可以多协商、多授权，充分发挥专家和职工群众的积极性、主动性，创造性地完成工作任务；工作任务简易明确时则要少协商、少授权，按程序和常规办事，该怎么办就怎么办。

2. 因人而变

工会主席要根据干部群众特征和需求的变化以及自身特征的变化而改变领导行为和领导风格。工会主席和干部群众是工会领导活动中的主体，二者之间的关系直接影响到领导活动的绩效。在二者的关系中，相对来说，工会主席处于主导地位。因此，工会主席要根据干部群众特征的变化和自身特征的变化及时调整自己的角色和行为。比如，被领导者工作能力强又有积极性，就可以多授权；被领导者工作能力差一些，应该少授权，多指导、多辅导。

3. 因时而变

工会主席要根据组织发展阶段的变化而调整自己的领导方式和领导风格。工会组织发展阶段一般都会经历初创期、发展期和成熟期等阶段，工会主席要能够准确把握组织发展的阶段性变化，及时调整自己的领导方式和领导风格。比如，在工会组织初创期，面临着各种各样的难题和考验。在这一时期，工会主席的领导风格应该以更大的魄力和勇气去开创局面，而不是过度强调管理的规范化和制度化。随着工会组织进入发展期，领导风格也要及时向制度化、规范化转变。在工会组织进入成熟期后，工会主席就应该更重视文化建设，更重视人才培养。再比如，工会主席用人平时可以亲柔一些，可以多沟通、多协商，但在危急时刻就要多一些权威、多一些命令，做到果断决策、当机立断。

知识链接

菲德勒的权变理论

美国华盛顿大学领导学教授弗雷德·菲德勒在领导情境理论基础上，进一步提出了以“因境而变”为核心的“领导权变理论”。他认为，影响领导有效性的因素主要包括：第一，上下级关系，也就是领导者与被领导者之间的关系；第二，任务难易程度，领导者给被领导者交代的工作任务的难易程度、结构化程度如何、有无常规可循；第三，领导者权力大小，领导者影响力的大小。

权变理论的重点在于“双向匹配”，领导活动的有效性既不是单纯靠领导者的能力和素质，也不是靠被领导者的能力和素质，而是在于一方面领导者与被领导者之间的适应和匹配，另一方面领导者与所处环境以及目标任务之间的适应和匹配。因此，领导要“因境而变”，根据领导情境的变化而变化；要“因人而变”，根据被领导者的准备就绪程度而变；要“因需而变”，根据被领导者的能力和意愿而变。至于领导者如何权变，遵循的原则是哪个应该变就变哪个，哪个变的效果最好就变哪个。

4. 因境而变

工会主席根据领导活动所处客观环境的变化而变化领导方式和领导风格。就环境来说，对不同的国家而言，文化环境、生态环境、社会环境、经济环境、政治环境、制度环境、法治环境和民众素质等都是影响领导行为和领导风格的要素。总之，这都要求工会主席要根据所处领导环境的不同相应地采取不同的领导方式。

领导权变要处理好“变”和“不变”的关系。权变的目的性和原则性十分明确，一方面，不管如何权变，领导原则不能变，领导方向不能变，领导目的不能变；另一方面，不管如何权变，领导权变的最终目的都只能为了提高领导工作的绩效，实现领导活动的价值。

第4篇 工会主席的用人艺术

一、工会主席用贤的重要性

得人才者得天下。在科技日新月异的当今时代，国家之间、地区之间的竞争，归根结底是人才的竞争。人才资源作为“第一资源”的重要地位日益得到凸显。谁拥有优秀的人才资源，拥有强大的高素质人才队伍，谁就能在国际一级地区竞争中占有优势，赢得主动。在这个世界上，缺的不是人才，而是发现人才的眼睛。作为工会主席，就要慧眼独具，善用人才。工会主席如何识别人、选好人、用好人，事关工会事业的成败。

人才，通常是指具有德才学识或某种专长，并在某一领域、某一行业、某一工作中为社会发展和进步事业作出一定贡献的人。人才的核心是能力与贡献。人才是社会中最宝贵的财富，是推动社会发展进步的先进力量。工会工作的开展和发展离不开人才。工会主席的一项重要职责就是要善于发现人才，选拔人才，使用人才，调动人才的积极性、创造性和潜能，让整个工会组织充满凝聚力和活力，共同为实现工会领导工作和整个工会工作的总体目标而努力奋斗。

为政主要在于用人。用贤人政通人和，用庸人百业困顿，用奸人国无宁日。举贤任能事关事业成败，作为工会领导活动的组织者和指挥者——工会主席，不仅要能谋、善断，还必须要善于用人，没有一支得心应手的工会干部队伍，再好的主意、谋略和决策都无法实施，变得毫无意义。因此，对于工会主席来说，如何讲究用人艺术，合理配置人力资源，在发现人才、培养人才、使用人才方面发挥重要作用，充分发挥人才在工会工作中的能量和智慧，以提高工作效能，是一个值得重视的大问题。毛泽东同志曾经精辟地指出，领导者的责任归纳起来，主要是“出主意”和“用干部”。前者指领导者提出和作出决策，后者指做好选人、用人和育人的工作。

选拔和使用优秀人才是工会建设和改革的重要保证。在全面深化改革的新形势下，工会要加强自身建设和改革，需要一大批坚定不移地贯彻执行党的路线和工会工作方针，掌握党和工会的基本理论以及工会业务知识，德才兼备，富于创新，勇于开拓的工会工作者，这既是时代对工会干部队伍提出的新任务和新挑战，也是加强工会组织建设和改革的迫切要求。

选拔和使用人才是发挥工会共产主义学校作用的重要内容。在我国建设中国特色社会主义的历史新时期，工会自然发挥着共产主义学校的作用，而发现和选拔人才是发挥这一作用的重要途径。回顾我国革命、建设和工人运动的历史，工会为党和国家以及自身选拔和培养了一大批干部和人才，其中涌现出许多工人阶级的最优秀分子，他们是社会的精英、国家的栋梁、工会的骄傲。社会主义现代化建设的深入发展，迫切需要从各个领域，特别是优秀工人中培养和选拔人才。工会的共产主义学校作用，可以为人才的培养、选拔创造广阔的天地。

选拔和使用人才也是实行工会民主参与、民主监督的需要。随着社会主义民主政治建设的推进，工会在民主参与、民主监督方面将肩负起越来越重要的责任，要求工会主席选拔出高素质的人才，以适应工会实行民主参与、民主监督的需要。

二、工会主席识人的艺术

世上从来不缺人才，但是，发现人才却是件难事。所以往往是，一厢感叹“人才难得”，一厢哀怨“英雄无用武之地”。“世有伯乐，然后有千里马。千里马常有，而伯乐不常有。”因此，识别人才是领导者的硬功夫。

（一）识人的条件

在工会工作中，工会主席是识人的主体，能否正确地识别人才，主要取决于工会主席自身是否具备识人的素质和能力。

1. 要有求才之心

任何一个有作为的工会主席，必须有一种求才若渴、爱才如命的精神。因为他们懂得事是大家做的，即使自己是个人才，也不可能掌握现代一切知识，了解那么多复杂多变的情况，解决各种大小问题，必须要有各路人才方能成就事业。这是识别人才的前提和基础。

2. 要有识才之能

工会主席识人首先自己必须是人才。具备识人的能力，才能发现人才，分辨人才。因此，工会主席要想识别“千里马”，就必须首先成为伯乐，具备伯乐那样识才的慧眼。否则，即使人才就在身边，也难以发现。

3. 要有辨才之功

这就要求工会主席要有辨别真伪的能力，避免遭人蒙蔽上当受骗。因此，工会主席要做到不以言貌而舍才，不以缺点而掩才，不以资历而压才，不以嫉妒而毁才，不以好恶而弃才，不以亲疏而断才，不以印象而误才，不以卑微而轻才。只有这样才能真正发现人才。识别人才，更重要的是要善于识别那些多谋善断的谋略型人才。

4. 要有举才之德

爱才之心必须要出于公心，才能谈得上是真正爱才。就是要从事业出发来选才，而不能从私心出发来识人。所以工会主席只有从工会事业出发，出于公心，才能做到正确地识别人才。

5. 要有容才之量

有大才者必有怪癖，有大能者必不谦虚。工会主席就需要有宽阔的胸怀接纳他们，甚至容忍他们的毛病和错误。有多大的胸怀就有多大的人才，有多大的人才就有多大的事业。工会主席的任务就是培养和选拔人才。

（二）识人的方法

用人首先要知人识人。读万卷书，不如行万里路，行万里路，不如阅人无数。“知人则哲。”善于识人是一种极高的智慧。识别人才可以通过以下几种方法：

1. 观察法

观察法是指通过感性直观地识别人才的方法。观察法可以分为直接观察法和间接观察法两种。所谓直接观察法，是通过与考察对象面对面地接触，听其言而观其行，对人才进行观察和识别的一种方法。这种方法具有直观性的特点，可以更快捷有效地识别人才。所谓间接观察法，就是不与观察对象直接接触，而通过间接方式对考察对象进行考察的一种识人方法。如考察干部的档案，听取群众的反映等，尽管这种方法带有间接性，但却可以排除主观因素的干扰，更具有说服力。工会主席在识别人才时，必须善于运用这两种方法。

2. 试用法

试用法是在观察的基础上，通过短期试用来鉴别一个人是否是人才的方法。例如艰苦环境考验、挂职锻炼、代职试用等。这种识别人才的方法可以避免主观判断的错误，可以更全面地了解被识别对象的品格、意志和解决问题的能力。因此，工会主席要给人才创造条件，使其充分展示其才能。就是让他们担任合适的工作，在实践中检验其才能的大小，这是考察人才的最好办法。

3. 考绩法

考绩法是通过对考察对象的工作政绩或业绩作全面考核，来了解一个人品德优劣和能力大小的一种识人方法。这种方法更具有综合性、全面性。考绩法一般通过组织考察、群众评议、民意测验等方法进行，具有一定的客观性，可以克服个人情感的障碍，弥补领导识人的狭隘性和局限性。

4. 民意测验法

为什么要相信群众？一是群众的眼睛是雪亮的，他们的监督和观察，往往比组织部门更直接和直观；二是群众和当事人没有什么恩怨和利益瓜葛，能够做到公平公正。因此，工会考察干部要以职工群众拥护不拥护、赞成不赞成、满意不满意、高兴不高兴、答应不答应为根本尺度。

5. 辩证法

一是坚持全面与重点的统一。既要全面考察干部的德、才、学、识、体等综合素质，又要重点分析干部某一方面的素质情况；既要看干部一时一事的表现，又要看干部的全部历史和全部工作。二是既看显能，又看潜能。显能是指已经表现出来的才干和能量，潜能是指蕴藏的有待开发的能量。人的思想、品德、能力是随着客观条件的变化而变化的，工会主席识人既要看显能大小，更要看潜能强弱。三是坚持优点与缺点的统一。识别人才既要看其优点，又要看其缺点，不可偏废，尤其对缺点要进行具体分析。

三、工会主席选人的艺术

选贤是用人的前提，只有选准人才，才能为用好人才创造条件。工会主席选人要解放思想、更新观念、视野放宽，要着眼于改革开放和社会主义现代化建设，着眼于工人运动和工会工作的发展创新，并确定与之相应的用人新观念。要冲破论资排辈、求全责备、迁就照顾、任人唯亲等陈腐观念的束缚，在坚持政治合格、思想过硬的前提下，以才干评高低，以政绩论贤庸，这样才能比较好地选准人才。

（一）选人的标准

工会人才的选拔，首先是对工会干部的选拔，而要选拔好工会干部，工会主席就要掌握好识人的标准。要坚持建设中国特色社会主义新时期党对干部的基本要求和与时俱进提出的新要求，同时又要充分考虑工会群众组织的特点，注意选择那些既能坚持党的基本路线、贯彻党的方针政策，又热爱工会工作，具有大局意识、责任意识、创新意识、群众意识和奉献精神，熟悉本职业务，又有广泛的群众基础，受到广大职工群众信赖的人才。

具体来说，工会主席选人应坚持六条标准：一是坚持用马克思主义的基本理论来指导自己的工作，认真学习和掌握经济、法律、工会理论与业务知识。二是正确贯彻、执行党的路线、方针、政策和工会工作的方针任务，遵守国家的法律、法规，在改革开放大潮中、在工会工作中勇于开拓创新。三是有强烈的事业心和责任感，年富力强，热爱工会工作，任劳任怨，甘于奉献，积极为职工群众说话办事，并能顾全大局，维护团结。四是有胜任工会领导工作的组织能力、活动能力、文化水平和相应的专业知识。五是具有良好的民主作风，坚持实事求是、调查研究、密切联系职工群众，正确执行党的群众路线方针，自觉接受职工群众和党组织的批评监督。六是坚持原则，不谋私利，敢于同歪风邪气、不正之风及腐败现象作斗争；敢于同滥用职权侵犯职工权益的官僚主义作斗争。坚持全面理解和贯彻这六条标准，是工会主席选准人才的关键。

（二）选人的方法

工会主席选拔人才主要是选适合条件的工会干部，因此在方法上应与党政干部的选拔有所区别。工会主席要选那些适合做工会群众工作并受到职工群众信赖、支持，热心为职工群众服务、为工会事业奋斗的人才。工会主席选拔人才的方法可分为基本方法和具体方法两种。前者主要是辩证的方法、群众路线的方法和求实的方法。辩证的方法是指工会主席在选拔人才时要全面地、历史地、发展地看待人才，强调实事求是地评价人才。群众路线的方法是指工会主席要坚持群众路线，广泛征求广大职工群众对人才的意见和评价。求实的方法强调在实践中选人。具体方法主要是民主选举、组织聘任、考试录用和自荐等方式。

（三）选人的艺术

工会主席在掌握了识人标准和选人的方法后，应在其指导下，娴熟地运用选拔人才的艺术，主要有以下方面：

1. 任人唯贤，反对任人唯亲

“任人唯贤”是党的干部路线，也是工会主席选人用人的基本原则。

“任人唯贤”与“任人唯亲”是两条根本对立的干部路线。工会主席在举荐人才时，要坚持工会干部的任用标准，坚持唯贤选举，不凭个人好恶以及亲近与否，也不搞论资排辈和本位主义，要深入群众，真正了解被荐人的真实情况，以公正无私的原则发现和选拔干部，这对于提高工会领导机关的整体水平是至关重要的。

2. 德才兼备

选拔德才兼备的干部，是我们党一贯的方针。“德”是指思想道德修养，“才”主要是指专业技术知识和工作能力。“德”和“才”是一个完整的统一体，重德轻才、重才轻德都不是选拔干部的正确方针。要在选拔工会干部方面不拘一格，工会主席就必须坚持德才兼备考察人才，把那些既有坚定的政治信仰、严明的组织纪律性、作风正派又有广博知识水平的工会工作者选拔到工会领导岗位上来，以良好的自身素质带动工会工作的开展。

3. 职工信赖

工会是职工自愿结合的工人阶级群众组织，工会干部是直接为职工群众服务的公仆，因此必须是勤政为民、联系群众、能为广大职工群众说话办事，并在群众中有凝聚力和号召力。选拔人才是一个非常重要的环节，能否把广大职工信赖、承认、赞同和拥护的人选拔到工会工作岗位上来，事关工会事业的成败。

4. 以发展的眼光看人，并注重实绩

工会主席要用发展的眼光考察人，既要看他的过去，更要看他的现在与将来，不能以固定僵化的眼光看人，更不能凭老印象下结论。不能因小事裁大将，因一事论高低，要看主流、看本质、看潜力、看发展，不能求全责备，因小疵而废大才。同时还要注重实绩，对各种人才的考核和录用，都必须注重其工作政绩，是否工作基础扎实、求真务实，并有发展后劲，这样才能挖掘出那些埋头苦干、以实绩取胜的优秀人才，让他们在工会工作岗位上大显身手。

四、工会主席用人的艺术

“为政之要，唯在得人。用非其才，必难致治。”工会主席的首要任务，就是选用合适的人，做合适的事。工会主席的存在价值不在于亲自冲锋陷阵，而在于调兵遣将、运筹帷幄，汇聚众人的智慧，把各种各样的人用好，人尽其才，各尽其能。

走出误区

走出用人误区

◆ 用人“乱点鸳鸯谱”

尺有所短，寸有所长，物有所不足，智有所不明。一些工会主席不掌握人才规律和使用基本方法，不看工作性质和工作需求，随便安排人才，导致一些人用非其学，或才小而事大，难以胜任工作，既耽误了工作，又耽误了人才。

◆ 过分看重学历和文凭

当前，用人看学历和文凭几乎成了一种不成文的规矩。用人主要看其能力，但学历、文凭并不等于才能，毕业证书和学位证书不是能力的通行证。目前我国教育体制还不够完善，高校毕业的人才普遍与实践还有一段距离，学过了不等于会用，会用也不等于能用好。所以，工会主席一定要杜绝唯学历、唯名校的心理。

◆ 片面强调经验

经验固然重要，但经验本身有其固有的属性。其一，由于不同部门、职位在其工作性质、任务上都有各自的特点，因此经验是不可复制的。其二，经验也不等于才能和理论。有经验的人一般都有一个比较固定的思维模式，喜欢按照以往的经验去做，很难有新的突破和改变。其三，有经验的人往往会滋生自满情绪，不思进取，缺乏工作热情。

◆ 凭自己主观好恶用人

虽然工会在用人问题上强调组织考察、班子讨论、集体决策，但工会主席有很大的决定权。所以工会主席不能凭自己的主观意志、偏好偏恶、自己的利害得失，甚至迷信心理，来选拔使用人才。

◆ 宁用奴才不用人才

一些工会主席对那些有主见、有思路、有闯劲的人才噤若寒蝉，认为这些人容易出事、不好控制，而一味用那些唯唯诺诺、俯首帖耳的保守型、顺从型的人。唯命是从的人往往缺乏创新精神，在工作中缺乏灵活性，久而久之，就会形成“武大郎开店，高个子莫进”的局面，工作效能下降，对工会工作的开展是极为不利的。

（一）用其长，容其短

人有共性，也有个性。人的知识、才能、气质、思想状况、兴趣爱好、成熟度各不相同。工会主席用人的关键是用其长、容其短，发挥其长处，避免、容纳并逐步帮助其克服短处，做到扬长避短，充分发挥其才能。特别是对那些有特殊才能的专业人才，更要充分发挥其长处。因此工会主席只有用其长、避其短，才能用当其才，获得事半功倍的效果，顺利地完成各项任务；相反，不知其所长、使用不当，必然造成对人才的极大浪费。此外，工会主席还应辩证地看待人才长与短的关系，长与短是相对的、可以互相转化的，工会主席要善于长中见短、短中见长，对那些有真才实学的同志，不应过分苛求，只要不是原则性错误，就可以通过培养考察大胆使用，扬长避短，使人尽其才，才尽其用。

（二）明确职责，适当授权

明确职责，就是明确所担当的职责，使下属干其所干。适当授权，就是根据实际需要，授予一定的权力，形成责权对等，使下属更好地履行职责。工会主席对所属干部明确职责、适当授权，是实现其领导的重要基础。尤其是实行适当授权，可以使工会主席摆脱过多事务的困扰，而以主要精力处理重大问题，同时还可以调动下属的积极性。工会主席在授权过程中必须注意运用一些基本的授权艺术，使授权能够获得预期的良好效果。一般说来，要注意做到尽可能选择合适的人，要明确权责范围、讲究授权的方式，要对被领导者进行及时的检查、指导和考察。

（三）要敢于用比自己强的人

能当领导的人，不一定都是能力最强的人。即使能力再强，没有下属，没有人才，其目标也是无法实现的。领导者关键是要敢于和善于使用比自己强或曾反对过自己而又有真才实学的人。我国古代唐太宗重用曾参加过瓦岗寨农民起义军、原来又策划杀死他的很有才华、刚正不阿的仇人魏征，就是典型的例证。那种生怕下级超过自己、威胁自己，而采取一切手段压制别人、抬高自己的领导，是不会取得职工群众信服的。工会工作涉及面广，遇到的大量实际问题既具体又复杂，工会主席一定要善于、并且敢于重用那些在具体工作中比自己强的专业人员，充分发挥和调动他们的智慧与才干，放手其处理那些棘手又琐碎的大量问题，从而为工会工作拓宽领域、提高效率。

（四）要敢于重用有才华的年轻人

在西方流行一句名言：“要么创新，要么死亡。”而敢于创新是有才华的年轻人的本质，年轻人最富有创造力。工会主席在实际工作中应重视培养和使用有才华的年轻人，以使工会事业后继有人。以往常有不重视工会工作的倾向，把老、弱、病的人员安排到工会，这无疑大大削弱了工会组织的战斗力与活力。当前党和政府都充分认识到工会组织的重要性，工会干部队伍的素质也有了极大提高，并涌现出一大批年轻有为的工会领导者。在新形势下，工会主席应主动顺应历史潮流，敢于并善于在实践中发现和重用那些有才华的年轻人，推动工会事业朝气蓬勃地向前发展。

（五）要尊重和信任下属，做到“用人不疑”

疑人不用，用人不疑，充分信任，放手使用，这是工会主席用人的重要原则。这里所说的信，是信任、相信。信任人、尊重人，可以给人以巨大的精神鼓舞和力量，让他们挑起重担，放手工作，大胆负责。因此，工会主席要尊重和信任下属，努力激发他们的工作热情和创造性，支持他们尽职尽责、大胆工作。只有当他们确实违背了工作的主旨时，你再出手干预，将他们引上正轨。只有将下属的积极性全部调动起来，你的事业才能迅速地获得成功。

（六）要重视个人素质，更要强调群体互补效应

人的素质千差万别，作为工会主席应重视并提高下属的个人素质，同时要突出对人才的开发与利用。发挥人才的创造性特征，在对重大问题决策时，应广泛征求不同意见，展开有益的争论，对一些能坚持自己主见、不随波逐流的人的意见要予以重视。工会主席要从不同意见中得到启发，善于听谏、纳谏，避免异口同声。在日常工作及配备人员时，更要重视群体互补效应，让不同特长、不同性格、不同才能的人互补协调，以免发生摩擦和内讧，强调群体互补效应，才能使工会工作生机盎然。

五、工会主席培养人才的艺术

工会主席的责任，不仅在于领导部属完成本单位的工会工作任务，更重要的是要带出一支好队伍，培养一批好人才。首先要树立人才难得的观念。人才难得，古今同慨。人才尤其是杰出人才之所以难得，不是因为没有，而是因为凡眼不识、世俗不容。其次要勇于保护人才。其一，要使人才尽快摆脱困境。其二，要敢于为人才的失误承担责任。其三，要敢于抵制对人才的无原则吹捧和不适当的使用。

（一）营造人才成长的环境

“鸟栖不择山林，唯其木而已；鱼游不择江湖，唯其水而已。”工会主席使用人才，就要为人才提供事业平台、创造最佳环境，使其得到重用、发挥所长。一个人的成长离不开环境，包括政治环境、文化环境、舆论环境、政策环境、人际关系环境等。这些环境因素对人的成长、成才、成功都很重要，领导因素也是其中很重要的因素之一。

（二）正规化培训

工会干部的正规化培训对于提高工会干部的责任非常必要。正规化培训应把学理论、学知识、总结经验、培养实际工作能力结合起来。正规化培训要针对不同情况，从不同工作岗位的实际出发，采用多种形式培训；要以岗位培训为重点，把岗位培训、学历教育、继续教育及短期学习结合起来，形成长短结合、形式多样的培训体系。工会主席要真正重视干部的培训工作。当前，知识不断发展，技术不断更新，科学不断繁荣，在这种形势下，强化工会各类专业人才的培训是当务之急，又是长远之计。工会主席要在组织上、资金上、计划上给予保证，不断提高现有人才的水平。要积极创造条件，采取学校深造、脱产培训以及组织自学等方式，有计划、有目的地组织工会干部教育培训。

加强对中国特色社会主义理论体系的教育培训，加强对习近平总书记系列重要讲话精神的教育培训，加强对中央关于全面深化改革精神的教育培训，加强对中国特色社会主义工会发展道路的教育培训，加强对工会业务知识及相关知识的教育培训。组织工会干部认真学习劳动关系、工会组建、集体协商、社会保障等工会工作业务知识以及经济、政治、社会、法律等方面知识。改进培训方式方法，不断提高基层工会干部的针对性和实效性，不断提高基层工会干部工作能力，使之真正成为工会工作的行家里手，努力推进学习型、服务型、创新型工会建设。

（三）在实践中培养锻炼

“实践出真知”，培养工会工作的人才必须确立“实践第一”的观点。立足工会工作的实践，坚持在实践中培养锻炼工会人才，特别是要让他们在基层工会的实践中经受锻炼、积累经验、增长才干。工会主席要大胆使用那些基本素质好、发展潜力大、表现比较突出的优秀工会干部，适当授权，让其临时主持工作或担任常务副职，安排到急、难、重的岗位上去，委以重任，早压担子，促使其快速成长起来。

第5篇 工会主席的组织艺术

组织工作是工会工作的重要内容，因此，掌握组织艺术是工会主席的职责所在。工会主席的组织艺术是指在充分发扬民主和合理运用组织理论的前提下，工会主席采用科学的方式和手段，恰当地设计和建立工会组织机构并发挥其作用，以及动员组织工会干部和职工群众去实现工会领导目标的技巧。工会主席的组织艺术包括两个方面：一是静态的组织分析、组织设计、组织建立和组织变革的艺术，其侧重点在组织机构的设立和调整；二是动态的组织实施，其侧重点在组织方案的实施和控制，包括运用组织机构和组织干部群众等。

一、工会组织机构的设计运用艺术

组织是实现领导职能的依托，领导者要行使领导职能，就必须依赖于组织的力量。组织的设计运用艺术首先表现为组织机构的设计和运用艺术。组织机构是组织的具体存在形式，是组织内部的若干相对独立和彼此传递信息的机构所结合而成的一种实体。设计和运用好组织机构对工会主席实施有效领导具有重要作用。因此，工会主席必须掌握好设计和运用工会组织机构的艺术。

（一）工会的领导体制和组织机构

1. 工会的领导体制

工会领导活动目标的确定与实施，都需要有一定的组织保证，就是说用某种组织形式把领导成员组织起来实行集体领导，并设置一定的工作机构，使工会领导工作正常运转。工会的领导体制具有组织保证、组织规范、组织联合等重要作用。工会组织领导体制的特点：一是领导的双重性，即作为一级工会组织，它必须同时接受上级工会和同级党委的双重领导，并以同级党委领导为主。二是代表服务性，即各级工会组织及其领导既代表职工群众，又要为职工群众服务。三是相对独立性，即工会作为工人阶级群众组织，它在党的领导下依据法律和工会章程独立自主地工展工作。四是民主性，即会员群众办工会，民主办工会。工会领导体制的内容包括会员（代表）大会制、工会委员会制、产业和地方结合制。领导体制是领导的组织制度，是大家共同遵守的组织上的行为准则。工会领导体制是解决工会领导集团在组织上的组合问题，以使领导工作有序协调地进行。把握工会领导体制的上述特点对工会组织机构的设置具有重要意义。

2. 工会的组织机构

工会的组织机构有全国组织（工会全国代表大会、全国总工会执行委员会、产业工会的全国代表大会和全国委员会）；地方组织（地方工会代表大会、地方总工会委员会、地方产业工会）；基层组织（会员大会或会员代表大会、工会基层委员会、分厂、车间、科室工会委员会、工会小组）。理想的组织机构设置应有：领导中心，即决策和组织指挥中心，也就是会员（代表）大会和工会委员会；研究参谋系统，对工会决策方案进行调查研究和咨询，也就是工会理论政策研究机构；信息反馈系统，对各级工会领导决议执行情况组织反馈，以便掌握和协调工会活动，也就是工会的信息管理部门；执行系统，对工会领导决策组织实施，也就是工会的各个职能部门；监督系统，对工会领导决议执行情况进行监督，也就是经费审查委员会、会员群众的监督等。

组织机构是领导体制的具体化、实体化。在具体设置工会组织机构时，要遵循的原则是：结构合理原则、精简与效率原则、协调原则、因事设人原则、责权一致原则和有利统一指挥原则。正确地运用这些原则，会科学合理地设置机构，提高工作效率。

工会组织领导体制改革和建设的方向是：改革和完善组织领导体制，探索形成科学民主、高效务实的运行机制和自上而下的服务体系。基本要求是：在坚持党的领导、坚持统一的工会组织领导体制基础上，按照《工会法》和《中国工会章程》的规定，着眼于提高组织运作效率和维权能力，积极探索适应完善社会主义市场经济体制要求的工会组织领导体制和组织形式，进一步拓展组织网络的覆盖面，整合组织资源，优化组织结构，理顺组织体制，增强组织力量，使工会组织体制与加强和改善党的领导、改革和完善党的领导方式和执政方式相衔接，与不断发展变化的劳动关系状况相适应，与不断加快的工业化、城镇化进程相协调。工会领导机关的改革内容主要是：进一步明确工作职责，调整工作机构，完善人事制度，转变活动方式，改进工作作风。

（二）工会组织机构的设计艺术

工会主席作为工会领导者，需要掌握现代组织机构的设计艺术。组织机构的设计艺术是指领导者在进行组织机构设计时所表现出的高超技巧。在不同的历史时期，由于条件不同，组织机构的复杂化程度不同，从而设计艺术的水平高低也就不同。现代社会十分复杂，现代组织机构形式是一个十分复杂的组织形式，这点工会的组织机构也不例外。这就要求工会主席在设计工会组织机构时要讲求设计艺术。具体来说，工会主席需掌握的设计艺术主要有：

1. “封闭”的设计艺术

要使组织结构合理，组织结构的封闭问题是一个十分重要的问题。因为任何一个组织系统，它不仅要与外部保持必要的联系，而且在组织系统内部也会形成一个封闭的回路。只有构成回路封闭的关系，才能形成相互作用、相互制约的力量，从而保证各机构按照科学的轨道向前发展，才能增强管理水平。就工会组织机构来说，实施封闭设计，就应该建立和完善四类基本职能机构，即决策机构、执行机构、监督机构和反馈机构。如果不是这样，这个工会组织结构就是不完整或不健全的，它将影响到组织整体功能的发挥和组织运行不畅。

2. 最佳领导幅度与领导层次的设计艺术

什么是领导幅度和领导层次呢？把指挥系统划分为几个等级，这就叫领导层次；一个领导者能直接有效地指挥几个下级，这就是领导幅度问题。寻求最佳领导幅度与领导层次的设计对工会组织机构的设置十分重要。一般来说，在设计组织结构时，组织规模大，领导的层次可以多一些，组织规模小，领导的层次可少一些。另外，下层的领导幅度可以宽些；反之，上层的领导幅度就应当窄些。工会主席作为工会领导者，尤应掌握好这项设计艺术。

3. “整分合”设计艺术

现代组织是一个有机联系的统一整体，而领导和管理又必须有分工，统与分，是组织设计中的一对最基本矛盾。没有分工的整体，只能是一种“混沌”状态，而分工如果不科学，又可能变成分割，就会破坏组织的整体性。解决这一矛盾的有效方法是“整分合”的设计艺术。那么，什么是“整分合”设计艺术呢？所谓“整分合”的设计艺术，就是指在设计组织机构时，首先要把握组织的整体目标以及基本任务，这就是“整”的意思。在这个基础上，按照实现组织的目标和任务的要求，将组织的任务科学地分解为一个个组成部分、基本环节和要素，以此建立起各种承担这些具体任务的组织机构，并进行人员和资源配置，这就是“分”的意思。然后，在分工的基础上再进行总体协调和综合，使得各分工部门相互配合、通力协作，以促使组织目标的实现，这就是“合”的意思。把这三个步骤归结起来就是：把握整体、科学分工、组织综合。整体是前提，分工是关键，综合是归宿。

在实际工作中，要运用这种艺术来设计机构，成功的关键是分工科学合理。同时，要注意避免分工不清、职责不清和把分工变成“分家”“分割”。总之，要分中有合，合中有分，实现统与分的矛盾统一，这样才能灵活地运用现代组织机构的设计艺术。

4. 权变的设计艺术

因地、因时、因人、因环境等各种主观条件、客观条件的情势来确定组织机构，这种组织艺术就是现代组织机构设计中的权变艺术。之所以要运用权变的设计艺术，是因为组织结构是四种影响力量的函数。这四种影响力分别是最高领导者的影响力量、职工的影响力量、组织任务的影响力量、客观环境的影响力量。权变设计艺术的要点是强调从实际出发，根据不同情况来确定组织机构。

5. 富有“弹性”的设计艺术

一个组织对外部环境是否适应，一个很重要的因素，就是看它的组织机构是否留有伸缩的余地。一般来说，组织机构具有相对稳定性，而组织的外部环境都是不断变化的，组织机构如何适应这种变化，这是一个矛盾。一个有效的组织机构总是能够依靠它自身职能的变化来适应外部条件的变化。就是说，当组织机构的外部条件发生了变化的时候，不是首先马上分解出新的组织机构来适应条件的变化，应该是在原有的组织机构中发生职能的扩张，用弹性的变化来适应外部条件的变化，适应新形势的发展。

（三）工会组织机构的运用艺术

工会组织机构确立后，要正确发挥它的功能，使之正常运转，工会主席还要善于正确、合理地运用组织机构，这就需要掌握运用工会组织机构的艺术，主要有以下几方面：

一是必须维护组织机构的统一，这是发挥组织机构功能的基础。完整统一的组织机构，才能显示出它的功能。要维护组织机构的统一，就必须从上到下健全领导班子、健全指挥系统，认真执行民主集中制原则，建立一系列法规、制度。

二是合理运用各部门的功能。工会主席要对各部门的特性、功能和每个成员的职责权限了如指掌，熟练地运用整架机器，充分发挥各个部门和每个人的积极性，不能随意转换或加派工作任务，让其承担不该承担的事情，以扰乱正常工作程序。

三是注意整体与部分、部分与部分间的协调。为了达到领导最佳的整体效能，工会主席要注意解决整体与部分、部分与部分之间的矛盾，协调好各层次各个部分的关系。

四是提高各机构的工作效率，避免机构的过度膨胀。

二、工会主席的组织指导艺术

工会主席要有组织指导艺术。工会主席的组织指导艺术，是创造性地运用组织和指导知识的技能、技巧。它包括对下级组织及其领导人的组织与指导，也包括对职工群众的组织与指导。工会主席对工会工作的组织与指导，正是通过对上述两方面的组织指导而实现的。

（一）工会主席掌握组织指导艺术的重要性

组织指导是工会主席在工会内部的基本职能。这是因为：第一，领导是一种组织活动，领导者是活动的组织者；第二，活动的组织者应起组织指导作用，组织确定活动的目标，组织力量实现目标，并在这个过程中进行必要的指导；第三，工会组织性质的内在要求。工会是职工群众自愿组织联合起来的，这就要求它的领导者具有组织联合的功能。但工会领导者的组织联合行为，不是行政指令性的，而是属于指导性的。也就是说，工会领导者对职工群众具有指导他们应该做什么、怎么做的责任，但其中着重运用的手段是非强制性的，就是非权力的影响力。工会领导者这种对内的基本职能表明，组织指导得是否正确有效，是工会领导者是否成功的主要标志，而这些又有赖于组织指导艺术的充分发挥。所以，作为一名工会主席必须讲究组织指导艺术，以努力提高这方面的水平，为实现工会内部的基本职能创造条件。

那么，工会主席掌握组织指导艺术有什么意义呢？其重要的作用体现在：巧妙地组织广大职工参加履行工会职能的活动，使工会组织系统有序高效运转，实现工会目标；创造性地运用适当的方式，成功地将职工群众组织起来，联合行动，有效地捍卫工人阶级的权益；引导广大职工群众充分发挥主人翁的作用，在实践中受到教育；正确地指导群众认识党的路线同职工意愿的一致性。

(二) 工会主席组织指导工会工作的艺术

工会组织机构及其运作是一个大系统，要使之正常有序高效运转，保证工会工作的顺利进行，工会主席就要加强对所辖组织及其下属的工作指导，在这里掌握组织指导艺术就显得十分重要。工会主席组织指导工会工作艺术主要包括以下内容：

1. 善于在民主基础上集中

因为工会组织相互之间是平等联合和代表的关系，工会主席在组织指导过程中，应强调民主化，以保证组织指导的正确性。工会主席在会议上讨论决定工作时，或者在交谈、检查指导工作时，都应当充分地听取别人的意见，把正确的可行的意见加以集中，并善于把自己的想法有机地融合进去，做到不突出个人，这样，才是一个有威信的工会领导者。我们党的路线、方针和政策，是在民主基础上制定的，也是工人阶级意志的高度集中。作为工会主席要善于把党的路线和方针政策，同职工群众的要求密切结合起来，通过工会的民主程序，变为工会的决议，然后在群众中贯彻执行。

2. 尊重他人，充分信任部属

工会主席同下级、同级的工作关系，是建立在互相信任、互相尊重的基础上的。因此，工会主席要注意尊重别人的意见；要相信部属，放手让别人工作，鼓励下级根据工会的文件，结合实际情况开展工作；要协商多于指令，把指导融化在协商之中；要注意帮助下属解决工作中的困难。总之，要尊重他人，要充分信任部属。

3. 注意上下沟通，取得共同语言

工会在领导关系上运用的主要手段是非权力影响力和协商。要实现这一点，一个重要的技巧，是工会主席要注意与同级领导、下级领导甚至其他社会组织及时地沟通。通过上下沟通，取得共同语言。可以说，这是工会主席实现有效的组织指导的基础；反之，如果不注意沟通，缺少共同的语言，各想各的，做不到步调一致，领导者指导工作也会流于形式，而下级不能真心接受，就难以落实。如果上下级有了共同的语言，为了共同的目标与利益，就可以心连心，以推动工作的开展。

4. 弹性控制，自我管理

大家知道，各个工会组织具有相对的独立性，是统一组织与相对独立的有机结合。所以，在工会章程、工会目标、工会工作方针的统一之下，各级工会主席要依据自己的实际，结合本单位的情况，独立自主地开展工作，进行自我管理。在一定限度内，各单位有弹性控制的自由，这就是弹性控制艺术。它的好处在于下级没有明显的被控感，能发挥下级的创造性和主动性。同时，也有利于下级增强事业心和责任心。

5. 吸引诱导，教育群众

吸引诱导就是诱发和满足职工群众生理、社会、心理的需要，使其产生一定的动机，自觉参加工会组织的活动，从而指导职工的行为目标与工会组织的行为目标相一致。实践证明，在自愿的基础上受到的教育是稳固的，能产生自觉的行为。这也是工会特有的活动方式与领导艺术。在具体做法上，许多工会组织创造了宝贵的经验，如民主管理与民主监督、形势任务的自我教育、劳动竞赛等活动，在实践中的效果是很好的，是值得推广和发扬的。

（三）工会主席组织职工群众的艺术

工会领导活动的中心是维护职工群众的利益，表达他们的意愿，而职工群众的事要靠组织职工群众自己来办。工会领导活动目标的实现，要依靠广大职工群众的巨大力量。因此，工会领导活动必须组织职工群众参加，但若要真正把职工群众组织起来就需要有组织职工群众的高超艺术，所以，掌握组织职工群众的艺术是工会主席组织指导艺术的重要内容。

1. 掌握职工心态是工会主席动员组织职工群众的前提

职工心态是职工行为的基本动因。工会主席动员组织职工群众的前提，就是要不断分析研究职工群众的心态变化。尤其是随着市场经济的不断发展，我国的经济生活和社会生活都发生了巨大变化，必然对职工的思想、价值取向带来深刻影响。在市场经济大潮中，在社会主义物质文明、政治文明和精神文明建设进程中，职工在想些什么、关心什么、追求什么、有何困惑，对工会组织的态度和期望值如何，都需要工会主席加以关注。工会主席只有结合本地区、本企业的具体情况，认真分析不同层次、不同群体干部和职工群众的心理状态及发展趋势，有针对性地解决职工的诸多急需解决的问题，才能动员群众、组织群众、调动他们的工作积极性，把工会工作顺利开展起来。

2. 工会主席动员职工群众的艺术

动员即是指运用一定的技术手段和中介条件，号召、影响和调动公众的思想上、心理上认同基本信仰、准则和目标的一种社会机制。动员机制具有广泛性和时效性的特点。所谓广泛性，即是指动员范围的大小、层次；所谓时效性即是指动员持续的时间和频率。工会活动的源泉在于广大职工群众的积极性、智慧和创造力。动员职工群众应坚持贯彻落实全心全意依靠工人阶级的根本指导思想，充分尊重、保障职工群众在企事业中的主人翁地位和民主权利，符合职工群众的愿望和需要。

工会主席动员职工群众的方法技巧主要有以下两类：

一是一般动员与个别动员。一般动员是指在动员计划主题一致确定的情况下，根据绝大多数职工群众的思想认识状况和技术业务素质状况，而实行一般的普遍的动员方法。运用这一方法的关键和艺术在于，认清和掌握大多数职工群众的现实状况，包括交往方式、价值观念、觉悟水平和技术精力水平等。这要求工会主席经常深入职工群众、了解职工群众，通过有关职能部门，运用一定的技术手段，掌握定性分析和定量分析的结果。运用一般动员的方法艺术，可以利用现有的、常规的技术手段和中介条件，例如大会动员，利用广播、报刊、宣传栏、黑板报作宣传、鼓动，制作简洁易记的口号等。

个别动员是指依据职工群众的特殊性和差别状况，而实施个别的独有的动员方法。在企事业单位中，职工群众的思想认识水平、行为准则、习惯及修养不可能完全一致，不同年龄、不同文化程度、不同个性的职工聚集在同一单位，往往很难产生相同的认识，有的可能走在大多数职工群众的前列，有的可能落在大多数职工群众的后面。因此，区别对待、采取个别动员的方法就显得十分必要。运用个别动员，离不开设置信箱、接待日、征求意见、提案以及个别访谈等一些技术手段和方法技巧。总之，在动员主题确定的情况下，由于职工群众中在思想、观念和行为等方面存在差别，因此，在实施动员计划时，要注意采取一般动员和个别动员相结合的方法艺术，以最大限度地调动职工群众的积极性和热情。

二是长期动员和临时动员。长期动员一般是指对事关企事业及工会工作全局性、根本性的发展战略实施经常性的动员计划。例如企事业单位的发展经营方针、领导体制的完善和创新、科技投入与技术进步、深化改革、文化建设、提高职工素质以及围绕这些重大问题而确定的工会工作的方针任务等，一般说来，应当做经常性、长期性的宣传、鼓动和号召，坚持不懈，始终如一，使之为职工群众所了解和掌握，直至转化成职工群众的实际行动。

临时动员是指对企事业和工会面临的突发性、紧迫性、意外性的问题和矛盾实施及时的、紧急的动员计划。例如工会在组织职工进行劳动竞赛、合理化建议、技术革新攻关等方面，一般都采用临时动员，以求在较短的时间内产生效果。运用临时动员的关键和艺术在于能充分认识到解决面临的迫切问题的可能性及有利因素，激起职工群众的热情和积极响应。总之，无论是长期动员还是临时动员，在利用技术手段和中介条件上，都要注意避免形式化、固定化，而应当注意配合以群众喜闻乐见的灵活手段和形式，例如办好工会俱乐部、活跃群众的业余文化生活、举办厂际运动会和节假日的联谊活动等，寓动员于活动之中，达到活跃思想、提炼精神、明确方向的目的。

3. 工会主席组织职工群众的艺术

工会在动员职工群众的基础上，还要把职工群众组织起来，从思想上、行动上团结职工群众，去共同完成工会的目标、计划和任务乃至企事业单位的生产和工作任务。因此，工会主席在组织职工群众的过程中，就涉及组织方法、手段和技巧问题。

工会组织职工群众的特点，一是广泛性。企事业职工队伍结构的层次性和多样性，职工群众本身在思想观念、政治觉悟、行为方式及技术业务素质方面存在的差别及复杂性，决定了企事业工会组织职工群众工作具有广泛性的特点。二是平等性。工会的群众性、民主性性质决定了工会主席既应是会员群众选举产生、受到职工群众拥护的工会领导者，同时又是会员和职工群众的公仆。工会主席同职工群众之间结成的这一关系及其实质，要求工会主席在组织职工群众时，应始终贯彻和体现民主、平等的原则，在工作中要尊重和维护职工群众在企事业中的主人翁地位和民主权利，不摆架子，平等待人，认真听取职工群众的意见。三是方式的多样性。工会群众工作的对象是各种各样的，他们的需求与心理状况不同，工作方式就要有变化。“一刀切”不会有实效，只有采用灵活多样的方法、方式，才能适应工会群众工作的需要。

认识和掌握工会组织职工群众工作的特点，有利于工会主席在运用组织职工群众的方法艺术时，考虑到对象和效果，使组织职工群众的方法艺术真正发挥作用。工会主席应掌握工会组织职工群众工作的原则，明确自身的任务。这些原则和任务是要根据职工群众大多数人的要求和意愿开展活动，工会工作必须民主化、公开化；工会组织职工群众工作要围绕企事业单位中心工作来进行；工会对职工群众的组织要以能否调动职工积极性为前提。

工会联系职工群众、组织职工群众的任务是要深入群众、联系群众；宣传群众、动员群众；组织群众、依靠群众；教育群众、提高职工素质。工会组织职工群众的具体内容有：组织职工、依靠职工为保护自身的合法权益而斗争；以群众乐于接受的方式如劳动竞赛、合理化建议和发明创造、职工技术协作等吸引职工参加经济建设，努力完成经济和社会发展任务；组织职工群众参加民主管理和民主监督，在群众性活动中进行自我教育，不断提高职工队伍的素质，充分发挥职工群众在两个文明建设中的主力军作用。

工会组织职工群众的最主要方式是增强工会自身的凝聚力和吸引力，因此，工会主席就要掌握增强工会凝聚力、吸引力的方法和艺术。工会的凝聚力是指工会组织对广大职工群众的号召力、吸引力，及职工之间、干群之间的相互认知。它含有向心力和内部团结双重作用。凝聚力大的群体，其成员有很强的“归属感”，不愿意离开自己的群体，群体内部人际关系比较融洽和谐，这个群体也会显示出充分的活力和战斗力。

增强工会凝聚力需要从增强群体向心力和群体内部团结入手。首先就是要协助企事业行政组织好职工完成本单位的中心任务，教育了解职工增强主人翁意识、共担风险意识，支持、参加、推动企事业改革深化，同时要通过组织劳动竞赛、技术创新、合理化建议、表彰评比等各种活动，充分调动职工群众的生产积极性，千方百计完成生产工作任务。其次是要通过职工（代表）大会、平等协商签订集体合同、厂务公开、民主评议干部等企事业单位民主管理基本形式，维护职工的政治经济权益，加强民主参与民主监督，形成稳定和谐的劳动关系。再次是通过各种途径大力提高职工的思想政治素质、文化技术素质和本岗位工作技能，培养一支过硬的职工队伍。最后是要搞好企事业单位内部职工之间、管理者与职工群众之间的团结。为此就要扩大职工之间的交往沟通，开拓职工的视野，活跃职工的业余文化生活。除基本的职工民主管理形式外，工会还要经常组织各种形式的座谈会、恳谈会、管理者业绩发布会、民主研讨会等，为管理者与职工群众尽可能多地提出交流沟通的场合与机会，消除误解，增强理解，使多数问题在日常交往中得到解决。

工会主席在组织职工群众工作中，应该充分发挥工会积极分子的作用。工会积极分子是自愿在业余时间担任工会工作的会员，是工会主席和工会干部的得力助手，是工会组织履行工会职能开展各项工作的依靠力量和主力军。工会积极分子队伍人才济济，又工作在职工群众当中，是为职工办事服务的热心人。依靠他们去联系、组织职工群众是一条便捷的途径，会收到好的效果。工会主席和工会干部要为工会积极分子发挥一技之长提供良好的机会，创造良好的工作环境，准备良好的学习条件，从他们当中选拔干部，用好工会积极分子对工会主席和工会干部做好组织职工群众的工作具有十分重要的作用。

第6篇 工会主席的协调艺术

一、协调是工会主席领导工作的重要内容

工会领导工作是由诸多要素组成的组织系统，在实现目标过程中，必须保持系统内部各要素之间，各阶段与环节之间，以及系统与环节之间的平衡与和谐，使系统具有一定的稳定性，这就要求工会主席做好各方面的协调工作。

（一）协调的概念

“协调”即指配合得当、步调一致。协调是一种润滑剂和黏结剂，是组织凝聚力的一个源泉。领导工作总是和协调紧密相连，从一定意义上说协调是领导工作的具体化。协调的原则是局部服从全局，又要充分发挥局部作用。工会主席的协调艺术，主要是指工会主席在实施领导活动中必须处理好各方面关系和各种矛盾，努力与各方面沟通思想，理顺关系，力求兼顾各方，化解矛盾，为工会工作的开展创造一个和谐顺畅的工作环境和人际关系氛围。工会主席的协调工作包括许多方面，例如组织与组织、组织与人、人与人以及人与事等许多方面关系的协调，但归纳起来，主要是组织关系和人际关系的协调。这两种关系协调好了，其他问题即好解决。所谓组织关系协调即是指工会主席采取各种措施和方法，使所在工会组织同外部环境以及工会的各个部分和组成人员协调一致，相互配合，以便圆满、高效地实现组织目标的行为。“人际关系”是指人与人之间相互交往与联系的关系。所谓人际关系协调即是指工会主席运用各种方法和艺术，

正确处理人与人之间的关系，化解人与人之间产生的矛盾，使之和谐相处，共同为实现领导目标而奋斗的行为。工会主席的协调艺术主要表现在对这两种关系的协调上。

（二）工会主席协调的原则

由于工会所面对的各种复杂关系是在一定的利益差别和矛盾的基础上结成的，因此，协调这些关系既需要较高的政策和理论修养，又需要工会主席运用协调的艺术。为了更好地协调工会内外的各种关系，特别是人际关系，工会主席就应当在实践中把握协调的原则和特点。工会主席协调原则的核心是从实际出发，突出工会特色，主要包括以下方面：

1. 坚持党的路线方针政策与职工群众意愿需求相结合的原则

中国共产党是社会主义现代化事业的领导核心，党所制定的路线方针政策集中代表反映着包括职工群众在内的广大人民群众的根本利益。但是，在职工群众中蕴藏着无穷的智慧和创造力。职工群众生活在各个具体的环境之中，他们随时都会提出自己新的要求和愿望，如果仅仅注意坚持党的路线、方针、政策，而忽视了职工群众的意愿和要求，就会产生脱离群众的倾向，广大职工群众对工会工作不满意，就是工会工作的最大失败。但如果仅仅注意了职工的意愿和需求，而忽视了坚持党的路线、方针、政策，工会工作就会失去正确方向。因此，工会主席在协调各种关系时，就必须坚持和遵循把党的路线、方针、政策同职工群众的意愿和需求相结合的原则，只有这样，才能保证工会主席在领导工作中把自觉接受党的领导与联系职工群众结合起来，正确处理好两者的关系。

2. 坚持把国家、集体和个人利益相结合的原则

在社会主义市场经济条件下的人际关系必须服从于社会主义的利益统一性原则。因此，工会主席在协调各种人际关系时，必须坚持把国家、集体和个人不同层次的利益要求和利益目标有机地统一起来。工会主席要有效地协调工会内部和外部的各种各样关系，既不能绝对强调某一方面的利益，而忽视另一方面的利益，也不能只顾眼前的局部利益，而忽视长远的整体利益。企业工会工作的实践表明，工会主席只有坚持将国家、集体和

个人三者利益相结合的原则，才能在维护全国人民总体利益的同时，更好地维护职工群众的具体利益，才能在促进企业生产发展的基础上，改善职工群众的物质文化生活。

3. 坚持依法治会与充分发挥工会基本职责和其他社会职能相结合的原则

实行依法治会是市场经济条件下工会运动发展的必然趋势，也是工会规范自身行为的基本准则。依法治会即是指工会组织必须在宪法和法律法规规定的范围内活动，用法律法规规范自身行为；同时，工会工作的开展，也必须遵循法律的规则和程序。我国社会主义的法律法规是规范社会行为、协调人际关系的基本准则和可靠保证，工会主席在协调各种关系时，必须遵循这一基本准则。但同时工会又是特定的组织，有自己的基本职责和各项社会职能，法律为其发挥作用提供了基本保障。因此，工会主席在协调各种复杂关系时，就应坚持在法律范围内活动与充分发挥工会基本职责和各项社会职能结合起来的原则，这样才能既有利于维护工会组织的权利、地位，发挥其作用，又有利于通过各种复杂关系的协调发展，不断提高工作水平，促进工会的法治化建设。

4. 坚持用启发式的说服教育方式与尊重人相结合的原则

在工会主席日常所协调的大量复杂的人际关系活动中，常常碰到如何启发人、教育人与说服人的思想教育问题。就每个人来说，个人的尊严、价值和个性等，都希望得到他人的尊重。工会主席无论是协调工会的内部关系，还是协调工会的外部关系，如果高高在上，发号施令，就很难得到别人的信任和尊重，从而也不能真正启发人、说服人、教育人。因此，工会主席在协调各种复杂人际关系的过程中，在启发和说服人的同时，必须学会尊重他人，使各种人际关系建立在坦诚相见、诚挚相待的基础上。

（三）工会主席协调的特点

工会主席在运用协调艺术时有自身的特点，应主要以非权力性影响力为主。工会主席在自己的日常工作中，应以自身良好的素质、形象、威望、丰富的知识经验，来赢得各方面的信赖与支持，并在协调艺术中充分运用这些特长，为工会工作的开展创造良好的内外关系与环境。工会主席运用协调艺术的特点具体体现在以下方面：

1. 坚持“两个维护”相统一

工会主席协调的目的是维护职工群众的合法权益。在社会主义条件下，职工利益同国家和集体的利益在根本上是一致的，因此，工会的协调要做到把维护职工群众的具体利益与维护全国人民的总体利益相统一，维护职工主人翁的民主权利与维护行政管理权威相统一。

2. 民主协商

工会主席在运用协调艺术时，有自己的特点，那就是无论在工会内部还是在工会外部，其主要手段是民主协商。原因在于，工会的性质和特点决定了工会是职工群众自愿结合的工人阶级群众组织，工会具有阶级性和群众性的特点，工会活动要更注重群众化、民主化。

3. 利益性与感情性相结合

工会主席在协调各方关系时，既要注重方式又要注重实效，把利益和感情相结合无疑是协调成功的一个重要特点。实践证明，在协调中对职工群众既讲利益又讲感情，是十分有效的。工会主席是职工群众利益的代表者，他代表着广大群众的利益与感情，因此，工会主席在进行对外协调工作时，将利益和感情有机地结合起来，将会促进协调的成功。

（四）工会主席掌握协调艺术的重要性

工会主席是工会组织的主要领导者，担负着领导工作的重要职责，协调好组织关系和人际关系应是其重要的工作内容。工会主席只有注重以高超的艺术来调整好工会组织的内外关系、人际关系、特别是同会员群众的关系，才能使工会组织有序高效、心齐气顺，从而保证各项工作的顺利开展。

一是调处工会内在矛盾需要工会主席掌握和运用协调艺术。职工群众对工会的要求和工人阶级整体利益对工会的要求之间存在差异，工会主席必须在二者之间进行科学的协调，做到在维护全国人民总体利益和工人阶级长远利益的同时，更好地表达和维护职工群众的具体的合法权益。

二是正确处理工会社会关系需要工会主席掌握和运用协调艺术。工会的社会关系是指工会组织在开展社会活动过程中，与其他相关社会组织之间的联系，它构成了工会活动的重要社会条件，也使工会的角色和作用得到确认和实现。工会领导活动主要是在与党政机关及其领导和工作人员“打交道”中推进的，而这种关系又是工会协调职工群众具体利益与工人阶级长远利益、全国人民总体利益关系的重要表现，这种关系从根本上看是一致的，但在具体问题的处理中，由于各自性质、职责、地位、角度等不同，矛盾又是难免的；工会主席在领导活动中只有正确运用协调艺术，才能正确认识和合理协调好各方面的关系，使工会工作发挥出应有的作用。

三是社会主义市场经济条件下人际关系的新变化需要工会主席掌握和运用协调艺术。社会主义市场经济的推进，正在把人际关系活动方式引入一种现代化的、多元的结构之中。人们的交往方式多样化，交往内容复杂化，交往对象扩大化，交往的利益基础直接化、明显化。人际关系的这些新变化，对工会主席协调人际关系的艺术提出了更高的要求。工会主席必须认识这些新变化，研究它的客观要求，使协调艺术发挥得更加切实有效，在开创工会工作新局面中更好地发挥积极作用。

四是协调工作贯穿于工会主席领导活动的全过程，对于工会组织和工会工作稳定有序地运行，发挥着十分重要的作用。协调是实现工会组织目标的重要条件，是工会组织团结统一的重要保证，是提高领导活动效能的重要手段，也是顺利履行工会社会职能的重要方法。做好协调工作可使工会组织有序高效，人气兴旺，工会工作蓬勃向上。

二、工会主席协调的范围

工会组织内外的各种复杂关系都是在一定的利益差别和矛盾基础上结成的，工会主席要有效地协调这些关系，既需要具备较高的理论修养与政策水平，还需要具备娴熟的方法艺术。

（一）工会与党组织关系的协调

中国共产党是中国工人阶级的先锋队组织，是社会主义事业的领导核心，而工会是工人阶级的群众组织，因此工会必须接受共产党的领导，以保证其正确的政治方向。工会主席在协调工会与党组织关系时，其主要内容是遵循工会与工人阶级政党相互关系的基本原则，自觉理顺二者的关系，使工会能够在党的统一领导下依照法律和工会章程独立自主地履行职能、开展活动，从而有效地发挥工会在社会主义现代化建设事业中的作用。因此，应当明确，工会接受同级党组织和上级工会的双重领导，但以同级党组织领导为主，党对工会的统一领导，需要通过各级党组织的具体领导作用来体现和落实。

工会主席在实践中在协调工会与党组织关系时应遵循两条基本原则：

一是坚持党的领导，这是做好工会工作的政治保证和组织保证。坚持党的领导，体现在党领导工会和工会接受党的领导两个方面。一方面，各级党委进一步加强和改善对工会的领导，支持工会依照法律和章程独立自主地开展工作，充分发挥工会组织的重要作用。从根本上讲，就是为工会组织的活动和工人运动的发展指明正确的政治方向和创造各种有利的工作条件。另一方面，工会要自觉接受党的领导。工会接受党的领导，主要是坚决贯彻执行党的基本路线和各项方针政策，紧紧围绕党的中心任务，依照法律和工会章程独立自主、创造性地开展工作。工会应把自觉接受党的领导体现在工会工作的全过程中。

二是工会必须独立自主地开展工作。工会独立自主地开展工作，是以实现党的纲领为指针，以党和国家制定的法律、法规、政策及工会章程为行为规范，创造性地把党的路线、方针、目标、任务与广大职工群众的意愿结合起来，目的是为了密切党与职工群众的联系，把广大职工群众团结在党的周围。工会组织独立自主开展工作，主要是在宪法、法律和工会章程的范围内活动，依法行使自身权利、履行自身义务，发挥好自身的社会职能和作用。党组织应充分尊重支持工会主席独立自主、创造性地开展工作，不应干涉工会日常工作，不应随意抽调工会干部从事他们本职以外的工作，不得把工会的机构撤销、合并或归属于其他部门。

工会主席在协调工会与党组织关系时应注意以下几点：

第一，充分尊重、自觉接受党组织对工会工作的领导，及时了解掌握并坚定不移地贯彻实施党的路线方针政策和对工会工作的指示。第二，加强与党组织的沟通和信息交流，增进彼此之间的相互理解。对于工会工作中的重大问题、职工群众的意见要求及工会的主张，要及时向党组织汇报，争取理解和支持。遇有不同意见或分歧时，工会主席要多做解释沟通工作，以便消除误解，形成合力，以实现共同的工作任务及目标。第三，凡工会的年度工作计划、工会换届方案、职代会方案、民主评议干部方案等重大事项提交党委讨论，与党组织有关的工会文件请党委批转或联合发文。第四，上级工会的决议和有关精神及时向党委汇报。第五，与行政在某些方面有不同意见或出现不协调时，由党委出面协调并帮助解决。

（二）工会与企事业行政组织关系的协调

在社会主义条件下，工会与企事业行政组织的关系，是组织上各自独立、政治和法律上彼此平等、工作上相互支持和合作的平等关系，工会主席要及时把广大职工群众的意见和建议，特别是涉及职工切身利益的重大问题的意见和要求反映给行政领导，并就涉及企业发展，特别是职工利益的重大问题与行政领导进行平等协商。因此，工会主席在协调与企事业行政组织关系的时候，要与行政组织一起自觉遵守两个基本原则：一是工会与企事业行政组织由于根本利益和工作目标的一致性，应遵循相互信任、相互支持、相互合作的原则。二是承认代表利益主体的差异性，遵循相互尊重、民主协商的原则。

坚持遵循以上两条基本原则，要求工会主席应当带头教育职工维护行政的管理权威，支持行政在企事业工作中的中心地位，组织职工对行政工作进行民主参与和群众监督，动员职工努力搞好生产和各项工作。行政应该尊重工会的合法权益，依法保障和支持工会在组织上的独立性和工作上的自主性，并按照法律规定在活动经费、物质、场地、活动时间等方面给予工会支持与方便。当双方产生矛盾和分歧时，应通过民主协商的方式加以解决。从工会主席来说，要通过采取多种方式积极主动地与企事业行政沟通，加强信息交流，同时要利用工会举办各类活动的时机，邀请企事业行政领导光临，增进彼此间的理解和相互支持配合，为工作上的合作打下基础。

（三）工会组织内部上下级关系的协调

工会主席协调好工会组织内部的关系，也就是协调好工会组织内部上下级关系，对于创造一个良好的人际关系环境，以及组织内部宽松、和谐的氛围，提高工会组织的整体效能是至关紧要的。

工会主席在协调与上级领导关系时，要注意以下方面：一是对上级工会的有关指示精神和布置的任务，要认真研究和领会，明确上级意图，弄清具体的要求，结合自身的实际，加以贯彻执行。二是要积极争取上级工会和党政负责人的支持，对工作中出现的新情况和新问题以及工作中的困难，要及时向上级报告和请示，争取得到上级的理解和支持。这对于工会主席改善工作环境、充分施展自己独立自主开展工作的权限、发挥自己的才能、提高工作效率是非常有利的。三是要维护上级领导的威信，特别是上级有错误时，要直言相告、坦诚相见，不要背后议论。四是要刚正不阿，不能在上级领导面前阿谀奉承，投其所好。总之，既要尊重上级领导，又不盲目服从；既要坚持真理，又要遵守纪律；把原则性与灵活性统一起来，以维护广大职工群众的利益为出发点，只有这样才能协调好与上级的关系，为工会工作顺利开展创造有利的条件。

工会主席在协调与下级及职工群众的关系时，应注意以下几方面：一是强化服务观念，为下级提供切实有效的服务，努力做到为职工群众说话办事。工会主席要抓住职工群众最关心、反映最强烈、需求最迫切的热点问题，着力加以维护，在维护中体现对职工群众的热忱服务。二是实行参与型领导，让下级和职工群众积极参与到工会工作中来，从情感上与他们保持一致。三是耐心听取下级和职工群众的意见、建议和要求，善于倾听不同意见，自觉接受监督。四是对不同的意见和来自下级和职工群众的批评，要虚心接受；对下级和职工群众由于不了解情况而产生的误解，要做耐心地说服和解释。五是在日常工作中要起模范带头作用，要鼓励和重视有才能的下级，充分发挥他们的工作积极性和创造性。六是关心体贴下级和职工群众的疾苦，帮助他们解决具体问题，免去他们的后顾之忧，以便全身心地投入到工作当中。

制胜法则

协调与上级关系的准则

◆ 尊重上级而不崇拜上级

· 尊重上级领导的人格

· 尊重上级领导的作用

· 尊重上级领导的习惯

◆ 服从上级而不盲从上级

· 尊重而不阿谀

· 服从而不盲从

· 不唯上，不唯书，要唯实

◆ 体谅上级而不为难上级

◆“等距交往”而不“非常距交往”

· 工作上一样支持

· 组织上一样服从

· 态度上一样对待

· 程度上依法办事

（四）工会领导班子的协调

工会主席作为工会工作的领导者和主持者，在履行自己的职责和行使权限时，首先要在贯彻执行党的路线、方针、政策的前提下，充分发挥自身的主动性、积极性和创造性，独立负责地开展各项工作。但由于工会工作涉及面广，事情多且复杂，只靠工会主席一人事无巨细、事必躬亲地去指挥负责，显然是不可能的。这就需要调动工会领导班子内各个成员的工作积极性和创造性，分工负责，发挥工会领导班子的整体领导工作效能。

在实践中，工会主席协调好工会领导班子需把握住以下三点：

1. 要以身作则，以民主的作风带班子

工会领导班子内部各成员间（包括工会主席）都是平等的，工会主席应平等对待，一视同仁。然而，由于工会主席又是“一班之长”，他就必须首先以身作则，起示范和表率作用，树立良好的人格形象，以此来带动班子的团结，最大限度地发挥班子的群体作用，强化民主意识，贯彻好民主集中制，充分发挥集体智慧，以民主的作风带领班子成员去处理所遇到

制胜法则

协调与上级关系的方式方法

◆ 扬其所长，避其所短

· 根据上级的职权范围，寻求有效支持

· 根据上级的长处短处，寻求最大支持

· 根据上级的个性特点，寻求高效方法

◆ 及时汇报，反复疏通

· 反复提出法

· 借用外力法

· 列举利害法

· 实绩启迪法

◆ 对待分歧，讲究“方圆”

◆ 特殊状态，分别对待

· 对“不如自己”的上级，多看上级的长处，少看上级的短处

· 对“嫉贤妒能”的上级，装作糊涂，一如既往地做好工作

· 对“令人讨厌”的上级，保持组织上服从，工作上支持

的各种复杂问题。在日常生活中，工会主席要充分尊重班子成员的意见，适当授权，并经常及时地与他们沟通信息、交流思想、建立感情，这样才能调动班子成员的工作积极性，做到各司其职、各负其责、密切配合、形成合力，形成民主和谐的工作氛围，提高领导工作整体绩效。

2. 要多谋善断，善于决策

工会主席在工会领导班子中处于“一把手”的位置，起到“主心骨”的作用，因此在工会领导班子讨论工会工作和涉及职工切身利益的重大问题时，工会主席一定要多谋善断，善于决策。为此，工会主席应对所研究的重大问题事先多做深入细致的调查研究，做到心中有数，同时在形成决策前，要与班子成员认真地沟通、协调，集思广益，对不同意见也要认真听取。只有在广泛征求意见的基础上，认真讨论、总结，集中正确意见，才能作出正确的结论，形成切实可行的方案。在决策形成过程中，工会主席要大胆创新，多谋善断，敢于拍板，善于决策。

3. 要充分发挥整体效能，提高领导水平

首先要有严格的规章制度及目标管理责任制，使班子成员明确自身的

制胜法则

协调同级关系的准则

- 民主而不专断
- 信任而不猜疑
- 支持而不拆台

协调同级关系的方式方法

- 以诚相待，与人为善
- 友好合作，相互支持
- 讲究方法，灵活处事

职责权利；其次要根据工作性质、任务和班子内每个成员的素质及个性特点，合理搭配，优化组合；再次是适当授权，做到分权、集权适度。

做到以上三点，有利于调动班子成员的积极性，有利于同心同德、取长补短、互相帮助、才尽其用，最大限度地发挥班子的群体优势和整体效能，也有利于工会主席集中精力抓大事，创造性地开展工会工作。

三、工会主席协调的方法和艺术

工会主席统领工会工作全局，其协调工作是全方位的，任务也是相当繁重的。工会主席能否将组织关系和人际关系协调好，其中很重要的一环就是要正确选择方式方法。

（一）工会主席协调的方法

工会主席协调组织关系和人际关系的方法多种多样。

1. 从协调组织关系看

一是思想协调。这里主要指党、政、工三者的思想协调。首先要在理顺思想、沟通理解上下功夫。工会主席要通过多种途径帮助党政了解、掌握党的工运方针和工会的法律法规，宣传工会工作，使其认识到总目标、总任务上的一致性，通过相互理解，创造一种宽松、协调的环境。

二是组织协调。即运用组织手段理顺关系、划清职责、健全协调关系的组织机制和程序制度，使党、政、工三方都能协调一致地规范运作。

三是民主协商。工会主席要主动创造一种宽松的环境。要严于律己、宽以待人、尊重对方、注意形象。要善于发现矛盾、分析矛盾、化解矛盾。要反映职工群众的合理要求，提出各方都能接受的方案。要运用民主方式，提倡双向交流。在协商时要注意策略、把握分寸、心平气和、互让互谅。

四是沟通信息。工会主席要主动地、经常地同党政和其他相关组织交流信息、联络感情、达到协调。

五是齐抓共管。在围绕某项工作开展的联合行动中，工会要主动搞好分工协作，共同完成任务。工会主席本人要做合作协调的表率。要以良好的形象、高度的责任感、饱满的工作热情、积极主动地搞好协作。

六是法律协调。国家的法律法规是所有社会组织和个人都要遵守执行的，如果违法就要受到强制性的处理。法律协调一般是在其他协调方式均无效的情况下而采用的一种带有强制性的方式。

2. 从协调人际关系看

一是目标协调。即工会主席用工会组织整体的共同奋斗目标来统一人们的思想和行为，这是协调的通用方法，也是协调人际关系的根本方法。

二是思想教育。工会主席通过开展思想教育工作，可以使工会干部和职工群众提高思想觉悟和自身素质，人际关系就会减少许多矛盾，即使是产生了摩擦，也会很快得到解决。当然，工会主席进行思想教育工作，要从工会自身的特点出发，要在关心人的基础上，以群众适合接受的方式进行引导。

三是影响吸引。影响吸引是指工会主席依靠自身的影响力和凝聚力进行人际协调。工会主席影响力、凝聚力强，就会在工会干部和职工群众中产生崇高的威望，从而大大减少人际关系的矛盾。工会工作是群众工作，工会主席的影响力主要也不是靠硬权力，因此工会主席的形象、作风、能力和领导艺术至关重要。

四是矛盾中和。在人民内部、工人阶级内部没有根本的利害冲突，因而可以用矛盾中和的方法去解决矛盾，处理人际关系。我们通常所用“求大同，存小异”“宜粗不宜细”等方法就是矛盾中和的具体运用。矛盾中和并不是丧失原则，而是处理人际关系的方法。有些事情，过于认真细究，反倒不能处理好问题。对于那种无原则的纠纷，就更需要用这种方法加以解决。运用矛盾中和方法协调人际关系对于工会主席来说更具实际意义。

总之，组织关系和人际关系协调的方式方法举不胜举，工会主席就需要本着具体问题具体分析的态度，择其善者而用之，在有效协调组织和人际关系中，发挥出高超的领导艺术。

（二）工会主席协调的艺术

工会主席要提高协调组织和人际关系的艺术固然离不开理论的指导，但作为方法和技巧则更需要在实践中进行总结。实践是最好的老师，只有深入实际，亲身实践，才能逐步提高协调组织和人际关系的艺术。具体来说，应注意如下几点：

1. 要善于把握和扩大共性

协调的基础是具有一定的共性，协调的目的也是扩大共性，离开了共性，协调就不可能成功。工会主席所面对的各种复杂关系，由于利益机制的作用，各关系主体（人或组织）之间既有相对平等的各自不同的利益目标和利益要求，也有相同的共同利益目标和利益要求，这说明各关系主体之间在利益问题上存在协调基础。工会主席如果能充分运用这个基础，采用恰当的艺术，就能有效地协调各方关系，缩小差别和矛盾，调动各方面积极性。在企业内部，工会与党组织、行政之间，尽管由于分工不同，各自存在着相对独立性，但是，在制度、目标和一些具体工作任务上仍然可以互相结合、共同努力，这就是工会组织与其他组织之间协调的共同基础。工会主席应丰富、补充和完善这个基础，进而使工会同党政的关系更紧密、更协调、更稳固。总之，把握和扩大共性是工会主席提高协调组织和人际关系艺术的首选。

2. 缩小乃至弥合差异

差异就是矛盾。由于在利益目标和利益要求上存在差别，从而对问题的认识也会存在差别。因此，工会主席所面对的各种复杂关系之间，既有顺畅、和谐及坦诚的一面，也有相对僵持、矛盾的一面。工会主席协调组织和人际关系的艺术，既体现在保持和维护顺畅、和谐的组织与人际关系上，同时也体现在协调相对僵持、矛盾的组织与人际关系上，比较而言，后者更能反映工会主席协调组织和人际关系的艺术。而对相对处于僵持、矛盾状态的关系，工会主席要善于选择“突破口”，即针对关系结构中的薄弱环节，尽可能地产生影响，集中力量，解决问题，协调好关系。

知识链接

领导对下协调的经典理论与方法

◆ 领导协调下级关系的准则

· 坚持组织原则，起到表率作用

· 坚持主动及时，追求满意目的

· 保持同等适度，做到一视同仁

· 真诚对待下属，达到和谐融洽

◆ 协调下级关系的方式、方法

· 目标导向法

· 职能定位法

· 信息沟通法

· 例会协调法

· 合署办公法

· 利益调整法

◆ 领导协调误区

领导协调误区的主要表现有：

· 直接介入，充当“裁判员”

· 协商调解与指令制约相对立

· 定位不准，角色错位

· 强调自我，不顾整体

· 感情用事，处理不公

◆ 克服领导协调误区的方法

· 求同存异，善于疏导和平衡

· 充当“局外人”，突出“超脱”角色

· 刚柔相济，灵活统一

· 着眼大局，平等对待

· 超前考虑，着眼预防

第7篇 工会主席的影响艺术

一、工会主席的影响力

现代领导科学认为，领导主要功能是影响力。领导者的影响力是指领导者有目的、有成效地影响、控制和改变被领导者的意志，实现领导目标的能力。领导者的影响力包括两个方面：权力性影响力（又称硬权力）和非权力性影响力（又称软权力）。工会的基本职责是维护职工的合法权益。工会主席的工作更多的是服务职工群众，主要依靠的是非权力性影响力。

权力性影响力又称强制性影响力，主要来源于法律、职位、习惯和武力等，权力性影响力对人的影响带有强迫性、不可抗拒性，它是通过外推力的方式发挥其作用的。非权力性影响力是指领导者除权力性影响力之外的，通过自身的品质、作风、知识、能力及行为榜样等因素而引起被领导者的敬佩、敬爱、信任，从而吸引人、感召人的影响力。非权力性影响力既无正式规定和授予形式，也无法定权力的命令与服从的约束力，但其影响力却比权力性影响力更加广泛持久。

与刚性的权力性影响力相比，非权力性影响力有如下一些特点：一是形成的自然性。非权力性影响力又称自然影响力，是由领导者的品德修养、知识水平、生活态度、情感魅力以及工作实绩和表率作用等素质和行为形成的，比权力性影响力具有更大的力量。它靠的是发自内心的情感，这种情感表现为领导者对下级的态度，并决定着下级是发自内心地接受或以消极的方式对抗。二是执行的非强制性。非权力性影响力对下属的感召力、吸引力及下属对其形成的信赖感、认同感、服从感和追随感，没有丝毫胁迫和勉强，既不与权力大小成正比，也不与权力进退相始终。三是影响的持续性。非权力性影响力超越职位和时空，即使不在领导职位，这种感召力、追随力依然存在。四是影响的广泛性。在领导实践中，非权力性影响力往往可以超出领导者自己的职权范围，在更大的范围内产生影响作用。

构成非权力性影响力的因素主要有以下几个方面：一是个人品格因素。高尚的道德品质，是领导者非权力性影响力的重要构成因素。二是才能因素。作为领导者，才能是必须具备的基本条件，主要包括理解党的方针政策、吃透上级精神的能力，解决问题的能力，决策、指挥、组织等方面的能力，应对和处理突发事件的能力，观察力和思维能力等。三是知识因素。知识要具备一定的“广”和“精”。“广”就是广泛掌握各种知识，“精”就是要在广泛涉猎的同时，有针对性地进行学习。四是工作作风。这里的工作作风更多的指领导风格和领导形象。五是情感因素。情感因素是指领导者能体贴关心下属、平易近人、和蔼可亲、感情融洽，能使下属产生亲切感的影响因素。

二、工会主席影响力的提升

工会主席是工人阶级群众组织的领导者，其工作任务主要是做职工群众工作，这就决定了其工作方式主要不是依靠权力，而是要靠自身的影响力。所以，工会主席应不断学习、加强锻炼、认真修炼、完善自我、树立威信，不断增强自身的影响力。

（一）道德修养，以高尚的个人品格影响人

工会主席干事业，一靠真理的力量，二靠人格的力量。树立威望靠权势地位不行，靠能力、水平也不够，还要辅之以人格魅力。对崇德重义的工会主席，职工群众信任他们、托付他们，有委屈、有意见，都愿意向他们倾诉。

领导者提升道德品质修养，应从以下几个方面入手：

首先，要在思想上树立科学的世界观、人生观和价值观，以及正确的权力观、利益观和地位观等。前者是形成优秀个人品德的基础，后者是打造良好个人官德的前提。这两个方面的提升，对工会主席来说都是不可或缺、至关重要的，它们共同构成了工会主席道德品质的根基。

其次，为人公正，办事公道。公正，是公平和正义的合称之意，公正是领导工作的题内之义，是领导工作的永恒主题。对于工会主席而言，办事公道是一个最基本的要求。这就要求工会主席一要以为职工群众服务为宗旨，真正做到办事公道，不徇私情；二要在工会工作中做到公平、公正、公道，不徇私情，不以权害公，不以私害民，不假公济私。这也是社会主义职业特征的体现。三要做事讲原则，无论对人对己都要坚持实事求是，出于公心，不挟私欲，不畏权势。四要光明磊落，不谋私利。光明磊落是指做人做事没有私心，胸怀坦白，行为正派。不谋私利就是不能把手中的权力作为自己谋取不正当利益的工具，不贪污受贿，不占公家的便宜，老老实实做人，干干净净做事。

再次，为人师表，率先垂范。工会主席的影响力不在于喋喋不休的说教，而重在示范；不靠美丽动听的言辞，而靠榜样的带动。榜样往往有着比书本更大教化效应，在其作用下，被影响者的心理和行为表现为心悦诚服的效仿。与那些通过各种强制性外力使人产生敬畏和被动服从的影响力相比，它的穿透力要来得更深入、更长久。

（二）多读书，读好书，增加知识量和书卷气

一个称职而成功的工会主席，除了具备崇高的品德、优良的作风这些基本条件外，还应具备广博的学识，以获取职工群众的信任。因此，工会主席要提升非权力性影响力，就必须善于学习。不但要学习基础理论知识，即马克思主义哲学、政治经济学、科学社会主义、市场经济、党的历史、时事政治等，还要学习工会业务知识，以及思想政治工作的理论、原则、方法。通过学习，增长知识，增长才干，做到足智多谋，使人心悦诚服。一方面要注意学习的广泛性，不但要争当工会工作的专家，还要做业余生活的内行，琴棋书画都要学；另一方面要注意学习的超前性。当前社会经济和信息技术的快速发展，要求工会主席更要有强烈的求知欲望和刻苦的钻研精神，要比职工群众先学一步，早知道一些。只有不断地更新知识，充实自己，才能比职工群众站得高、看得远，业务研究得深，从而使职工群众信服。

（三）掌握领导科学，提高领导能力

工会主席领导能力的高低，不但关系其个人形象和威望，而且影响着全体员职工的士气与信心。工会主席领导能力的提升应注重以下几个方面：一是提高总揽全局的能力。工会主席要有长远眼光和全局观念，要以宽广的眼界看问题，要以前瞻的思维谋发展。二是提高科学决策的能力。对于工会主席来说，决策能力至关紧要，有人将决策比喻为“生死之地，存亡之道”，因决策失误造成重大损失的例子比比皆是，教训深刻。三是提高知人善任的能力。高明的工会主席不是自己事必躬亲、大包大揽，而是能根据部属的特长，合理调兵遣将，把每一个人的潜力都发挥到极致。四是提高协调沟通的能力。工会主席必须寻求有效的途径来协调沟通好上下级、同级以及职工群众之间的关系，使工会组织内外部关系融洽，大家心往一处想、劲往一处使，从而形成最大的合力。五是勇于开拓的创新能力。工会主席不仅要有开阔的眼界、创新的思维，更要善于创造每一个职工发挥个人才能的机会，激励职工积极进取、勇于开拓。

（四）重视感情培养，搞好人际关系

重感情，一是指工会主席对所从事的工作要有感情。对工作有感情，就会珍惜职工群众赋予自己的权力，就会自重、自省、自警、自励，成大事，干大业。二是指工会主席在工作中要注重感情投入。落实政策、贯彻工作、实施方案、组织活动，都要善于融理于情，既要坚持原则、摆正道理，又要注重感情、讲究方式。做思想工作要善于寓情于理，切忌“三分道理七分蛮”，态度粗暴、方法简单。要多做和风细雨式的说服、帮助、教育工作，善于用事实讲道理，不能以势压人。三是指工会主席在工作作风上要体现人情味。凡是谦虚谨慎、作风民主、体察下情、待人热情的工会主席，一般都有较高的影响力。相反，缺乏人情味、对下属和群众冷冰冰、靠权势压人、爱耍威风的工会主席，则很难得到群众的信任和爱戴，天长日久势必脱离群众，走向孤立。

工会主席的人际关系可分为工作和生活两个方面，当然，有时候二者是重叠交互、难以分清的。从工作的角度讲，工会主席要做到对待上级充分尊重而不盲从，对待同级积极配合，对待下级关心帮助，既要在心理上珍惜这份合作共事的特殊缘分，又要在实践中坚持平等交往，培养绿色健康的人际关系。从生活的角度看，工会主席要想赢得职工群众的爱戴和拥护，就要拉近、消除与职工群众的心理距离，不高高在上、盛气凌人，不摆架子、耍官腔，待人和蔼可亲，与职工群众打成一片；要以实际行动体恤民情，倾听群众呼声，关心群众疾苦，想群众之所想，急群众之所急，办群众之所需，用真心换真情。

三、工会主席影响艺术的发挥

工会主席不仅要具有影响力，而且要充分发挥影响力，只有这样才能把工会干部和职工群众紧密地团结吸引在自己的周围，共同做好工会工作。工会主席的作风、威信和形象是其整体素质的综合反映，也是其发挥影响力的三个主渠道。通过这三个主渠道，工会主席表现出自身的影响艺术。

（一）工会主席要树立良好的领导作风

所谓作风，通俗讲就是做派或风气。它是指人们在日常生活、工作和学习上表现出来的态度和行为方式。领导作风则是指领导者在领导活动中表现出来的一贯态度和行为方式，是领导者素质及其修养在领导行为上的表现。领导作风包括领导者的思想作风、工作作风和生活作风。领导作风既是方法和态度问题，也是素质和修养问题，它关系着领导工作的成败。

工会主席是工会组织的领导人，也是所在单位的领导人之一，所以一定要注重树立良好的领导作风，应注意以下几点：

1. 要实事求是

实事求是是我们党一贯倡导的思想作风和工作作风，也是工会工作应当坚持的基本态度。坚持实事求是的作风，最为关键的是要做到求实、求是、求真。所谓求实，就是注重于深入实际，搞好调查研究，少说空话，多办实事；所谓求是，就是要注重于从事物的各种现象中发现事物的本质规律性；所谓求真，就是按照事物的本来面目去认识客观世界，不弄虚作假、欺上瞒下，敢于说真话，如实反映真实情况。

2. 要密切联系职工群众

密切联系群众是党的群众路线的具体体现，也是无产阶级的领导作风和工作作风。工会主席作为工人阶级群众组织的领导人，同样需要树立联系职工群众、全心全意为职工群众服务的领导作风。密切联系职工群众、全心全意为职工群众服务，并不是空洞的说教，它要求工会主席必须一切想着职工群众，一切依靠职工群众，一切为着职工群众，并把自身置于职工群众当中，自觉地接受职工群众的监督。工会主席只有密切联系职工群众，热心为职工说话办事，才能受到职工群众的信赖，发挥出自身的影响力。

3. 要谦虚谨慎、艰苦奋斗

谦虚谨慎、艰苦奋斗，是无产阶级的思想作风、工作作风和生活作风。工会主席要注重培养谦虚谨慎的领导作风。与职工群众相处时要和蔼可亲，做他们的知心朋友；要善于虚心向职工群众求教，不断总结工会工作的好经验；要多宣传职工群众。在繁忙的工作中，要沉着冷静，切忌感情用事。无论在工作上还是生活上，工会主席都要努力继承和发扬艰苦奋斗的光荣传统，保持工人阶级的本色。

4. 要充分发扬民主

我国是社会主义国家，保障人民的民主权利，因而各级领导者都需要树立民主作风。工会是工人阶级的群众性组织，更应该成为民主的典范。因此，充分发扬民主，是工会主席必须树立的思想作风和工作作风。工会主席要注重用教育、训练、吸引、诱导的方法去影响职工群众，要注重用集体领导、民主决策的方法去影响工会干部。工会主席的民主作风就是最好的影响艺术。

（二）工会主席要建立起真正的威信

威信，也即威望和信誉。一个领导者一旦建立起真正的威信，那么就能做到说话有人信、号召有人应、工作抓得起、局面打得开。领导者的威信是通过领导者的一言一行、一举一动、顺其自然地积累起来，表现为赢得人心、受到敬佩、被人信赖和强大的吸引力、影响力。工会主席的威信存在于职工群众的心中，是职工群众对工会主席的一种心理评价。工会主席要建立自己的威信，必须把握住威信形成的规律。一般来说，威信的形成是通过一定的效应及心理机制实现的，概括地说主要有如下效应：

1. 主体效应

威信的形成主要是由领导者自身的人格决定的，即由领导者本人的思想道德、知识、能力与技能、情感与意志所决定的。不同的人格特征会带来不同的主体效应，从而形成不同的威信与影响力。

2. 客体效应

从客观要素看，威信的形成依托于三种效应：一是成见效应，又称第一印象，是领导者给予被领导者的第一感觉和印象。成见效应的形成往往由领导者的职业、年龄、资历、行为、气质与风度等外部特征所决定。如“新官上任三把火”“先入为主”等行为，从某种意义上讲都旨在强化成见效应。成见效应奠定了威信的基础。二是迁移效应。这是人们思想和情感有规律性的偏激倾向。它的内涵是，一旦某种印象形成，这种印象会有规律地放大或转移到其他方面，常言道“爱屋及乌”就是这种迁移效应。有效的领导者要善于利用这种效应来加强自身的威信。三是动态效应。威信是一种动态的心理感应。动态效应有两层含义：威信的形成和确立不是一朝一夕形成的，而是在动态中和不断积累中逐渐形成的；威信一旦形成也不是一成不变的，它随着环境条件和社会条件的变化而变化。比如，工会组织若能根植于职工群众之中，威信就会提高；工会组织若有脱离职工群众及“官化”倾向，就必然降低其在职工群众中的威信。

（三）工会主席要塑造良好的领导形象，提升领导魅力

领导形象是领导魅力外在的、直接的反映。塑造领导形象，既离不开

工会主席自身内在素质修养和德行养成，也离不开工会主席自身外在言行举止和风貌神韵。

1. 塑造领导形象

在信息化时代，领导形象已经成为社会政治核心概念之一，成为提升领导魅力不可或缺的基本要素。工会主席塑造领导形象，可以从表情、举止、服饰三个最基本的方面入手。

一是注意表情。表情是人的情感状态和情绪变化的外部反映，也是社会公众认识和评价领导干部的主要表现之一。这里有三个要点：

首先是定目。常言说："眼睛是心灵的窗户。"人们的品行心性，往往透过眼睛这扇窗户显现出来。定目要求工会主席注意保持目光稳定，即常言所说："目光要有定力。"目定是心定的外在表现，只有心定才能目定，目定才能给人以端庄、稳重印象。定目要求工会主席人际交往时要注目对方，交谈与握手都要避免目光游移不定。

其次是展眉。舒展眉头往往展示出一种积极进取的精神风貌。描述一个人高兴或者精神昂扬，人们总是说"扬眉吐气"；描述一个人忧愁或者精神萎靡，人们总是说"愁眉不展"。眉头舒展，展示出积极、进取精神风貌，自然给他人一种正面、肯定印象；愁容满脸，展示出消极、萎靡精神风貌，自然给他人一种负面、否定印象。当然，眉头是表，心理才是里，工会主席只有保持阳光心态，才能真正舒展眉头。

最后是微笑。微笑总是能够给人留下美好印象。人们不能改变容貌，但是可以展示微笑。微笑是最美丽的表情，是最动听的语言，是人与人之间最短的距离。在人际交往中，微笑成为增进感情、融洽关系、有利沟通的最有效手段。工会主席注意保持微笑，对己是一种自信、坚定的表现，对人则是一种平易、亲和的形象，有助于塑造良好自身形象。公元前五世纪，古希腊哲学家苏格拉底就曾指出：微笑如同空气、阳光和水一样重要。

二是注意举止。举止是一种身体语言，也是人们风格特征的直观反映。在塑造领导形象方面，举止具有以下三个方面的重要作用：首先，举止具有象征意义。象征意义，通常指借助某种具体形象所生发出的丰富而深刻的寓意和蕴涵，正如人们常说的画外之意、弦外之音等。工会主席的举止不仅是其修养、品格等内在精神风貌的直接反映，往往还能表达更加丰富的政治寓意和蕴涵，从而产生巨大而深远的影响。其次，举止能够赢得人心。工会主席能够通过自身举止，有效实现沟通，广泛赢得职工群众的认同。最后，举止能够改善形象。工会主席身处政治舞台，经常处于舆论聚光灯下，其举止既可极大损害自身形象，也能够有效改善形象。

三是注意服饰。人是衣裳马是鞍，这句俗话高度概括了人们服饰着装的重要性。服装是人类第二皮肤，工会主席必须高度关注自身服饰着装。就塑造领导形象而言，工会主席在工会活动中，服饰干净、整齐、得体，就是一种最基本的职业规范。同时，工会主席要注意使服饰切实适合场所氛围，即在特定的时间、特定的场合，穿特定的服饰。比如在正式的会议场所，要给别人留下一种庄重大方而又具有权威感的印象，那就适合配上一套冷色调的衣服，比如藏青色、蓝色或者浅蓝色的衣服；而倘若要去基层调研，与职工群众面对面地进行交流，就最好给自己搭配一套暖色调的衣服，比如咖啡色、乳白色或者棕色的衣服，可以偏休闲一点，以营造一种融洽、具有亲和力的氛围，拉近与职工群众的距离。

2. 提升领导魅力

领导魅力是领导干部人品、气质和能力的综合反映。工会主席要提升领导魅力、塑造领导形象必须从修炼人品、气质和能力入手。

一是工会主席的人品。习近平曾强调：“做人要有人品，当‘官’要有‘官德’。”这方面有两个重点：首先要公正。工会主席的权力是职工群众赋予的，工会主席就是为职工群众服务的公仆。因此，领导干部必须解决好“为了谁、依靠谁、我是谁”的问题，首先搞清“我是谁”，切实摆正与职工群众的关系，不管有多大权力和名望，在职工群众面前都应该是学生、是公仆，工会主席的工作才能获得最广泛、最可靠、最牢固的群众基础和力量源泉。其次要清廉。清正廉洁是工会主席操守的底线，也是构成其人品的基本条件。工会主席只有廉洁自律，才能赢得追随者的爱戴和拥护，才会拥有巨大影响力和感召力，所谓“廉生威”。

二是工会主席的气质。气质指人们的生理、心理等素质。它是人相当稳定的个性特点，也指人的风度、模样。这方面有两个重点。首先是仁爱。工会主席对职工群众真心诚意的仁爱，是其赢得职工群众支持和拥护的关键，进而成为提升领导感召力的关键，正如《史记》所言：“仁爱士卒，士卒皆争为死。”其次是自信。所谓自信，它是人对自身力量发自内心的一种确信，是深信自己一定能实现所追求的目标。广义讲，自信就是一种积极进取的人生意识，就是在自我评价上的积极态度。一个自信的人，一旦面临种种困难、挫折和失败，就能始终保持临危不乱的人生定力，就能始终保持奋发向上的斗志豪情，真正做到“穷且益坚，不坠青云之志”。

三是工会主席的能力。领导能力是工会主席完成一项目标或者任务所体现出来的素质和能力，虽然工会主席在履职过程中需要多种能力。然而，涉及其魅力提升有两个“重中之重”：首先要有自省能力。自省即自我反省、自我检查。一个人只有加强自省，才能不断实现自我认识和自我完善，从而少犯乃至不犯错误。作为工会主席，必须始终坚定理想信念，始终保持蓬勃朝气、昂扬锐气、浩然正气。其次要有慎独能力。慎独即个人独处、无人监督时，亦能严于律己。慎独是一种自律，更是一种坦荡。对于工会主席而言，独既是一个数字概念——指单个人，单独面对社会，面对自我；也是一种独特心态——工会主席面对权力，要常怀律己之心、敬畏之心，管得住欲望，守得住身心，保得住清醒。

第8篇 工会主席的激励艺术

激励是指领导激发干部群众的动机和潜能，使他们的积极性和创造性得以充分发挥，从而更好地实现组织目标的过程。运用激励艺术有三个重点，一是掌握激励的逻辑，二是完善激励的机制，三是运用激励的方法。

一、激励的逻辑

正如决策是先策后决，激励要先激后励，这是最基本的激励逻辑。激励既是一个整体过程，又是激和励两个前后相连的环节。为了取得更好的激励效果，应该把握以下激励的基本逻辑：

1. 先激励心后激励智，把激励心和激励智结合起来

激励有两个任务，既要激励人的激情和动机，更要激励人的潜能和创造力。激励首先要把干部群众的心激励起来，使之有热情、有自信、有兴趣、有动机，然后再来激励干部的智力、能力和创造力。激励心是前提，激励智才是目的。激励心要求工会主席要向干部群众传导正能量、疏导他们的情绪和心理；激励智要求提高干部群众的能力，引导干部群众的行为，支持干部群众的业务。有少数的工会主席在认识上存在误区，一直认为激励就是调动积极性，解决一个热情、动机问题，结果就出现了许多热情很高但能力不强的干部群众，只有盲目的积极性，只知苦干蛮干却不讲方法。因此，激励干部群众想干、愿干是对心的激励；更重要的却是要让干部群众能干、会干、创造性地干，这才是对干部心智的全面、正确的激励。在全面深化改革的新时期，工会主席必须重视心智激励，做到两手都

要抓，两手都要硬。

2. 先激励个体后激励群体，把激励个体和激励群体结合起来

激励对象的确定应该是先激励个体，后激励群体，重点是激励群体。当今社会成员的个性化取向日益明显，所以，工会主席必须善于把一个一个具有鲜明个性的社会成员先分别激励起来，才可能最终把全社会成员都激励起来，才可能最终把全社会的力量都凝聚起来。

3. 先单一激励后综合激励，把单一激励和综合激励结合起来

激励要先单一激励，后综合激励。即在某一特定时刻，对某一特定对象，针对他的优势需求，进行单一手段和单一形式的激励。随着工作任务和情境的变化，还要对他的其他需求进行满足，其他动机进行激发。比如先进行物质激励，然后再进行精神激励，最后物质和精神结合起来进行综合激励。

4. 先正激励后负激励，把正面激励和负面激励结合起来

正激励是对激励对象的肯定、承认、赞扬、奖赏和信任等积极的反馈；负激励是对激励对象的否定、约束、冷落、批评和惩罚等消极的信号。正激励可以给人以激情、动力、自信和梦想；负激励能够令人冷静，给人警醒，让人知耻而后勇，达到发愤图强的效果。单纯的正激励或负激励效果都无法达到最优。先正后负的激励逻辑重在把握正激励和负激励的结合点，关键是要分清是非，即分清干部群众的行为正确与否。正确的行为当然用正激励去强化，错误的行为只能用负激励去避免。

5. 先短期激励后长期激励，把短期激励和长期激励结合起来

激励要先短期后长期，短期激励就是对当下的成就进行及时激励，长期激励强调在短期激励的基础上给他梦想，给他方向，用长远目标和发展机会激励他持续努力。无论是短期激励还是长期激励都要把握好物质激励和精神激励的平衡，一般来说，短期激励以看得见的激励为主；长期激励以愿景激励和精神激励为主。

二、激励的机制原则

有效的激励需要一个有效的机制和完整的制度体系去保证，仅仅强调

激励或者过度强调激励只会导致激励失效，即激励带来的结果与激励预定的目标之间会出现严重偏差。出现这种现象的原因在于人们很大程度上是对激励本身而非对激励背后的目标产生反应。因此，有效的激励必须始终围绕着实现决策目标，与决策目标相一致。激励是激励机制的重点和核心，但激励之前要注意保健，激励之后要注意约束，保健、激励和约束有机结合起来才是有效的激励机制。工会主席应该把握激励机制以下三个原则：

1. 先保健后激励

保健因素包括政策、管理、工资、工作条件及人际关系等，属于外在因素。激励因素包括工作本身、认可、成就和责任，涉及对工作的积极感情，属于内在因素。在保健的基础上进行激励，在激励的基础上再进行新的保健，保健和激励相结合，重点要放在激励上面。如果没有保健只有激励，激励就丧失了基础和前提，这样的激励短时间有效，但难以持久。保健是常量，要低标准、广覆盖。比如，工资福利、养老保险都属于保健因素。激励则是增量，没有增量就没有激励的效果。比如，上个月发了500元的奖金，这个月仍然发500元的奖金，这个月的激励效果就是零。但是，上个月发了500元，这个月也发了500元，维持了原来的数量，这就叫保健。保健的作用也是重要的，它使干部群众已经激发出来的潜能和热情得以维护和保持。激励一定要掌握好这个逻辑，在保健的基础上进行激励，在激励的基础上进行保健。

2. 先激励后约束

激励重在激发和强化人的正确行为，旨在形成动力，但这种动力很大程度上是分散的，是个体的动力，这种动力引发的行为很可能会导致追求个人或小团体利益的最大化，因而可能会偏离组织的目标和领导的意图。所以，在激励形成动力和活力的基础上，要引导并约束大家朝着既定决策目标前进。实现决策目标，要进一步形成合力，把分散的动力进行聚焦，这样才能形成有效的执行力。约束就是凝聚、就是团结、就是集中。“加强纪律性，革命无不胜。”没有约束就没有凝聚力，没有约束就没有执行力。依法行政是约束，组织文化是约束，廉政建设也是约束。约束既要法律法规等“硬约束”，也要道德文化等“软约束”。

3. 先完善激励制度后运用激励艺术

激励首先要遵循一定的标准和规则，这些标准和规则就是激励制度，激励制度更具有根本性和全局性。因此，激励首先要有制度激励和制度设计，不以领导干部的好恶和更迭而变化。比如说一个人很能干，不管他和领导干部的关系是亲是疏，都应该提拔重用，不以领导干部的意志为转移。当然，激励制度也不是万能的，因为激励制度强调的是对所有人的激励，考虑的是普遍情境下的激励问题，但是，由于每一个地区、每一个单位都有其特殊性，在实施激励制度时就必须灵活地把握和应用，把一般的激励制度和各自实际结合起来，这就相应生成了激励艺术。因此，领导激励也要把激励制度和激励艺术结合起来，先有激励制度后有激励艺术。如果说激励制度强调“硬”的方面，那么激励艺术更注重“软”的方面，要以激励制度为主、激励艺术为辅，二者缺一不可、相辅相成。

三、激励的办法

激励方法应用于工会主席领导工作的方方面面。这里主要介绍四个与当前的形势和任务密切相关的激励方法，即目标激励的方法、工作激励的方法、尊重激励的方法和兼容激励的方法。激励艺术是对激励方法的创造性运用。

1. 目标激励的方法

目标激励就是工会主席为干部群众树立一个或数个明确具体且切实可行的目标，并以此来规范、引导和激发他们的行为。目标激励要注意以下几个方面：首先，要使目标有价值、有意义、有吸引力，是干部群众想要的、需要的、愿意为之努力奋斗的；其次，目标要现实可行，不能太高太难，是经过努力可以达到、能够实现的；再次，目标应该是可分解、可评价的，能够分步骤、分阶段实现；最后，个人的目标与组织的目标要保持一致。工会主席要牢牢把握目标激励的关键，确保激励的目标与决策的目标要高度一致。

完整的目标激励既要顺境激励，也要逆境激励。所谓顺境激励就是用光明的前景去鼓舞人心，激发热情和干劲。所谓逆境激励是用现实的困难、危机、忧患去唤起人心，凝聚斗志。在实际工作中要遵循先顺境激励后逆境激励的激励艺术，把这两种激励结合起来运用。

2. 工作激励的方法

工作激励就是把工作本身作为激励的内容、手段，以提高干部群众工作的积极性、创造性的一种方法。这种艺术不需要物质刺激，也不需要非常高超的激励技巧，因此简单实用。正如人们常常说的，领导给金给银，不如给工作机会；组织关怀照顾，不如信任重用。随着社会的发展，随着人自身素质的提高，随着 21 世纪“自我领导”的普及，工作会成为人的优势需要，因此，利用工作本身进行激励将会变得越来越重要。工作激励方法重在把握以下几个准则：工作的重要性、工作的丰富性、工作的全程性、工作的透明性、工作的自主性、工作的挑战性和工作的参与性。工作激励重在引导干部群众爱岗敬业，在岗位上体现自身的价值。工作激励的关键是激发干部群众的成就感、自豪感和幸福感。

3. 尊重激励的方法

随着职工群众能力素质的提高，他们的个性在增强，自尊在增强，他们尊重自己的上级，也希望得到上级的尊重。尊重激励有几个重点：一要充分尊重职工群众的人格和差异性；二要营造一个尊重的环境，工会主席首先要把注意力从自己的身上转移到职工群众身上，倾听每一个人的意见、每一个人的呼声、每一个人的需求，并及时给以积极反馈；三要避免对干部群众干预过多，只在他们需要指导和辅导的时候才发挥领导作用；四要尊重职工群众对组织的贡献和取得的成就，工会主席要承认他们的突出贡献，特别是通过公开嘉奖来凸显对职工群众的尊重。公开嘉奖向职工群众发出一种信号，只要他们的行为能够促进工作目标，就会得到尊重和认可。工会主席要与职工群众一起努力创造一个自尊和互尊的环境，这是尊重激励方法的真谛所在。

4. 兼容激励的方法

兼容激励的重点是寻求个人目标与组织目标之间的一致，寻求个人利益和组织利益之间的平衡，使得个人在追求自身利益的同时能实现组织的利益，从而实现个人与组织的共赢。因此，兼容激励一方面要禁止个人的某些不当行为，使其不能损害他人乃至整个组织的利益；另一方面又给追求个人利益的正当行为提供恰当的激励，使组织利益甚至社会利益都得以更好地实现。

制胜法则

最有效的12条激励法则

◆ 不要用命令的口气。好的工会主席很少发号施令，他们都以劝说、奖励等方式让职工了解任务的要求，并去执行，尽量避免直接命令，如“你去做……”

◆ 授权任务而非“倾倒”工作。“授权”是管理的必要技巧之一。如果你将一大堆工作全部塞给职工去做，便是“倾倒”，这样他们会认为你滥用职权；而“授权”任务则是依照职工的能力派任工作，使他们得以发挥所长，圆满地完成。

◆ 让职工自己作决定。职工需要对工作拥有支配权，如果他们凡事都需等候上级领导的决策，那么他们就容易产生无力感，失去激情。

◆ 为职工设立目标。设立目标比其他管理技能更能有效改善职工表现，不过这些目标必须十分明确，而且是可以达到的。

◆ 给予职工升迁的希望。如果缺乏升迁机会，工会主席最好尽量改变这种情况，因为人如果有升迁的希望，可激励他努力工作。

◆ 倾听职工的意见，让他们感觉受到重视。尽可能每周安排一次与职工聚会，时间不用很长，但是借此机会职工可以表达他们的想法与意见，而工会主席则应用心记录谈话内容，以便采取行动。当然，你未必同意每个人的要求，但你不妨用心倾听，因为职工会因为你的关心而努力工作，表现更好。

◆ 信守诺言。好的领导者永远记得自己的承诺，并会采取适当行动。如果你答应职工去做某些事，却又没有办到，那将损失职工对你的信赖。因此，你不妨经常带笔记本，将对方的要求或自己的承诺写下来，如果短期内无法兑现，最好让他们知道，你已着手去做，以及所遇到的困难。

◆ 不要朝令夕改。职工的工作需要连贯性，他们希望你不要朝令夕改，因此如果政策改变，最好尽快通知，否则职工会觉得无所适从。

◆ 及时奖励职工。每当职工圆满完成工作时，立刻予以奖励或赞美，往往比日后的调薪效果好。

◆ 预防胜于治疗，建立监督体系。每天检视工会工作动态与工作进度，以便在出现大问题以前，预先了解错误，防患于未然。

◆ 避免轻率地下判断。如果工会主席希望职工能依照自己的方法工作，必然会大失所望。因为，每个人处理事情的方式不同，你的方法未必是唯一正确。所以，最好避免轻率地断言职工的错误，否则会影响对他们的信任感，甚至作出错误的决策。

◆ 心平气和地批评。批评也是激励的一种方式，然而批评必须掌握方法，激烈的批评只会让职工感染到你的怒气，并产生反抗情绪，只有心平气和的批评才能让职工了解自己的失误，并感受到你对他的期待，才能对职工产生激励的效果。

四、建立行之有效的激励机制

一个有效的激励机制，应该具备以下特征：一是简明。激励机制的规则必须简明扼要，而且容易被解释、理解和把握。二是具体。仅仅说“多干点”或者“别出错”是根本不够的，职工需要准确地知道领导到底希望他们做什么。三是可以实现。每一个职工都应该有一个合理的机会去赢得某些他们希望得到的东西。四是可估量。可估量的目标是制订激励计划的基础，如果具体的成就不能与所花费用联系起来，计划资金就会白白浪费。

一个高效激励机制的建立，工会主席要从单位自身的情况以及职工的精神和物质需求等多方面综合考虑，更新观念与思路，制定行之有效的激励措施和激励手段。具体来说，应该做到以下几点：

1. 物质激励要和精神激励相结合

在制定激励机制时，不仅要考虑到物质激励，同时也要考虑到精神激励。物质激励是指通过物质刺激的手段来鼓励员工工作。它的主要表现形式有发放工资、资金、津贴、福利等。精神激励包括口头称赞、书面表扬、荣誉称号、勋章等。在实际工作中，一些工会主席认为有钱才会有干劲，有实惠才能有热情，精神激励是水中月、镜中影，好看却不中用。因此，他们从来不重视精神激励。事实上，人类不但有物质上的需要，更有精神方面的需要，如果只给予职工物质激励，往往不能达到预期的效果，甚至还会产生不良影响。因此，必须把物质激励和精神激励结合起来才能真正地调动广大职工的积极性。

2. 建立和实施多渠道、多层次的激励机制

激励机制是一个永远开放的系统，要随着时代、环境、市场形式的变化而不断变化。因此，要建立多层次的激励机制。多层次激励机制的实施是联想公司创造奇迹的一个秘方。联想公司在不同时期有不同的激励机制，对于20世纪80年代的第一代联想人，公司主要注重培养他们的集体主义精神和满足他们的物质需求；而新一代的联想人对物质要求更为强烈，并有很强的自我意识，基于这种特点，联想公司制定了新的、合理的、有效的激励方案。联想集团始终认为，只有一条激励跑道一定会拥挤不堪，一定要设置多条跑道，采取灵活多样的激励手段，这样才能最大限

度地激发员工的工作激情。

3. 充分考虑职工的个体差异，实行差别激励的原则

要根据不同的类型和特点制定激励机制，而且在制定激励机制时一定要考虑到个体差异：例如女性职工相对而言对报酬更为看重，而男性职工则更注重提升能力、得到升迁；在年龄方面也有差异，一般20～30岁之间的职工自主意识比较强，对工作条件等各方面要求比较高，而31～45岁之间的职工则因为家庭等原因比较安于现状，相对而言比较稳定；在文化方面，有较高学历的人一般更注重自我价值的实现，他们更看重的是精神方面的满足，例如工作环境、工作兴趣、工作条件等。而学历相对较低的人则首先注重的是基本需求的满足；在职务方面，管理人员和一般员工之间的需求也有不同。因此在制定激励机制时一定要考虑到单位的特点和职工的个体差异，这样才能收到最大的激励效力。

4. 工会主席的行为是影响激励机制成败的一个重要因素

工会主席的行为对激励机制的成败至关重要。首先，工会主席要做到自身廉洁，不要因为自己多拿多占而对职工产生负面影响；其次，要做到公正不偏，不任人唯亲；再次，要经常与职工进行沟通，尊重支持职工，对职工所作出的成绩要尽量表扬，树立以人为本的管理思想，为职工创造良好的工作环境。此外，工会主席要为职工作出榜样，通过展示自己的工作技术、管理艺术、办事能力和良好的职业意识，培养职工对自己的尊敬，从而增强企事业的凝聚力。

建立有效的、完善的激励机制，除了做到以上几点之外，还要注意两方面的问题：

1. 认真贯彻实施，避免激励机制流于书面

很多工会主席没有真正认识到激励机制是工会工作发展必不可少的动力源，他们往往把激励机制的建立“写在纸上，挂在墙上，说在嘴上”，实施起来多以“研究，研究，再研究”，将之浮在空中，最终让激励机制成为一纸空文，没有发挥任何效果。工会主席一定要避免这种情况的发生，将激励机制认真贯彻实施。

2. 抛弃一劳永逸的心态

激励机制一旦建立，且在初期运行良好，就可能固化这种机制，而不考虑周围环境的变化和企业的变化，这往往会导致机制落后，而难以产生功效。应该根据时代的发展、环境的变化不断改革创新激励机制。人才是企业生存与发展的关键，如何在有限的人力资本中调动他们的积极性、主动性和创造性，有效的激励机制是必不可少的。因此，工会主席一定要重视对职工的激励，根据实际情况，综合运用多种方式，把激励的手段和目的结合起来，改变思维模式，真正建立起适应单位特色、时代特点和职工需求的有效的激励机制。

第9篇 工会主席的服务艺术

一、创建服务型工会的必然要求

工会是中国共产党领导下的工人阶级组织，其成立的主要宗旨就是为广大工人阶级服务、维护好职工群众的合法权益。随着我国经济社会的发展和职工队伍的复杂化，工会组织也需要进行改革和创新，提高服务能力，以适应新时期职工对工作职能的要求。要把服务工作做到极致和完美，就必须提高工会组织和工会干部的服务能力，这是工会做好一切工作的根本保证和基本前提。因此，工会主席必须强化服务意识，提高服务能力。

一些工会主席对“领导就是服务”的理解还是比较肤浅的。他们认为关心群众生活、提供职工福利就是服务的全部内容，这是不全面、不准确的。我们今天所说的服务并非仅仅是后勤意义上的服务，而是由工会主席向职工群众提供的具有特殊意义的领导服务。工会主席为职工群众搭建舞台，提供灯光布景，让他们去演威武雄壮的话剧；工会主席为职工群众提供宽松的环境和必要的条件，让他们去心情舒畅地做好本职工作，这才是真正的服务创新。

具体来说，工会主席为职工群众服务的方式，除了维护职工的合法权益和切身利益之外，还包括以下三个方面：一是为职工群众提供环境和条件，重点是要为职工群众营造工作需要的和谐环境和文化氛围，提供他们工作所需的软条件。二是为职工群众提供平台和舞台，重点是提供可供他们施展才华的平台。三是为职工群众提供辅导和指导，帮助他们提高能力和素质，帮助他们不断地进步和成长。

与直接的领导决策和用人相比，领导服务的最大特点是间接性和柔隐性。工会主席通过设计和营造各种情境来影响职工群众，从而间接地、巧妙地达到目的，实现领导活动的价值。因此，领导服务的作用往往是潜移默化的，是春风化雨的，是不易被观察和被感知的，它体现为人的内心的一种体验和感受，体现为一种微妙的心理和认同。而且，领导服务的方式是多样的、叠加的，而不是单一的。既可以通过工作氛围、营造环境去影响职工群众，也可以通过领导制度、组织文化等情境去影响职工群众，多种情境因素的叠加作用会使得领导力的效果更加明显。

向职工群众提供服务，向职工群众提供他们无法“替代”的服务，这是新时期工会主席的主要职责，也是他们富有成效的主要领导方式，更有利于激发职工群众的积极性和创造力。

二、打造服务型工会，当好职工娘家人

服务型工会建设是“五型工会”中最鲜明的特色和属性，是工会一切工作的着眼点和落脚点，是实现维护职能的根本途径和必然要求。如何打造服务型工会，当好职工的娘家人，工会主席应做好以下探索和实践。

（一）增强服务意识，充分发挥工会的纽带作用

在当前经济新常态的形势下，要更好地发挥工会组织的桥梁纽带作用，就要通过多层次、多方位、多渠道的宣传形式和信息网络，及时掌握职工的动态和想法，了解职工的意愿和呼声。

一是要树立“爱工”意识。为了更好地服务职工，维护职工利益，工会主席应努力为职工创造一个宽松和谐的氛围，对职工的事情做到热情接待和真诚服务，要加强与职工交流沟通，学会耐心地听取职工的意见，使工会工作真正取信于民，得到职工群众的信任、拥护和爱戴。

二是要树立“关爱”意识。从细小处关心和爱护职工，为他们排忧解难。努力提升亲和力，讲求“人性化服务”，要求工会干部在实际工作中，

积极探索方便为职工服务的办法和措施，努力做到为职工服务有耐心、有爱心、不急不躁，努力把法理合情化，通过解释和疏导，尽量让职工满意。

三是要树立"勤民"意识。对职工反映的问题要及时办理，真正做到工会是职工的娘家人。在为职工服务过程中，要热情、耐心，让职工真正感觉到有回家的气氛。

（二）创新服务机制，不断适应社会发展新要求

建章立制，是打造服务型工会组织的根本保障，是实现服务型工会组织建设规范化、常态化的根本途径。

一是要健全联系职工制度。直接面对面、接地气，听取基层和职工的诉求和心声，真正为职工排忧解难。

二是要健全协调保障制度。进一步完善工会与政府的联席会议制度，研究解决工会工作中的困难和问题，充分发挥劳动关系三方协商机制的作用，进一步优化劳动关系，从而促进经济发展。

三是要健全为职工办实事制度。针对当前农民工和劳务派遣工这一特殊群体，工会应积极协调劳动部门，联合成立农民工、劳务派遣工维权服务站等相关机构，为他们提供技术培训、就业指导和维权等方面的服务，并制定为职工办实事计划、制度等，有重点、有步骤地帮助他们解决实际困难，不断拓展工会服务职工的领域。

四是要健全困难职工帮扶制度，使职工在惠民工作中得到真正的实惠。

（三）履行服务职责，积极为职工解决实际困难

维护职工合法权益是工会的基本职责，要履行好这一基本职责，必须把职工情况摸清摸透，做到心中有数。首先，要掌握职工群众的实际情况，有针对性地开展工作。其次，要参与协调职工群体的利益关系，帮助企业化解内部矛盾，稳定职工情绪，调动职工工作积极性，推动企业健康发展。再次，要帮助职工解决现实问题，通过送温暖活动和对困难职工的帮扶活动，及时把党政关心和工会关怀送到困难职工心上。

(四) 提升服务能力，强化工会干部的队伍素质

在建设服务型工会过程中，要坚持把服务职工、提升服务能力贯穿于工会的自身建设全过程，强化工会组织的服务功能从管理职工向服务职工的转变，逐步实现服务对象的全覆盖和服务内容的全方位，而工会干部在服务职工过程中要努力增强四种能力：增强观察分析判断解决问题的能力，遇事观察清、分析透、判断准、解决实，做到有的放矢、事半功倍；增强语言表达能力，接待群众、处理问题时要讲得清、说得明，涉及法律条款更要严谨认真，有理有据；增强处理问题化解矛盾的能力，要学习政治、经济、法律等各种知识，掌握政策，充分运用工作方法和工作艺术；增强学习和协调沟通能力，提高工会干部工作办事的速度和效率，提高工会干部的服务水平和服务技能，把服务职工的理念内化于心、外化于形。

打造服务型工会，当好职工的娘家人，赋予了工会组织更高更强更有效的服务职能，通过“五型工会”建设，让这种服务职能成为工会自身的一种特质、一种属性，成为工会的一种本能和自觉，从而更好地展现工会组织和工会干部的能力和风采，更好地实现工会服务水平的再提升、再创新和再发展。

三、服务能力的培养和提升

工会干部的服务能力、健全的服务质量体系和相关的制度约束是工会服务能力高低的保证，因此，培养和提升工会干部的服务能力，既是服务型领导的内在要求，也是构建服务型工会的迫切需要。

(一) 服务型领导公共服务理念的培育

实践证明，任何变革都是从理念层面开始的，在构建服务型工会的过程中，服务理念的确立是重构服务型领导的首要任务。

1. 树立以人为本的服务理念

工会主席要将关注的焦点对准职工群众的需要，把职工的利益作为一切工作的出发点。同时，要顺应现代领导发展趋势，实现领导角色转变，更多的角色是承担仆人的角色，更多的工作是服务。这就要求工会主席在工作过程中树立五种意识：一是公共意识。服务于职工群众，而不是服务于顾客。二是公仆意识。权力来自于职工群众；为职工群众服务既是责任也是义务，要甘当职工群众的勤务员。三是平等意识。与职工群众建立平等的关系，要求双方互相尊重和平等对待。也就是说，工会主席与职工群众无论是在人格上、地位上、法律适用上均是平等的。四是合作意识。要讲诚信，工会主席与职工群众之间只有互相信任，才能最终实现二者的有效合作；工会主席与职工群众有平等的地位，合作双方平等地拥有权利与履行义务的责任；职工群众对工会主席的领导行为有监督权，这就要求领导行为应公开、透明。五是责任意识。工会主席在行使自己的权力的同时，也肩负着责任。客观责任来自于法律、组织与社会的需求，而主观责任则是工会主席在自己的道德观、价值观影响下，对责任的感受。可见加强工会主席的道德修养和法律意识十分重要。六是利民意识。利民意识要求工会主席超越特定的角色要求，为职工群众提供一些“额外的关怀和服务努力”及表现“主动的服务”来获得他们的满意。

2. 正确处理权、责、利的关系

领导服务理念的更新、服务意识的提高重点需要做好以下三方面的工作：一是破除“官”的念头。工会主席无论掌握多大权力，都是职工群众的公仆。要做到知群众之所想、察群众之所虑、亲群众之所爱、办群众之所急，这是服务型领导的基本职责。二是破除“权”的欲望。权就是责。在其位要谋其政，掌其权要尽其责。三是淡泊名利。作为工会主席，要自觉抵制各种利益的诱惑。

（二）通过道德素养的提升提高服务能力

领导本质上是对人的管理，离不开人的价值选择和道德选择。领导过程以及领导行为的产生，不可避免地要与领导者的道德意识以及价值观发生联系。但法律只能对领导行为起基本的规约作用，难以有效激发人的使命感和充分挖掘出人的内在潜力；而“道德由于主要具有实质的合理性而具有非强制性特征”是良好的组织绩效的保障因素。正是由于领导者的道德素质对卓越领导的重要性，近现代几乎所有的领导理论都特别重视领导者的伦理道德问题。因此，构建服务型工会，需要提高工会主席的道德修养。

道德主要包括公共道德和职业道德两个方面。公共道德当然是指公民在社会活动和社会交往中，所应当遵循并由国家提倡、得到公众认可的道德准则和行为规范。既然是公民应当遵守的道德准则，工会主席就更应该率先垂范。所谓职业道德是指从事一定职业的人在其特定的工作和劳动中所应遵循的道德规范和行为准则。工会主席是各级工会的核心与灵魂，他们的服务往往是用权力进行服务的。他们在领导活动中掌握着决策权，并在相应的职权范围内掌握着一定范围的资源的管理、分配和协调的权力；他们能否公平、公正、公开地行使职务权力为职工群众服务，直接关系着职工权利的实现程度。公平、正义的实现更需要工会主席的道德素养来保障，他所承担的责任不仅仅是行政责任和法律责任，还应包括道德责任。可见，保持高度的道德责任感是非常重要的。

（三）通过更新服务方式提高服务能力

当前新的领导观主要有平民领导观、简约领导观和柔性领导观等。无论是一般领导还是公共领导，需要顺应现代领导发展的趋势，采用平民化、简约化、柔性化的领导方式，这就要求工会主席做到：一是寓领导于服务之中。领导就是管理，管理就是服务。“服务型领导”在运用权力的模式上是伙伴之间“感召—服务”模式，推崇的是特有的个人优秀品格、良好的人际关系与沟通能力、为他人服务的奉献精神。这是值得我们学习和借鉴的。现代管理理论也认为，服务型管理能够调动被管理者的参与热情，实现管理者与被管理者的良性互动，提高管理效率。二是进一步增强领导影响力。在竭力保护职工群众的利益，全力维护工会组织发展的同时，通过自身道德品行、工作能力和经验、不断创新的领导艺术塑造领导者的个人魅力，赢得认同，增强非权力影响力；通过激励机制、沟通机制、协调和引导等方式来影响被领导者，培育领导团队，实现由个人领导到团队领导。

（四）通过改进服务质量提高服务能力

领导服务是个贯穿整个领导活动的动态过程。人们对领导服务的要求随着社会和时代的发展而有新的提高。要保证满足人民日益增长的物质文化需要，工会主席需要不断提高服务能力和服务水平。

1. 深入群众，调查研究

在新的历史时期，坚持走“从群众中来，到群众中去”的群众路线。要相信职工群众，尊重职工群众，依靠职工群众，虚心向职工群众学习。在方法上要变被动服务为主动服务。要深入职工群众，在职工群众中调查研究，主动了解职工群众的意见，主动倾听职工群众呼声，主动解决职工群众需要解决的各种问题，主动接受职工群众的监督。服务者只有了解并正确把握被服务者的心愿和要求，服务才能找到最佳着力点，才能满足被服务者的意愿，才能达到服务的动机、手段与效果的最佳统一，使被服务者满意。各级工会主席要建立健全民主的、科学的决策和执行程序，树立一切从职工群众的利益出发，对职工群众负责的态度和观点，全心全意为职工群众服务。

2. 不断提高领导能力

领导的领导能力与领导者影响力、领导环境、领导手段均有直接的关系。其中的领导者的个人非权力影响力起着非常重要的作用。工会主席的个人非权力影响力，一方面来自于个人的品格因素，包括道德情操、思想作风和心理因素等；另一方面来源于个人的工作能力和知识结构。个人的工作能力是指工会工作的技能和才干，包括决策能力、语言表达能力、交际能力等；知识结构主要包括知识水平和工作经验。随着经济全球化和知识经济的来临以及信息技术的飞速发展，对领导能力的要求越来越高。这就要求服务型领导一方面要加强道德修养；另一方面要加强学习，要学会学习，终生学习。不仅要提高自己的业务素质，也要提高思想政治素质。同时，要理论联系实际，注意总结工作中的经验，在实践中学习，在学习中提高和创新，不断提高科学决策能力、民主行政能力、依法行政能力和服务创新能力。

3. 加强制度建设，强化服务效率

要以实事求是的态度，建立健全和完善从决策到执行全过程的制度，建立健全公开、公平、公正的办事制度，自觉接受各界监督，坚决刹住“吃、拿、卡、要”的不正之风，严格按规定和程序办事。真正做到有章可循、有规可依。着力打造良好的服务环境。时间就是金钱，效率就是生命。要强化效率意识，严格办事时限，彻底改变作风散漫、行动迟缓、办事拖拉的工作陋习。要掌握现代信息技术，充分利用好新媒体，为工会工作服务。

第10篇 工会主席的维权艺术

维护职工的合法权益是工会的基本职责。工会作为职工群众的“娘家”，要敢于维权、善于维权，旗帜要鲜明，声音要响亮，措施要给力，努力帮助职工群众解决实际问题。工会主席作为职工群众的“娘家掌门人”，要能代表职工群众，能为职工群众说话办事，依法维护职工群众的合法权益。因此，工会主席必须掌握一定的维权能力，运用科学的方法和艺术，做到主动、依法、科学维权。

一、工会主席维权的重要性

（一）维护职工群众的合法权益

维权的特性首先是它的维护性，其对象是广大职工群众。从客观上看，在社会主义市场经济条件下，职工群众的利益存在两种变化倾向。一种是伴随经济、社会、文化的发展，职工群众的经济、政治和文化需求不断增加；另一种是由于各种消极因素的存在及其影响，职工群众的合法权益又时常受到侵害，而单个职工往往又处于援助缺失的弱势地位，无法有效进行自我保护，因此，职工群众具有维护自身合法权益的强烈要求。从主观上看，工会是工人阶级的群众组织，维护职工的合法权益是工会的基本职责，工会主席作为工会组织的领导者、维权第一责任人，当然也要把履行这一基本职责作为首要任务。工会主席充分发挥维权作用，借助工会的组织力量和各种有利的维权资源，就能为职工群众说话办事，把维护职工群众合法权益落到实处。

（二）协调稳定劳动关系

在社会主义市场经济条件下，职工利益受忽视乃至被侵害仍是一个十分突出的现象。这不仅是一个严重的经济问题，也是一个严重的社会问题，因为劳动关系的不和谐必然影响经济的发展和社会的稳定。因而，如何保障职工群众的合法权益以构建和谐的劳动关系，是一个十分重要的任务。工会组织作为企业劳动关系中职工一方的代表，必须承担起协调和稳定劳动关系这一基本任务。因此，工会主席充分发挥维权作用，做好维权工作，对于构建和谐的劳动关系至关重要。

（三）调动和激发职工群众的生产积极性

工会主席发挥维权作用，运用工会组织的力量，维护职工群众合法权益，使职工群众的合理要求和愿望得到满足，各项民主权利得到实现，从而保障了职工的主人翁地位，把依靠职工群众办好企事业的方针落到实处，就能增强企事业单位的凝聚力和创造力，调动和激发起广大职工的生产积极性，共同促进企事业单位的振兴与发展。

（四）密切党政与职工群众的联系

工会是党联系职工群众的桥梁和纽带，工会是党的重要群团组织，工会工作本质上是党的群众工作。工会主席充分发挥维权作用，做好维权工作，就能把党政的温暖和关怀送给广大职工群众，增强他们对党政的认同感和信任感，从而同心协力共同做好本单位的工作，密切双方的血肉联系。

二、切实提升维权能力

（一）要增强维权意识

在现实中，职工权益被侵犯、工会组织被随意撤并、工会主席在任职期内被无端罢免的事时有发生。究其原因，除了党政领导法治意识淡薄以及体制机制不完善等因素外，一些工会主席缺乏维权意识，也是这类现象发生的一个重要原因。因此，随着工会工作法治化建设的不断推进，工会主席也要增强维权意识，这不仅关系到工会主席自身利益的维护，更关系整个工会组织利益和职工合法权益的维护。

（二）要依靠法律维权

一方面，要牢固树立法治观念。要树立宪法法律意识，坚定宪法法律信仰，尊重宪法法律权威，遵守宪法法律规定，在宪法法律范围内开展活动。要增强法治观念，自觉以法治思维看待问题，用法治方式解决问题，养成遇事找法、办事依法、解决问题靠法的法治思维习惯，作决策、办事情都要有法律依据、讲法律程序，牢记法律红线不可逾越，法律底线不可触碰。另一方面，要努力掌握法治知识。要按照中国特色社会主义法治体系的基本要求，掌握法治基本知识，熟悉和理解法律基本概念、法律体系构成、法律调整方式、法律适用规则。要熟练掌握涉及职工切身利益和工会活动的法律知识，切实提高依法开展工作的能力。要善于运用法律手段，解决改革发展中的各种劳动关系矛盾和问题，把法律原则和法律规范熟练运用于维护职工权益的法治实践。

（三）掌握运用维权方式方法

维权能力的高低很大程度上见之于维权方式方法，提高工会主席维权能力，就要在掌握运用维权方式方法上下功夫。工会主席做好维权工作要把握好以下四点：一是要协调好党、政、工三者的关系。工会主席的维权工作要取得党委和行政的支持，没有他们的支持，工会主席的维权工作不可能顺利进行和取得良好的效果。二是坚持超前维护的原则。超前维护就是在方针、政策制定之前，职工利益未被侵犯之前就预先充分估计，并采取有力措施，给予预先制止和预防。三是要熟悉把握有关的法律、法规、政策，积极探索建立依法维权的合理机制，学会运用法律赋予的权利，依靠法律手段，有力、有效、全面地维护职工合法权益。四是要充分利用好参政议政、民主管理、平等协商、签订集体合同等现有维权机制，加大源头参与的力度，在更大范围内、更深程度上维护好职工群众的合法权益。

三、强化三种维权理念

（一）强化“整体维权”的工作理念

工会主席要坚持强化“整体维权”的工作理念，努力提升维权工作的社会性。一是要积极争取党委支持，在协调好工会与企业的关系中找到着力点。维护职工权益必须依靠企业党政等多方面的积极支持与参与，尤其是要与企业领导者协调好关系，要让党政领导在维护职工权益中争取主动。要积极为领导创造与职工直接对话的机会，让领导在职工面前作出承诺，推动维权工作。要使党委在高层参与、工作决策、政策制定、组织领导等方面充分听取工会的意见，考虑职工的诉求，确保工会的工作主张上升为党的政策，为工会维权营造有利的工作环境。二是要高度重视与行政各有关部门的密切联络配合，整合资源优势，实现资源互补，构筑联权联动、互相支撑的维权互动平台，要通过加强工作汇报，达成沟通理解，使工会维权跳出独家经营的小圈子，形成工会与行政的维权良性互动，为工会维权工作提供良好的支撑平台。三是要与社会各界加强接触和交往，广泛争取他们对工会工作的关注支持，多方吸纳社会资源，工会组织要积极反馈有关信息，通过巡视调研等活动，在维权中把握大局，协调指挥，共同参与维权工作，为工会履行维护职责创造良好的社会环境和舆论支持。

（二）强化“需求维护”的工作理念

工会主席要坚持强化“需求维护”的工作理念，不断提高工会维权的针对性。所谓需求维护，就是适应职工阶层分化的实际，根据不同时期、不同对象的不同利益需求，实行有针对性的维护，实现维护企业利益与维护职工利益相统一，维护职工政治权益与维护职工经济、文化权益相统一，维护弱势群体利益与维护其他阶层包括管理阶层、知识阶层的合法权益相统一。因此，工会要适应不同群体的利益需求，调节不同层次之间的利益关系，需要树立“需求维护”的理念。一是要做好改革、改制过程中的维权工作，在利益调整中不能忽视职工群众的正当利益。二是要做好困难帮扶工作，做好困难群体的帮扶工作是工会组织义不容辞的职责。各个企业都存在不少困难职工，这部分职工往往经济底子差、负担重，急需经济援助，这种现象的存在也不会在短期内消失。工会要通过多种途径为他们提供帮助，做好雪中送炭的工作。三是要做好精神帮扶工作。困难职工不仅面临经济困难，还面临着由此而带来的巨大精神压力，工会要倾注更多的精力关注、关心这一群体，使他们能尽早走出精神压力的困境。

（三）强化“机制维权”的工作理念

工会主席要坚持强化“机制维权”的工作理念，切实提高工会维权的实效性。在新的形势下，工会面临着复杂而艰巨的维权任务，传统的维权手段，覆盖层面过于狭窄，方式过于单一，已经远远不能适应形势发展的需要。当前要深化维权工作，从实践来看，建立一套规范而长效的运作机制至关重要。因此，工会组织必须把探索建立一套适应维权需求的长效工作机制，作为当前乃至今后一段时期的工作重点。通过在完善程序化、规范化的运作机制中产生制衡力量，增强工会维权工作的约束力和实效性，从而更加充分地发挥工会维权机制的作用和效能。一是要健全和完善职工代表大会制度、厂务公开制度等，这是职工行使民主权利、参与民主管理的主要渠道。只有不断加大职工民主参与、民主管理、民主监督的力度，才能确保职工的民主权利正常行使。二是要建立健全集体合同制度，开展工资集体协商，进一步协调好劳动关系。集体合同覆盖了绝大多数职工的劳动权益、劳动报酬和保险福利等基本内容，是工会维权的重要依据。因此，工会组织要联系企业改革与发展的实际，建立、完善对集体合同的履行责任制度和监督检查制度，维护职工合法权益，健全科学管理制度，从而有效推动企业和谐发展。

四、掌握运用维权艺术

（一）有胆有识，敢于维权

敢于维权是工会主席赢得职工群众信赖的关键。工会主席依法开展工会工作，就要敢于为职工说话办事。对于那些不开展工资集体协商、不建立职代会制度、有损职工合法权益的企业，既要注意工作方法，动之以情，晓之以理，又要敢于维权，旗帜鲜明地代表和维护职工的合法权益。同时，还要建立工会干部维权保护机制，对基层工会主席在依法履职中遇到阻力或受到不公正待遇予以保护。

（二）坚定信念，主动维权

工会主席要坚持以职工为本，发扬主动精神，有主动的意识、超前的预见和积极的作为，主动参与法律法规和政策性文件制定，主动了解职工的实际困难和问题，主动帮助他们反映情况、解决问题，实现从事后介入的被动维护向提前参与的主动维护转变。工会主席要心中有职工，时时替职工着想，处处为职工考虑。无论是国家的方针政策，还是企业的规章制度出台，工会主席首先要想到这些政策和规定，对职工的影响有多大，会不会伤害职工的权益，做到主动而为，在矛盾尚未暴露之前，将有可能危及职工权益的问题，解决在萌芽状态。遇到职工和企业之间发生矛盾，工会主席要主动站出来，参与调停和处理，化解矛盾，尽量避免劳资矛盾的激化，维护和谐稳定的劳动关系。

（三）学法用法，依法维权

工会主席要增强法治意识，运用法律手段，完善工会维权机制，把维权纳入规范化、制度化、法治化轨道，引导职工以理性合法的方式和渠道表达利益诉求。要依照《宪法》《工会法》维护职工参加和组织工会的权利，保障会员的选举权、被选举权、表决权，以及对工会工作进行监督和提出意见建议等权利。要依照劳动法律法规，维护职工平等就业和选择职业、取得劳动报酬、休息休假、获得劳动安全卫生保护、接受职业技能培训、享受社会保险和福利等各项权益。要通过为职工提供法律服务、法律援助，努力解决好职工最关心最直接最现实的利益问题、最困难最操心最忧虑的实际问题，全心全意为职工服务。要依法纠正企事业单位违反民主管理制度的行为，保障职工依法行使民主管理权利。要完善工会文化宣传教育体系，活跃和丰富职工群众文化生活，依法维护职工的精神文化权利。要加强人文关怀和心理疏导，促进职工舒心工作、体面劳动。

（四）协商沟通，科学维权

工会主席要做到科学维权，就要处理好两个关系。一是处理好维权与发展的关系。工会主席在履行维权职责时，必须胸怀企业发展的大局，善于把维权行动放在大局下开展。一方面要坚持在发展中维权，教育引导职工做企业发展的主人，不断增强主人翁责任感，努力提升自身素质，为企业创新发展献计出力，为实现职工的利益奠定更加坚实的物质基础。另一方面要坚持在维权中促发展，倡导企业经营者树立依靠“职工办企业、办好企业为职工”的理念，充分调动和激发职工的劳动热情，在维护职工权益的同时促进企业健康发展。二是要处理好维权与维稳的关系，构建和谐劳动关系。维权是维稳的前提。工会主席必须把解决广大职工最关心最直接最现实的利益问题，切实维护职工的经济权益、政治权益、文化权益、社会权益，作为构建和谐劳动关系的根本出发点和落脚点，积极探索工会有效维权的机制、手段和途径，努力实现职工生存权和发展权的统一，促进企业和社会的和谐稳定。

延伸阅读

一个主动依法科学维权的企业工会主席——王远文

王远文同志自1998年6月当选英格索兰（桂林）工具有限公司工会主席以来，始终牢记宗旨，忠诚履行职责，努力践行主动依法科学维权观，在“促进企业发展、维护职工权益”中作出了突出成绩。

王远文同志始终坚持工会工作服务科学发展，服务职工群众。他积极推动开展“共同约定”行动，促使企业在国际金融危机期间做到了“不裁员、不欠薪、职工工资不降反升”。他推动企业建立了每年一次的工资集体协商制度，实现了职工工资10年年均增长7.6%。他积极维护职工利益，促进劳动关系和谐。先后平息企业群体性事件4起，调处劳资矛盾纠纷30多起，涉及职工400余人次，有效维护了企业和职工队伍的稳定。他3次代表职工通过诉讼渠道，帮助被辞退职工争取了经济赔偿，促使企业与23名工龄满10年的职工签订了无固定期限劳动合同。他与企业行政积极沟通，使企业改制之初下岗的46名职工在10年内全部重返工作岗位。他探索实践了“维权建议书”制度，先后向企业行政发出“维权建议书”320余份，得到了企业的积极回应。他写下了50多万字的工会工作日记，详细记载了职工的生产生活、意见呼声以及他开展工会工作的体会。他详细掌握了公司300多名职工个人及家庭等情况，经常到退休职工和困难职工家中问寒问暖。他淡泊名利，一身正气，虽然一直享受普通员工的工资待遇，但却从未向企业和上级工会提过待遇问题。多年来，他先后8次放弃工作调动的机会，始终坚守在工会主席岗位上，把工会工作当作执着追求的事业。

向王远文同志学习，就是要学习他服务科学发展、主动维权的坚定信念，坚持把职工维权融入推动企业发展、促进劳资关系和谐的具体实践，心系全局，积极作为，充分发挥工会作为党联系职工群众桥梁纽带的作用，在改革发展稳定中作出工会应有的贡献。就是要学习他无私无畏、依法维权的卓越胆识，不计个人得失，忠诚履行职责，始终坚持运用法律武器为职工说话办事，切实维护好职工的劳动经济、民主政治权利和精神文化权益，进一步提高工会维权工作实效。就是要学习他善于沟通、科学维权的工作方法，勤奋学习，多谋善思，悉心把握工会维权的时代特点和规律，不断提升工会维权工作的科学化水平。就是要学习他心系职工、服务职工的优良作风，时刻把职工群众的安危冷暖放在心上，心为职工所想，情为职工所系，利为职工所谋，满腔热忱地为职工办实事、做好事、解难事，真正成为职工群众的贴心人。

第11篇 工会主席的运筹艺术

一、运筹工作的艺术

工会主席的工作涉及面广、事务繁杂。担任同样的职务，做同样的工作，有的工会主席领导效率很高，有的效率就很低，其主要原因就在于运筹谋划不利。所以工会领导者要善用运筹艺术，提高处理日常事务、解决实际问题的能力。

（一）制订工作计划、进行统筹安排

凡事预则立，不预则废。工会工作是一项系统工程，与内与外都有广泛的联系，这就需要工会主席对方方面面的工作进行统筹安排，制订周密的计划，从而保证预定的工作任务能够顺利完成。

制订计划一般应该遵循以下原则：一是实事求是原则。任何计划的制订都不能脱离客观实际，都必须符合客观规律。二是系统性原则。在制订计划时，要注意处理好系统与系统之间、系统内部各个环节和各个要素之间、系统与外部环境之间的关系。三是平衡性原则。制订计划是为了使工作稳步发展，所以要注意平衡各方面的关系，但也要注意突出重点。四是效益最大化原则。制订计划要以取得最大的经济效益和社会效益为目标，争取以最小的人力、物力和财力取得最大的效益。五是民主监督原则。工作计划的制订与实施都要走群众路线。要动员群众、依靠群众完成计划所规定的任务，又要随时接受群众的监督。

（二）实行目标管理，计划落到实处

目标管理是现代管理学的一个重要管理方法。这一方法鼓励管理人员和职工一起参与制订工作计划和确定工作目标，计划约束与自我管理相结合，保质、保量、按时完成工作目标，保证整个计划的顺利实现。

实行目标管理要抓好四个环节：

第一，目标的制订要实事求是。目标体系一般由总目标、阶段目标和个人目标组成。目标的制订要有一定的定量指标，使其具有可操作性，而这一指标的确定一定要符合实事求是的原则：一要将总目标进行层层分解，落实到各级部门和具体的个人，并明确责任；二要注意定量的目标不宜过多，且要分清主次；三要注意制订适当的目标量度标准，将其控制在本人能力所及的范围内，但又要略高于本人能力，使之富于挑战性。

第二，计划的执行要不折不扣，而完成目标的方法可以多种多样。总目标制定并分解到各级下属单位和个人后，就应该给予他们相应的自主权，允许和鼓励他们发挥聪明才智与积极性，想方设法创造性地完成工作任务，实现工作目标。同时，工会主席也要加强指导、管理和全过程监督，以保证总目标的顺利实现。

第三，成果的评价要恰如其分。在总目标、阶段目标、每个具体目标完成后，都要进行成果评价。在具体方法上，既可以是自我评价，也可以是民主评价，还可以在最后由上级工会对完成预定目标的情况进行综合评价。评价实行定性分析与定量分析相结合的方法。

第四，最后的结果要赏罚分明。由于在分解计划目标时，已将其与各部门和个人的责任制挂钩，因此在成果评定之后，一定要落实具体的赏罚措施，做到言必行、行必果。奖罚方式可多种多样，目的是鼓励先进，鞭策后进，共同做好工作。

（三）调动集体力量、发挥整体效能

个人的力量毕竟是有限的，作为工会工作的领导者，工会主席要善于发挥整体优势。众多的人齐心协力，共同攻关，效率会更高，所以工会主席要注意充分发挥团队的力量。

1. 要建立合理高效的组织结构

领导班子要遵循一定的原则进行组合，搭配合理，组合得当，加上各安其位，各司其职，各负其责，相互支持，共同努力，其效率自然会高。一般说来，一个有着高效组织结构的领导班子往往具有人数适中、人员精干、权责分明、搭配合理、结构稳定、适应性强等特点。

2. 要增强组织的凝聚力

工会组织是一个群众团体，其凝聚力的强弱直接影响工会职能的发挥。凝聚力越强，工会会员的士气就越旺盛，对组织的认知程度就越高，争取实现组织目标的意愿就越强，在创新精神方面也会有超乎寻常的表现。

3. 要知人善任，学会授权

工会主席要善于发现职工群众中有文体特长、有工作能力的人才，根据他们的特点安排合适的工作，做到人尽其才、才尽其用，同时还要学会授权，将权力下放，调动干部群众的积极性。当然，授权并不意味着完全放任。虽然授权后尽量不要常常干预掣肘，事无巨细样样过问，但是也不能完全放权，要随时运用指导权、检查权、监督权和调整权。

4. 要精诚团结，相互配合

工会主席在组织活动和安排工作时，常常会涉及其他部门，因此工会主席要努力寻求各部门的配合与协作，各方面协同作战，从而顺利圆满地完成各项工作。比如在进行女工工作、青年工作时，就可以争取妇联、共青团的支持配合。

5. 要经常沟通，善于协调

工会主席是工会组织的负责人，需要面对错综复杂的关系。有组织之间的关系，有人与人之间的关系。由于这些关系都是在一定的利益基础上形成的，在工作中难免会出现矛盾与冲突，降低工会工作的整体效能。因此，工会主席一定要注意经常性地保持与其他组织与个人之间的信息沟通，尽量开展面对面的交流，避免出现误会，造成“内耗”；同时注意协调好本组织内部上下级关系、各部门关系以及与会员群众的关系。

（四）讲究领导艺术，提高工作效率

工会主席开展工作时，要遵循一定的基本原则：一是理论与实际相结合，二是密切联系群众，三是一般与个别相结合，四是抓主要矛盾、兼顾一般。工会主席要掌握常用的理事艺术。所谓理事艺术，指的是领导者在日常工作中，根据实际情况处理问题的技巧，是领导者运用科学思维方式对实际工作经验进行提炼、加工与升华后的结果，是领导者实践能力和创造力的具体体现。下面介绍几种常见的理事艺术。

1. 分层领导，合理分工

工会也是一个组织系统，是一个自上而下的权力体系，每个层次都有自己的权力范围。工会主席要了解自己在整个体系中的位置，充分了解自己的职责所在。同时对权力的分配也要有合理的分工。在进行分工时，首先要本着责权一致的原则，在给予一定权力的同时也赋予其相应的责任。其次要有适当的分工。给下属授权时，既不能过轻，使其无法全部发挥自己的能力，也不能过重，超出其能力范围。再次是对于一些涉及多个部门的工作，要指定一个主要负责人，同时工会主席要做好全面协调的工作。

2. 注重实效，尽其本职

工会主席是工会的领导者，带领工会成员搞好工会的建设是其职责所在，但是工会主席也不一定要事必躬亲。在一个领导机构中，管理者一般分为三个层次：上层领导者主要是进行战略决策，中层领导者主要是从事日常管理，下层领导者是在现场进行指挥。每一层次的领导者都要尽到自己的职责，这样才能保证系统高效率地运转。

3. 考虑周全，三思后行

作为领导者，工会主席在遇到问题时切忌感情用事，尤其是在处理涉及全局的重大问题时，更要谨思慎行，反复权衡利弊。在一般情况下，经过周密的思考，似乎有些迟缓作出的决定往往会比草率作出的决定正确率要高。工会主席一方面要站得高、看得远，胸怀全局，把握事物的发展趋势，确信延缓决定并不会带来严重不良的后果；另一方面要善于权衡利弊，善于取舍，不为一时的小利所迷惑。

4. 扬长避短，发挥优势

所谓“尺有所短，寸有所长”，工会主席在工作中要善于发现本单位、本部门以及个人的长处与短处，在具体安排工作或提出要求时，要根据各自的特点，尽量发挥优势，做到人尽其才，物尽其用。

5. 量力而行，尽力而为

领导者要提高工作效率，顺利完成任务，先要搞清楚两方面的情况：一是自己的实力怎样，二是是否具备必要的客观条件。在核准了自己的实力与潜能的基础上，充分利用现有的条件，量力而行；同时积极创造条件，尽最大可能地挖掘自身的潜力，发挥主观能动性，尽最大努力取得最理想的成绩。

6. 掌握尺度，赏罚得当

讲究绩效是现代管理方法的一条主要原则，工会主席在安排具体工作时，既要明确权力与责任，也要明确绩效的考核措施，并且做到言必信、行必果，令出必行。当工作取得成绩时，要设奖行赏。要本着及时、准确的原则，选择那些为人们所公认、所佩服的真正的先进分子，及时予以奖励。奖励的标准、范围要适当。在实行惩罚措施时，也要注意几点：一是要及时，以眼前的危害教育大家，防止类似的失误继续出现；二是不能出于个人偏见，以一己之好恶作出是非判断；三是不能搞“长官意志”，滥施惩戒，否则会引起职工群众的反感，造成对立情绪，不利于开展工作。

7. 待人要宽，对事要严

所谓领导效率，讲的是领导者工作的效率，讲究的是对事不对人。现代管理理论强调以原则为中心，以良知为导向，认为人比事更重要。工会主席是做人的工作的，对人一定要宽容。当下属有不同意见时，如果是正确的，就应该接受；如果意见一时难以统一，也要允许其保留不同意见。即使听到的是一些偏激之辞，也要有“能容百川”的雅量。当然，宽以待人并不意味着对工作放松要求。当工作出现失误时，该处理的就要处理。

8. 善于控制，敢于负责

工会主席是工会的主要领导，要着力抓大事，抓主要矛盾，对解决问题的计划和措施的具体落实情况要做到胸中有数，并能够全程实施有效的控制。同时，在出现问题时要敢于负责，不能由于怕担责任而左顾右盼，贻误解决问题的时机。

二、运筹时间的艺术

有效的领导者不是从他们的任务开始，而是从掌握时间开始。对于一位工会主席来说，掌握支配时间的能力才是他成功的起点。时间就像一列火车一样，在既定的轨道上飞速行驶，永不回头，我们无法阻止时间的脚步，只能看着时间从我们身边远去。但是，我们可以把公平地赐予我们的时间充分地利用好，抓紧每分每秒的时间，投入高效率的工作。

（一）时间都去哪儿了

在日常工作中，我们常常看到不少工会主席忙于具体事务，不能有效支配自己的时间，没有时间去抓那些职工群众急需解决的、涉及职工具体利益的重大问题，没有时间埋头学习，没有时间深入基层调查研究，更没有时间为领导决策提供重要的参考建议，每天都被一些具体事务或会议包围着，忙得不可开交。特别是基层工会主席，常常感叹自己的时间不够用，被繁重的工作压得喘不过气来。正因如此，面对越来越艰巨的工作挑战，工会主席特别需要提高自己运筹时间的艺术以及管理时间的能力，做到合理地安排时间、有效地利用时间，提高工会工作的水平及效率。

工会主席的时间管理能力，主要是指工会主席能够科学、合理、灵活地利用时间，能够对时间有一个科学的认识，挤出足够的时间去处理事关全局的大事，并适当过问次要事项，使工会工作与全局工作和谐同步、全面发展的能力。

善于管理时间的工会主席往往具有以下特点：一是时间观念极强，按时间表行事，办事讲究准时；二是在工作中讲究效率，力求在最短的时间内完成上级交给的工作任务；三是计划性强，合理安排工作的顺序，以求达到最高的效率和最佳的效果；四是以竞争为荣，以奋斗为乐，不安于现状，积极进取，与时俱进。

（二）工会主席要学会管理时间

工会主席不仅要认识到时间的重要性，还要进一步提高运用时间的科学性，学会管理时间，主要从以下方面着手：

1. 遵循时间管理的原则

一是目标原则。目标管理是现代领导科学的一个基本法则，其具体要求之一就是要按时完成预定的目标。要做到这一点，就必须要根据计划和所要实现的目标合理地安排和运筹时间。遵循目标原则，实现目标的时间限制，一方面可以减少时间的浪费，少走弯路，少做无用之功；另一方面可以增强领导者的时间观念。确定目标并有时间的限制后，会给领导者造成一定的压力，而压力又可以转化为动力，促使领导者在实现目标的过程中最大限度地利用时间，有效地运筹时间。

二是有计划的原则。时间就如同财产一样，也需要有计划地管理。工会主席在管理时间时，最忌讳的就是在工作中没有计划。一位有计划、有目标的工会主席，通常会制订工作计划表，列出长远计划和目前计划。同时目标和计划都应符合工会工作的实际，具有可行性，否则目标不能实现，计划也就落空了。

三是效率至上的原则。管理好时间的一个重要原则就是效率原则。效率原则就是“用最少的时间做最多的事情”。工会主席要最大限度地提高时间利用率。效率至上的原则主要包含两方面含义：一是在一定的时间内，精力要集中，工作要见成效；二是要抓住关键时机，使工作见成效。

2. 掌握管理时间的方法

作为工会主席，不仅要珍惜时间，还要学会管理时间。研究表明，成功的领导者都是支配和管理时间的高手。他们一方面能够科学地安排时间，减少时间的浪费，从不虚度光阴；另一方面能够注意在有限的时间内提高自己的工作效能。因此，工会主席要掌握管理时间的方法，才能提高管理时间的能力。具体来说，管理时间的方法主要有以下几种：

一是集中支配法。工会主席要集中主要精力，利用有限的时间去做最重要的事情，切忌不分轻重缓急，全面出击。上班时间是工会主席要重点把握和支配好的时间，要高效率地利用上班时间。上班时间可能充满了工作、文件、会议、突发事件，工会主席要尽量摆脱工作之外的干扰，将主要精力用来处理当天最重要的事务。此外还要通过分析，找出自己的最佳精神状态，尽量把最重要的工作安排在精力最旺盛的阶段，提高工作效率。

二是分类安排工作法。工会主席的具体事务很多，为了抓住关键环节，收到事半功倍的效果，就需要精心安排好自己的时间。时间安排可以分为两种：一种是某个时期的计划，包括一周、一个月、一年甚至几年的计划。这种计划只能是粗略的，即大体用多长时间，做好几件重要的事情，对每件事项都制定完成时间。另一种是每天的时间表，这种时间表要制定得详细一些。同时要注意以下几点：第一，把必须参加的活动时间预

制胜法则

领导者管理时间的11条金科玉律

- 养成做事的迫切感
- 抓住重点
- 严格规定完成期限
- 把握零碎时间
- 第一次做好，追求零缺点工作
- 善于授权
- 学会放弃
- 不必过分追求完美
- 今日事今日毕
- 保持时间运筹上的弹性
- 自控法则

留出来，如会议等；第二，适当安排到基层活动的时间，包括调查研究、家访、与职工座谈等；第三，要定期检查下属工作的完成情况；第四，要规定每一件工作的完成期限，加强紧迫感，促使自己抓紧时间。

三是成本计算法。对时间的支配也要计算成本，避免做一些劳而无获、得不偿失的事情。要根据工作的性质和所需工作量的大小来计算所确定的时间是否符合实际所需，或所用的时间是否合适，计算时间的单位尽量要小一些，以督促人们抓紧时间工作，减少时间成本。

3. 善用管理时间的技巧

许多工会主席都感叹自己终日忙忙碌碌，可工作成效却不大，究其原因，固然与工作繁杂有关，同时也与不能有效管理时间有关，因此工会主席应努力提高管理时间的能力，善用管理时间的技巧，这对于提高工会主席的工作效率是非常重要的。

一是制订合理的工作计划，主动支配时间。工会主席在繁杂的日常工作中，如果能有一个良好的工作计划和工作方法，就能大大地提高自己的工作效率。如果他能将每日的工作效率提高一倍，那也就会多一倍的成功概率，而工作效率的提高并不是难不可及的，只要不断地积累经验，善于总结，就可以摸索出一套适合自己的工作方法。一般来说，工会主席要做到主动支配时间，就必须制订合理的工作计划，工作计划可以分为三种，即短期计划、中期计划和长期计划。

短期计划包括从现在起的半年内的计划，中期计划是半年到两年内的计划，长期计划是两年到十年内的计划。短期计划的制订，需要有三个步骤：首先，将短时间内需要完成的工作确定下来；其次，把所有的工作都排列起来，重要的排在前面，次要的排在后面；最后，把各项工作安排到每日的日程表中去，日程表的制定是为计划服务的，完成每日的日程表，那么计划也就完成了。有些工会主席无论工作多么忙碌，总能将其安排好，逐一完成，就在于他们灵活地安排了自己的日程表，即：以重要的事情为中心；将相互关联的工作归类在一起；工作的安排适应自己的生物钟周期；准确估计完成工作的时间；对日程表中没有的事项适当予以控制；

非常注意掌握开会的时间及与来访者的会面时间。

中期计划的时间范围是半年到两年内。中期计划的完成需要更长的时间，因此在短期计划的基础上，要将眼光放长远一些，根据预定的目标，逐项进行安排。

长期计划的时间跨度更大，但它要以短期计划和中期计划为基础，合理安排好时间，分期完成计划。长期计划的完成，需要每一位有工作责任感和事业心的工会主席付出不懈的努力和长期的坚持，任何中途的犹豫和退缩都不能完成长期计划。

二是将日常事务进行分类，合理安排时间。工会主席既要完成工会工作的目标，又要协助党委和行政做好各项工作，工作内容多，涉及面广，但在处理这些日常事务时，可以将繁杂的工作分为四大类：第一类是重要而急需解决的事情，比如涉及企业生产以及职工具体利益的一些重大原则问题或突发事件，就要抓紧时间，重点处理；第二类是重要但不十分紧迫的事情，对这类事项，思想上要予以重视，并制订切实可行的计划，保证安排足够的时间去处理；第三类是虽然紧迫但并不十分重要，这些事情往往是由于一些外在因素所造成的错觉，如紧急召集的一些不必要的会议、不速之客的造访等；第四类是既不急迫又不重要的事情，比如办公室的闲聊及无谓的应酬等。因此，只有将日常事务分类管理，并按照轻重缓急合理安排时间，才能有效地提高工会工作的整体水平。

三是节约时间，避免浪费。如何有效地节约时间，防止时间的浪费，是提高工会主席时间管理能力的重要方面。节约时间是要求全方位地进行节约，无论是在个人生活，还是在工作中，都存在浪费时间的现象。时间的节约会因人而异，有的人能够巧妙地节约下大量的时间，而有的人虽然有时间观念，却总也赶不上时间的脚步。这是由个人不同的素质所决定的。例如惰性就是原因之一，如果一个人惰性很大，虽然有强烈的时间意识，但如果惰性占了上风，同样是时间的落伍者。

在现实的工会工作中，浪费时间的因素主要有以下几个方面：一是过分注意琐碎的事情。在时间的支配上，细心是优点，但在工作上过分注重琐碎的事情，求全责备，就会导致大量时间白白浪费。二是外部的干扰。在很多情况下，完不成预定目标，就是因为受到的干扰太多。综合起来，所有的干扰不外乎有三种情况：来自上级的干扰，来自下属或同事的干扰，来自外来客人的干扰。这些都需要工会主席运用灵活而又智慧的方法予以解决。为了避免时间的浪费，更好地节约时间，工会主席要充分利用现代科技的发展给办公带来的方便、快捷与现代化的有利条件，不断提高自己的工作效率，能打电话就不必写信，能录音就不必记录，能发传真就不必邮寄，能复印就不必手抄，能用机打就不用手写，能发电子邮件就不用邮政传递，等等。此外，还可以充分利用既节省费用又节约时间的电视会议和网络办公。

此外，工会主席要在实际工作中节约时间，避免浪费，还有以下方法可以借鉴：一是保持办公环境有条不紊。工会主席要将办公室布置成一个高效率的场所，将办公室划分为三个空间：工作区，即每天执行工作的区域；贮藏区，即存放所需资料或文件的区域；接待访客区，即接见来访客人及交谈的区域。二是善于委托权限工作。一个人的能力和时间是有限的，工会主席要善于委托权限，将一部分工作委托给下属去做，既可以调动他们的积极性，也可以将自己的时间集中起来投入到更重要的工作中去。三是提高自己听、说、读、写的速度，这是一个高素质的工会主席必备的能力。无论是处理大量文件、开会还是下基层调研，都需要工会主席具备全方位的政治理论和文化素养，只有这样才能实现工作的高效率，并在实践中节约时间，避免浪费，增强时间的有效性。

三、运筹会议的艺术

工会是群众性组织，通过各种会议传达党和政府的方针政策、布置任务，动员群众实现近期的工作目标和远期的工作规划，这些都是工会主席的日常工作，因此，工会主席要经常组织会议。同时由于工会是广大职工利益的代表，许多会议也都会邀请工会领导参加。由于工会的兼职干部多，专职干部有限，因此过多的会议也成了工会干部的负担。同样是开会，有的会议效率高，有的会议效率低，而影响会议效率高低的主要因素就在于领导者是否掌握了开会的艺术。

（一）明确会议召开的必要性

每位工会主席可能都有过这样的体会：明明知道有的会议实属形式主义，根本解决不了实际问题，却不得不参加；明明知道有的会议以“拖沓”见长，却不得不忍受。无论是何种会议，都是需要一定的时间的。人们常说，时间就是生命，如果随意浪费自己的时间，无异于自杀；而随意浪费别人的时间，则无异于谋财害命。所以不论是哪一级的领导，在参加或召集会议之前，都应该问一下自己，这个会议是否必需，能否以其他更为简单的方式达到目的。

会议的实际功能主要有以下几种：一是为了寻求有效的沟通；二是为了解决实际问题；三是为了处理突发事件，进行危机管理；四是领导者为了显示自己的身份和地位；五是为了对工作成绩突出的人员进行嘉奖，以资鼓励，或对犯有过错的人员进行惩戒，以儆效尤；等等。鉴于会议功能的多样性，我们不能对所有的会议都持一种简单否定的态度。一般来讲，会议实际上有两类，一类是参加别人召集的会议，一类是自己负责召集的会议。对于前一类会议，我们不能一味抵触，因为也许召集人确实有一些需要及时与大家沟通的信息与问题，而且会议的内容也未必与自己的工作毫无关系。工会是职工利益的代表者和维护者，工会主席要在各种会议上代表职工说话，注意收集与职工相关的信息。至于后一类会议，由于召集会议的主动权在工会主席自己手里，因此可以根据所要传达的内容来决定是否一定要召集会议。如果会议的目的仅仅是为了沟通某些信息，就不一定把很多人召集来开会，可以采取书面通知或电子邮件等形式。当然如果你想及时知道人们的反应，或者要向人们提出问题并迫切需要得到解答，开会还是必要的。

当有危机发生时，要及时召集有关人员开会，对问题进行分析并提出化解危机的方案。如果由于时间过于紧急来不及开会，至少也要通过电话或电子邮件的形式把情况及时通报给每一个重要人员，然后再抽出时间碰头讨论如何化解危机。

有些会议的策划者企望通过组织会议来强调自己的地位，这实际上是一种不太明智的做法。在强化组织机构的威信时，这种做法也许会有效，但是如果这种会议太多太滥，也容易使人们产生抵触情绪，反而会降低领导者的威望。所以如果缺乏实质性的内容，仅仅是为了巩固自己的身份和地位，这种会议还是少开为妙。

（二）做好会议的准备工作

作出开会的决定之后，下一步就要做好相应的会议准备工作。

一是确定会议的议题。一个会议一定要有一个明确的主题，切忌漫无边际、毫无目的，或者只是为了应付差事而搞形式主义。

二是确定会议的参加者。其原则是必要、精干。人员过多，不仅难于控制、增加成本，而且也不利于展开交流、提高效率。

三是把会议的议题通知与会者，使之根据议题做好发言与交流的准备，这样可以节省思考时间，并紧扣会议主题。

四是确定会议的程序。不能到会议开始时才考虑会议的议事日程，而应该在会前就把会议的日程安排和解决问题的程序确定下来，这样会议才能有条有理，不会杂乱无章。

五是确定会议的时间和地点。要本着经济的原则，视会议的内容尽量选择大家都方便的时间，选择便于到达的地点。如果单位之间距离较远，就要选择一个中间地带。

六是计算会议的成本。召集任何会议都是有成本支出的，而这一点常常被人们忽略。如果一个会议只是为了解决一个如何节约数千元的问题，结果却为此花费了数万元的经费，这肯定是不划算的，是极大的人力和财力的浪费。

随着现代科技的发展，许多现代化的通信工具为人们传达信息提供了极大的便利条件，有些会议也可以采取电视电话会议、QQ 群、微信群的形式，既可以节约大量的时间，又可以降低会议的成本。

（三）做好会议的组织工作

会议的组织既是一门科学，也是一种领导艺术。工会主席要经过长期的摸索，积累了一定的经验后，才能掌握组织会议的窍门，主持会议时才能做到驾驭自如、张弛有度。如果是参加别人召集的会议，要事先做好充分的准备并准时到会。如果是自己主持会议，就要注意以下几点：

1. 要明确会议纪律

纪律涣散，也是导致会议效率低下的重要原因，所以必须严肃会议纪律。其一，要在会前强调准时到会，并准时开会。不能以等候迟到者来惩罚准时到会的人，这不仅浪费大家的时间，而且对守时的人也是不公平的。其二，要强调会场纪律。在会议进行过程中，不准犯自由主义，私下交谈一些与会议无关的话题。其三，既不能迟到，也不能无故提前退席。

2. 要紧扣会议主题

会议的组织者要在开会伊始对会议的议题再次加以明确，同时还要对与会者提出一些具体要求：第一，事前要做好准备，发言要准备充分，不能信口开河、云山雾绕、离题太远、言之无物。第二，要有效利用时间，集中精力解决问题。第三，态度要明确，不能模棱两可、含糊其词，或者人云亦云、毫无见解。第四，要发扬民主，不能搞一言堂。开会是一个比较有效的沟通渠道。所谓“会议”，有会有议。组织者要让每个与会者都充分发表自己的意见，不要在别人发言时随意插话，或打断别人的发言；不要在别人发言时离开或与他人谈论无关的话题；不要固执己见或对别人的观点进行猛烈攻击；如果出现分歧，就应该尽量在充分讨论的基础上形成统一的看法，并在会上形成主要的结论；暂时无法达成一致的，也应该允许保留意见，找机会再进行讨论，但是对已经形成决议的条款要坚定不移地执行。

3. 要掌握会议节奏

开会也是一门学问，会开得成功与否，与会议主持者的领导水平密切相关。

一是要安排好议题的次序。一般都是从轻松简单的问题开始，逐渐过渡到解决难度较大的问题。

二是要善于调节会场的气氛。在会议的进行过程中，往往会出现许多事先预想不到的情况。常见的有以下几种情况：偏离主题、发生冲突、出现冷场。对于偏离主题，需要会议的组织者善于引导人们的思维，根据具体情况及时把话题转到主题上来，保证会议顺利进行，对于发生冲突，会议的组织者要根据争执的起因加以协调。这里应注意要多做化解矛盾的工作。会议的组织者应避免直接参与到争论中，或有意偏袒一方、打击另一方，那样会引起矛盾的激化，有悖协调的初衷。对于出现冷场，会议的组织者要出来“救场”。“救场”的方式有吸引法、启发式、幽默法等。通过以共同关心的问题吸引与会者的兴趣，让准备充分的人率先发言，启发人们的思考，以轻松有趣的话题，缓和一下气氛，就会使“冷场”的局面得到改观，使会场的气氛活跃起来。

三是要对各种意见进行总结，得出一些结论，以达到思想统一，同时明确每个与会者所要承担的责任和任务。

四是要按时结束会议。每个人都有自己的一份工作，而且都把有限的时间划出一部分用来参加会议，所以会议的组织者不应该滥用这些时间。一般应把会议安排在上午，并在午前结束，以免占用午间短暂的休息时间；在下午开会则应避免占用下班时间。会议完毕应立即结束，不要拖泥带水，尤其是一些单位和部门的例会更应如此。已经讨论完所有的议题后，就应该解散，使与会者尽快回到工作岗位上。

（四）做好会议的善后工作

每次会议结束后，还有些工作要做。首先要对会议的记录进行整理，将形成的决议分门归类，将要做的事项分派到人，并规定完成任务的最后期限；其次要对决定的贯彻情况进行有效的监督，使会议取得实效，而不是走过场，同时也为下一次会议做准备。也就是说，可以通过全程监督了解任务完成的情况，在下次会议上要对没有完成任务的原因进行查询，并继续监督，直至工作全部完成为止。最后要在工作中对会议决议的内容适用性随时进行观察，以便在下次会议上提出补充、修改和完善的建议。

第12篇 工会主席的应变艺术

工会工作内容繁杂，千变万化。应变是指工会主席能够适应形势的变化，针对各种突发情况，精于筹划，从而摆脱困境，争取主动，获取成功。对于工会主席来说，应变不是见风使舵、投机取巧，而是工作的原则性和灵活性的辩证统一，不是玩权弄术、搞阴谋诡计，而是远大目标与具体方法的有机结合。

一、什么是应变艺术

（一）应变艺术的基本要求

应变是领导艺术中最常使用也最难驾驭的一门艺术，善于应变是一个领导者成熟的标志和表现。掌握应变艺术，必须做到如下几点：

1. 要有辩证的思想方法

工会主席面对一个复杂多变的世界，处在矛盾的交叉点上，只有看清事物的本质，才能应付各种变化，而辩证的思想方法提供了洞察矛盾的金钥匙。因此，具备辩证的思想方法是应变的前提。要用多样性的观点看问题，力求全面，防止片面；要用动态性的观点看问题，力戒僵化，防止刻板；要用差异性的观点看问题，具体情况具体分析，防止以偏概全。

2. 要有灵活的工作方法

工作方法如同渡河之舟，是完成任务的根本途径。灵活的工作方法体现在不唯上、不唯书、不唯风、只唯实。所谓不唯上，就是对上级指示要结合本地实际创造性地贯彻执行，不能照搬照抄照转；所谓不唯书，就是对经典理论要联系实际给予具体化的理解，不能迷信“放之四海而皆准”；所谓不唯风，就是对时髦的社会风潮作科学分析，不能盲目地赶浪头、出风头，避免栽跟头；所谓只唯实，就是要一切从实际出发，根据实际情况决定工作方针。《孙子兵法》上讲：“兵无常势，水无常形，能因敌变化而取胜者，谓之神。”这可以说是对灵活的工作方法的最好注释。

3. 要有审时度势、通权达变的应付技巧

这是应变艺术的具体运用，是一个领导者智慧和意志的集中体现。克劳塞维茨说：高超的智慧加普通的勇气，远比出众的勇气加普通的智慧有更大作用。领导者的高超智慧用之于应变，就是要善于抓住时机，掌握“火候”。时机的出现，是必然中的偶然、共性中的个性，只有善于捕捉，才能抓到，而“火候”更是一种凭借千百次的经验观察到的决定于本质的外部现象，它稍纵即逝，早则不及，晚则失掉，必须精于观察，相机而动，才能握住。掌握应变艺术，需要不懈努力。领导者必须苦心揣度，刻苦磨砺，力争达到“运用之妙，存乎一心”的境界。

（二）必须具备一定的应变能力

出色的应变能力是工会主席的重要素质之一。现实的工会工作中，一切都处在“变”的状态下，工会主席更要学会山崩于前而面不改色，以“不变”应“万变”。工会主席具备良好的应变素质，不仅是个人领导魅力的体现，而且有利于树立良好的工会形象。

在危机面前，面不改色、镇定从容、认清形势，是一个领导者应具备的基本品质。认清形势，才能作出正确的计划和应变措施，这对接下来的情形逆转都有着不可估量的作用。良好的应变能力包括：

1. 敏锐的洞察能力

正确地发现和提出问题，是成功解决问题的一半。工会主席要拥有高于常人的洞察力，看到别人看不到的地方。

2. 准确的判断能力

准确的判断能力是应变能力的基础，需要工会主席掌握大量的信息、具有丰富的知识积累，在准确理解问题的基础上，把握事件发展的趋势。

3. 敏捷的反应能力

敏捷的反应能力是指人在思维过程中，当机立断和及时解决问题的能力，这种能力是应变的基本功。敏捷的反应不仅讲时间，也要讲适时和时机。多数情况下，解决问题不止由速度决定，还要看“适时”和“时机”。

4. 科学的思维能力

科学的思维能力是指工会主席运用现代科学思维方法和手段，正确认识领导活动的特点和规律，形成科学的领导决策，合理高效地实现领导目标的过程。

5. 超强的决断能力

优柔寡断、患得患失、瞻前顾后、举棋不定这都会导致决策的失误，而超前的决断能力意味着杜绝这现象的发生。

6. 巧妙地借“势”能力

顺应时势。就是工会主席依据客观情况的发展和变化，顺乎客观规律和时代的发展趋势。认清现实中的有利条件和不利条件，明确企业位置、机会和威胁等要素，顺势导利。

7. 超常的镇定能力

工会主席的临然不惊来自其良好的心理品质，如果在紧要关头表现得惊慌失措，那么理智的思考、正确的判断和合理的布施就将无法进行。通常，工会主席超常的镇定能力可以通过以下途径获得：

一是提高自身素质。包括社会适应能力、社会认知能力和心理承受能力。素质好，应变能力才会强。知识渊博、经验丰富、智慧过人，才能对突发事件作出迅速而灵敏的反应，妥善处理事件。

二是学习各种应变的方法和技巧，并根据问题、情况的不同，灵活运用应变方法和技巧。

三是勇于实践。对工会主席来说，只有拥有应变能力，才能妥善处理危机。应变能力的获得，不会一蹴而就。这需要工会主席重视日常经验的学习和累积，勤于修炼，只有这样才能使面临危难的企业转危为安。

（三）居安思危，防患于未然

产生危机的原因往往是多种多样的，并具有很大的偶然性和随机性，它可能在某一天因某件事或某个人引发。但是，危机的产生却有一个从“准备期”到“爆发期”的变化过程。也就是说，任何危机的发生都有预兆性。正所谓“冰冻三尺非一日之寒”，如果工会主席有敏锐的洞察力，能根据日常收集到的各方面信息，预测到可能面临的危机，并及时做好预警工作，采取有效的防范措施，就完全可以避免危机的发生或降低危机的损害和影响。因此，要想防患于未然，就必须做到以下几点：

一是树立积极的危机意识。对于工会主席而言，妥善处理危机，首先要对危机有透彻而深入的认识，树立危机意识。

二是预防是解决危机最有效的方法。对于工会组织而言，预防危机的难度在于危机的先兆不明显，不容易被人们察觉，也可能是危机从出现先兆到爆发相隔的时间极短，令工会主席无暇顾及。因此，预防危机要从工会组织建立的那一天起就着手进行，并伴随工会组织的发展长期坚持。

三是成立专门的危机管理小组。小组需包括安全、生产、后勤、人事等部门的人员，因为这些人对组织具有控制能力，可以很快决策并使其有效执行。

（四）当机立断，迅速控制事态

危机发生后，想及时控制危机，就要求工会主席当机立断，迅速遏制事态的发展。那么如何控制危机的事态呢，根据不同的情况，有以下几种方法可选择：

1. 心理控制法

事实证明，不论哪类突发事件发生，都会对职工群众心理产生相当大的冲击和压力，使绝大多数人心绪不稳、思维混乱、不知所措。一处理不好，人们的心理和行为就可能朝不利于事件妥善处理的方向发展。所以，领导者要以“冷”对“热”，以“静”制“动”，减轻职工群众的心理压力。

2. 釜底抽薪法

参与突发事件或被卷入突发事件的职工群众，大都事出有因，情绪会比较激动。因此，工会主席和在现场工作的人员绝对不能火上浇油，绝对不能激化矛盾，这才是标本兼治之道。

3. 组织控制法

组织控制有两个方面的内容：第一，对于一般性的突发事件，要严密组织、双管齐下，既要防止事件扩大，以免波及其他地区，又要控制受影响地区，不使负面影响加深。第二，对群体性的突发事件，一要在组织内部和广大职工群众中迅速进行正面引导。二要迅速查清突发事件的主要人物，进行重点控制。

二、如何应对突发事件

突发事件是指那些事先难以预料、突然急促发生且对社会造成重大影响的事件。突发事件的频繁发生，往往会给经济社会发展、人们的生产生活和工作带来严重影响。工会作为工人阶级的群众组织、党的重要群团组织，理所当然地要在预防、处理突发事件中发挥重要作用，最大限度地使职工群众的利益免受或少受侵害。

（一）应对突发事件的原则

所谓应对突发事件的能力就是指工会主席对那些事先难以预料、突然急促发生且对社会造成重大影响的事件，根据实际情况和客观条件变化，及时采取相应对策的本领。应对突发事件的能力实质上也就是工会主席面对突发性复杂情况的应变能力。这种能力的类型如以性质划分，包括应对政治性突发事件的能力、经济性突发事件的能力、社会性突发事件的能力，以及有些危害性突发事件的能力等。

工会主席面临的通常是社会性突发事件，包括：事故灾害，如工矿商贸等企业的各类安全事故、交通运输事故、公共设施和设备事故、环境污染和生态破坏事件等；社会安全事件，如恐怖袭击事件、经济安全事件和涉外突发事件等；群体事件，如群体上访事件、群众聚众闹事等；人为因素造成的公共卫生事件，如食品安全、职业危害、医疗事故等严重影响公众健康和生命安全的事件等。

社会性突发事件一般具有以下显著特征：一是非常规性，它显然威胁到了现存的秩序，包括政治秩序、社会秩序、经济秩序。二是突发性，它要求迅速作出反应和应对，因此给决策者留出选择的时间很少，要求其在很短的时间内作出判断、作出选择、作出应对的策略。三是不可预测性，它何时爆发、缘于什么、怎么发展、走势如何，这些情况都很难判断。四是关注性，各种媒体信息海量流通并造成信息阻塞，使得小道消息和谣言盛行。五是危害性，它不仅使组织受到损害，而且严重威胁到公众利益和社会安全。因此，对突发事件的预测监督、控制、协调、处置等，便成为新形势下工会主席必须培养和掌握的能力。

处理社会突发性事件的基本原则如下：

1. 第一时间原则

突发事件通常都具有突发性、震撼性的特征，来势凶猛，整个事件的过程发展变化迅速，有时甚至无章可循或无先例参考，而且由于信息不畅或不全面，其发展与后果往往带有不确定性，难以预料。鉴于其巨大的破坏性、危害性和负面影响，危机事件一旦发生，时间因素就显得最为关键，工会必须配合党政部门在事发现场采取一系列紧急处理手段，及时控制危机事态发展，而且越快越好。在社会突发性事件发生后，工会主席要尽可能第一时间到达第一现场，这会成为一个标志性的信号，不仅表达了工会应对危机的态度，甚至可以将负面新闻正面化，其象征性大于实效性。

2. 以人为本原则

突发事件的预防管理要始终坚持以人为本，把保障职工群众的健康和生命财产安全作为首要任务，减少突发事件造成的人员伤亡和危害。人的生命权是人与生俱来的权利，对人的生命权的尊重，是人类社会的一条基本公理。坚持以人为本，就是要做好预警防范工作，尽量防止突发事件的发生，以保护职工群众的人身安全和财产安全。当突发事件发生后，要通过应急处理程序，最大限度地保护、挽救最大多数人的生命安全，哪怕这样做要付出较大的成本也在所不惜。

3. 果断决策原则

在突发事件面前，工会主席不仅需要保持沉着镇静，不慌不乱，还要敢于决策、敢于拍板，决策要果断及时，不能拖泥带水，要敢于负责，敢于承担责任。这就需要经验、智慧、胆识和勇气。在紧急情况下，容不得太多的讨论和协商，否则就会贻误良机，不利于危机局势的控制。危机决策时需要坚持权力集中、结果优先、短期目标优先、强制执行、无等级协调和承担责任等原则。

4. 依法管理原则

在紧急状态下，工会主席可以不经过常规的管理程序，采取一些非常措施，以应对突发性事件。尽管如此，也需要按照法律法规办事，不能超越法律的范围，任意地采取措施。依法管理原则，一是指预防和处置群体性突发事件，必须以法律和法规为依据，而不能单纯依靠行政命令或长官的个人意志；二是当权力机关对某一突发性事件所做出的处置决定与法律规定相抵触时，法律具有否定权力的力量；三是防止权力的滥用，使突发性事件的冲突升温、扩大而被敌对势力所利用。

5. 统一协调原则

统一指挥是为了协调有序，协调有序是为了把个体、分散的应对突发事件的人力物力整合起来，从而发挥出整体的最大优势。如果没有协调就有可能出现自行其是的状况，不利于突发事件的处理。如何协调各部门和人员的力量，就显得十分重要。协调是有序行动的前提和保证，而有序行动并不意味着一起行动，而是按照各自的职责要求，有分有合，相互配合。

6. 科技支持原则

目前，现代科学技术的发展，不仅为突发事件的应急处置提供了先进的理论支持，还提供了坚实的技术、装备等支撑。因此，突发事件的应急处置必须坚持科技支持原则，进一步加强科学研究和技术开发，采用先进的监测、预测、预警、预防和应急处置技术及设施，充分发挥专家队伍和专业人员的作用，提高应对突发公共事件的科技水平和指挥能力。工会主席必须树立领先科技的观念，多听取专家、智囊团的意见，充分发挥相关领域专家的作用，以科学的知识和专业技术为武器，从而最有效地预防突发事件，在最短的时间内将突发事件的危害降到最低限度。

（二）提高应对突发事件的能力

1. 提高对突发事件的预测能力

预测是人们对客观事物发展趋势及自身活动可能产生的后果事先依据一定的方法作出的科学分析，预测能力就是这种科学分析能力。预测作为一种科学的预言，对于工会主席决策有着十分重要意义。预测能力强，就能准确判断和把握事物发展的客观趋势，顺势作出有预见性、前瞻性的正确决策，促使事物朝着有利于自身需要的方向发展，反之则亦然。突发事件的特点是随机性强、难以预料，这就决定了工会主席应对突发事件的首要前提就是要加强预测。工会主席提高预测能力应着力于以下四个方面：

一是不断增强责任意识、大局意识和忧患意识。工会主席要以对党、对人民、对职工群众高度负责的态度，对可能出现的困难和危险，做好充分准备，居安思危，善于通过成绩发现问题，通过小事调整大局，力争把问题消灭在萌芽状态，防患于未然。

二是培训和提高战略思维能力，增强应变本领。科学的预测需要有战略思维的头脑。所谓战略思维就是要在深化对人类社会、自然界等领域规律性认识的基础上，从战略上思考问题，善于在普遍联系中把握事物发展的趋势，从事物的不断变化中掌握事物发展的内在规律，使自身工作具有前瞻性和预见性。培养和提高战略思维能力，增强应变本领，最重要的是掌握科学的世界观和方法论，积累多方面、多学科的知识，同时努力增强科学判断和分析复杂形势的能力。

三是依靠科学和依靠群众相结合。预测是科学的预测，离开科学的预测就只能是主观臆想。工会主席要提高对突发事件的预测能力，就必须依靠科学。除了有相关的理论指导外，还要有丰富、准确的信息来源，以及党政和社会各方力量所作出的综合分析与预测。科学的预测还需要依靠职工群众。职工群众生产、生活在基层和一线，掌握着大量准确的信息。工会主席只有牢固树立群众观念，深入实际，密切联系群众，才能及时、准确地获取各种信息，注意及时发现突发事件的苗头，及早警觉和预防。

四是建立健全科学的预测机制。突发事件的预防，要靠制度和机制做保证。工会主席要结合工会工作实际，逐步建立健全突发事件报告制度、举报制度和信息公开制度等，要根据突发事件的严重程度，确定突发事件的“警戒级别”，并针对不同的“警戒级别”制订相应的应对突发事件的预案。

2. 提高对突发事件的处理能力

所谓突发事件的处理能力即是指对突发事件的控制、调处和解决的能力，它的核心是决策及其实施能力。处理能力是工会主席应对突发事件的最关键的能力，直接关系到突发事件能否被妥善处理。提高工会主席处理突发事件的能力应着力于四个方面：

一是提高抗风险意识和心理承受能力。突发事件初起时，往往来势汹汹，情势紧急，给人以威慑。对这突如其来的冲击，如果工会主席没有很强的抗风险意识和很强的心理承受能力，就会显得措手不及、惊慌失措。因此，工会主席在平时就应当注意对抗风险意识和心理承受能力的培养和提高，这包括树立坚定不移的理想信念，锻炼战胜困难的勇气和毅力，弘扬对党、对人民、对职工群众高度负责的精神等。这样在突发事件来临时，工会主席才可能做到思想上高度重视、心理上沉着冷静、行动上临危不惧、积极主动、从容不迫地加以应对。

二是要提高科学决策及实施能力。决策是作出决定的选择活动，它包括决策的研究制订和决策的实施两个过程。科学决策则是指领导者按照一定科学程序、依靠专家集体、运用现代科学思维方法和先进技术手段进行的决策活动。决策是处理突发事件的核心。科学决策的前提是正确判断形势。面对突发事件，工会主席应见微知著，审时度势，迅速、科学、正确地判断形势。要实事求是地分析和把握突发事件的实际状况、客观性质、发展趋势以及形成原因，准确地找出处理突发事件的焦点问题和关键环节，及时、果断地拿出切实可行的应对方案。为此，工会主席应采取专群结合的方式，及时准确地获取各种信息，善于借用“外脑”，发挥各种研究、咨询机构的作用，坚持民主集中制原则，提高决策的科学化程度。在决策实施中，既要坚定不移地贯彻执行党和国家的方针政策，又要善于依照宪法和法律从事工会活动，维护职工合法权益，保持社会稳定；既要充分运用应对紧急状态的领导权力，又要注意相信群众、依靠群众、建立群防群控的坚固体系。

三是要提高及时控制和有效处理能力。突发事件具有时间紧迫、危害较大的特点，因此，在突发事件发生后，就必须及时控制和有效处理，工会具有联系职工群众和善做思想政治工作的优势，在控制和处理突发事件中，应充分发挥动员组织和协调作用，积极宣传职工群众、组织引导职工群众，并主动配合与协调社会各方力量共同应对突发事件。在具体操作上，工会主席一定要行动坚决、措施果断，严防事态扩大，力争将突发事件控制在始发阶段，消除在萌芽状态，赢得有效化解突发事件的主动权。要利用有效控制后赢得的有利时机，把握突发事件的不同性质与特点，综合运用各种手段和资源，创造性地解决好突发事件。提高及时控制和有效处理能力需加强对信息论、系统论和控制论等理论的学习，注意在处理突发事件的实践中，提高应对能力。

四是要靠制度建设来支持。目前国家正在建立和完善对突发事件的处理制度，工会主席一方面要充分依托这些制度，另一方面又必须结合工会工作实际制定各项符合自身特点的具体制度。工会主席不仅要积极参与到党和政府应对突发事件的机构中去，反映职工群众的愿望和要求，提出工会的应对主张，同时又要建立和完善工会自身应对突发事件的指挥决策机构和日常专门管理机构。有了这些制度做保证，当突发事件来临时，工会主席就可以充分发挥它们的作用，临危不乱，做到及时控制、有效处理。

（三）提高突发事件平息后的恢复能力

恢复能力即指及时消除突发事件的不利影响、恢复社会正常秩序、重启经济社会发展进程的重建能力。突发事件的发生总要对社会秩序和职工生产生活及工作造成极大冲击，有时破坏还相当严重。因此当突发事件平息后，当务之急就是要迅速消除影响、恢复正常社会秩序、重启经济社会发展进程，保证职工群众的生产、生活和工作。这既是党和政府的头等重要任务，也是工会的头等重要任务。而正是这一重要任务向工会主席提出了提高恢复能力的素质要求，为此应从三个方面进行努力：

一是提高救助能力。突发事件影响生产和工作，造成一些企业生产不景气、部分职工下岗、职工生活出现困难。工会主席在处理突发事件时，就应当多关注、关心这部分职工，一旦情况好转，便及时地给予救助，帮助他们再就业或给予经济上的补偿。为此，工会应建立突发事件应急救助机构和准备基金。

二是动员、组织职工恢复生产。发展是硬道理，是执政兴国的第一要务。突发事件背后往往都有深刻的经济和社会原因，因此，只有用发展的办法才能解决突发事件问题，才能弥补其造成的经济损失，才能消灭其发生的根源。在突发事件平息后，工会主席应充分发挥工会的优势，及时配合行政动员、组织职工尽快恢复生产，努力把突发事件造成的损失降到最低。

三是总结经验教训，探求突发事件的规律。突发事件的发生看似偶然，实则不然，偶然中有必然。许多突发事件都是经济、社会乃至自然界多种因素交互作用、共同影响的结果。突发事件的发生虽显偶然，但有其内在规律。因此，在突发事件处理完结后，绝不可高枕无忧、万事大吉，而是要认真总结经验教训，努力探求突发事件的内在规律，力求在把握规律的基础上，增强防范和应对能力，使突发事件发生的可能性降至最低。

（四）加强应对突发事件的素质训练

一是心理素质训练。应对突发事件必须有较强的心理素质，主要包括三个方面：即感知敏锐、思维灵活和决策果断。感知敏锐是适应环境的变化，及时采取相应对策的前提和条件。工会主席如果对客观环境变化反应迟钝甚至毫无察觉，也就不可能及时采取应变措施。工会主席的感知敏锐尤其要体现在对政治经济形势变化的敏锐，对党和国家路线方针政策、工作大局、工作部署的敏锐，对社会矛盾、社会风气变化的敏锐，对职工群众心理变化、愿望要求变化的敏锐等方面。感知是对客观事物的感性认识，是认识的初级阶段。思维是通过人脑的活动，通过概念、判断和推理，对客观事物进行分析、综合、比较、分类、抽象、概括，找出同类事物和特定事物的本质和事物之间规律性的联系。对工会主席来说，思维越灵活，就越能迅速地把握事物的本质及其规律，所采取的对策越符合事物的实际情况。思维灵活主要表现在思维广阔，即从多角度把握事物间的联系；思维严密，即逻辑缜密，结论正确，提出的方案、措施切实可行；思维敏捷，即善于发现和准确判断事物的本质。决策果断从心理学角度讲，是指一个领导者为了达到规定的目的，自觉地调节行动，千方百计地克服前进道路上的困难所表现出的个性意志品质。工会主席是领导者、负责人，必须在任何情况下都能处变不惊，沉着镇定，勇敢果断地处理问题，而不能优柔寡断，胆小怯懦。

二是能力素质训练。这主要是要善于把握应对突发事件的规律，掌握科学的应变方法。具体来说，一要把握应变对象，即把握好事物变化的主体和应变对象，把握好事物变化的程度和产生的后果，把握好事物变化的趋势。要通过把握上述变化，采取相应的措施，使突发事件的不利方面尽可能缩小，并向着有利于妥善解决的方向发展。二要把握应变原则，即立场的坚定性、策略的灵活性和措施的及时性。三要把握应变方法，即积极主动、如实宣传、超前行动、富有创意、注重成效、勇担责任、总结得失、重在预防。

三、进行有效的媒体沟通

在现代社会中，媒体是社会大众信息的主要来源，深深影响着社会大众的认知、态度与信念。在危机处理过程中，媒体的作用不容忽视。媒体是一把双刃剑，既能成为“正推手”，也可能成为“负推手”。如果工会主席能够成功地进行媒体沟通，就能收到良好的效果：媒体可以为危机领导者提供有关危机的预警信息，帮助其更好地作好危机预防工作；可以帮助传递危机的真实信息，避免和消减各种谣言与猜测的传播；帮助工会主席从外围了解公众对危机的态度，使他们能及时作出有效的危机管理决策；媒体客观、公正的报道和评论还能有助于工会重新树立良好的形象。

应对危机，进行有效的媒体沟通，要做到以下两点：

一是要做好突发事件舆论引导。事实表明，谁掌控了舆论主导权，谁就能化险为夷，最大限度地减轻危机造成的负面影响，甚至还能化危为机，变坏事为好事。在社交化和移动化的全媒体时代，一旦发生突发事件，迟说不如早说，被动说不如主动说。因此，首先，要制定突发事件舆论引导应急预案，明确突发事件舆论引导的权责和流程等。其次，要在突发事件发生后，主动引导舆论，及时公开信息，做突发事件新闻的“第一定义者”。再次，要建立部门之间的信息联动和沟通机制，确保工会信息的权威性和准确性。最后，要为媒体采访报道提供必要的方便条件。

二是工会主席要善于接受媒体采访。工会主席在平时要一贯注意保持与媒体建立持久的良好关系。正是由于媒介的重要作用，要求工会主席必须能与媒介进行有效的协调和沟通。这就要求工会主席能够积极主动地在媒介宣传自己，使自己所带领的工会组织能更多地为人所熟知，以扩大工会的正面影响。工会主席要克服不愿意面对媒体的畏难心理，善于通过接受采访来传递信息，表明工会的立场和态度。在接受媒体采访时，要能驾驭局面，引导记者而不是让记者牵着鼻子走。要学会表态，展示高效、务实和负责任的工会形象。同时还要善用技巧，通过讲故事、摆事实、列数据来表达观点、说明问题、塑造形象。

第13篇 工会主席的公关艺术

一、公关的重要性

公关即公共关系，是社会组织同构成其生存环境、影响其生存与发展的那部分公众的一种社会关系，是一个组织为了达到一种特定目标，在组织内外部员工之间、组织之间建立起一种良好关系的科学。根据爱德华·伯尼斯（Edward Bernays）定义，公共关系是一项管理功能，制定政策及程序来获得公众的谅解和接纳。它是一种有意识的管理活动。组织中建立一种良好的公共关系，需要良好的公共关系活动的策划来实施和实现的。

公共关系实则应称为公众关系。它是一门艺术和社会科学。任何一个国家、团体、企业和个人，为了达到自身顺利存在和发展的目的，都要有计划地采用必要的手段促进对其他国家、团体、企业和个人的相互了解与沟通，以建立良好的生存环境，这就是公共关系的基本内涵。

公共关系具有以下特点：一是公共关系是指社会组织同其所处的社会环境中各相关公众间关系的组合。二是公共关系是为特定的组织机构创造良好的公共关系状态的活动。三是公共关系的基本方法是双向沟通、信息交流。四是公共关系的基本原则是平等互利、公众利益第一。五是公共关系的对象有内部公众和外部公众之分，其常见形式有记者招待会、会议、接待、专题活动、广告、演讲、谈判等。

工会公共关系是具有工会组织特点的公共关系。它是塑造完美的工会组织形象的科学，也是一种艺术手段。它在工会组织及其对内对外两个方面的公众之间架起一座桥梁，实现双向沟通；它力图提高工会组织的知名度和美誉度，力图使组织与公众利益保持一致，共同推进社会主义现代化事业不断向前发展。

工会主席是工会的领导者，必须掌握和运用公关艺术。时代赋予工会主席这一社会角色很多新的特征，他是工会组织内外各种关系的协调者，是职工群众的教育引导者，是社会活动者。除此以外，工会主席在现实工作中还是活动的组织者、职工的知心人和职工之友等。可见，工会主席的种种角色定位都决定了其要有较高的理论修养、政策水平和领导艺术，去协调工会组织内外各种人际关系。

工会主席掌握和娴熟地运用公关艺术，不仅有利于自己的领导工作，而且还可以增强工会组织的凝聚力，激发工会组织的活力，整塑工会组织的良好形象，保证和促进工会工作的顺利开展。

二、工会主席应掌握的公关艺术

作为工会组织的领导者，工会主席不仅要提高对公关工作重要性的认识，还必须学习和掌握公关的方法和艺术。

（一）公关的言语艺术

语言是交际的工具。严格地说，语言与言语是不同的。语言属于社会现象，而言语则属于心理现象；语言是人们进行交际的工具，而言语则是运用语言交际的过程，是感情的表达，也是思想表现的成果。由此可见，在人际交往过程中，仅有语言是远远不够的。事实上，言语活动才是人际交往过程中最基本的活动。只不过这种活动必须以语言为手段，而语言也必须通过言语活动，才能发挥其交际工具的作用。

1. 言语交往的作用和特征

工会主席的言语交往有其特定的作用：一是组织协调作用。工会主席要真正发挥自己的领导作用，就必须具备卓越的口才，不仅能言，更要善辩；既要能说，更要善“道”。领导的过程，就是信息交流的过程。领导的艺术，实质上就是传播的艺术。领导作用的发挥必须借助言语信息的传播。二是讨论议事作用。“一言以兴邦，一言以丧邦。”工会主席无论开会还是调查研究，都离不开言语交往，都需要借助语言来表达。不依仗权力，而凭言语来打动人心，才是真的成功。三是联络情感作用。检验人际交往效果的标准是互相了解、态度改变、行动表现和关系发展。这同样也适用于工会主席人际交往的成败。通过言语，可以更多地了解人、理解人，更好地与人相处、合作共事，缩短人们思想情感上的距离，使其建立起亲密友好的关系。

公关言语必须具有实用性和美学价值。工会主席公关言语的艺术特征表现在以下方面：

一是情感性。情感性是工会主席公关言语艺术的重要特征。在工会主席公关工作中，一方面，情感是语言符号传递的重要信息内容之一；另一方面，语言符号又是表现其情感的主要载体。

二是激励性。工会主席的言语必须具有激励力量。激励可以在失望或绝望中看到希望，而希望是对一种需要的追求，追求则导致有目的的行为，从而产生互动。

三是针对性。工会主席公关言语艺术的对象是公众，而公众是千差万别的。因此，工会主席要根据不同的对象，对语言材料和表达方式进行有意识地选择，要办什么事说什么话，见什么人唠什么嗑。

四是多样性。这是指公关语体的多样性。工会主席的公关语体是工会主席公关语境的产物。公关语境是指工会主席公关语言艺术的使用环境，它包括场景、方式和对象。由于工会主席的公关语境是经常变化的，由此形成了其语言艺术的多样性特征。

2. 公关言语的使用方法和艺术

工会主席使用公关言语，应当如同对待策略性问题一样，才能获得公关成功。具体的方法和艺术如下：

一是幽默法。幽默是以一种愉悦的方式让别人获得精神上的快感。幽默的力量不止于博人一笑，它能润滑公众关系、祛除忧虑愁闷、针砭社会弊端、吸引公众意识，是工会主席公关言语中的高级艺术。

幽默的话可以有效地传情达意，使人在笑声中引起深思、受到教益。幽默法主要有以下三种类型：第一种为否定式幽默。是指甲乙两种对立的事物，从肯定甲事物出发，随之以加入乙事物的内容而达到否定甲事物为归宿的语言方法。比如：一名顾客在饭店吃饭，米饭中沙子很多，他不得不把它们吐在桌子上，服务员见此情况，抱歉地问："尽是沙子吧?"顾客笑着回答："不，也有米饭。"第二种为岔道式幽默。是通过反逻辑的方式造成笑料的方式。如一位年轻的记者要里根总统谈谈联邦政府预算赤字问题的看法，里根回答说："我并不担心，因为你们已经长大了，能够自己照顾自己了。"第三种为双关式幽默。利用一个词的语言或语义同时关联两种不同意义的语言方法。如问你怎样对待老大难问题？答：老大难、老大难、老大去抓就不难。

二是委婉法。委婉法是运用迂回曲折的含蓄言语表达本意的公关语言方法。这种方法在领导者公关语言中给公关带来一定的弹性，是领导者公关活动的缓冲术。其作用有三：其一给自我表达蒙上面纱；其二能维护对方的自尊，给对方留有面子；其三作为在一定情境下传递特殊信息的手段。从表达本意所需要的语言特点来看，委婉法可分为讳饰式、借用式和曲语式三种。讳饰式就是用委婉的词语表达不便直说或使人感到难堪的语句方法。比如"死"可以说"永远地睡着了"等。借用式是借用一事物或他事物的特征来代替对事物实质问题直接回答的公共语言方法。曲语式则是用曲折含蓄的语言和商洽的语气表达自己看法的公关语言方法。

三是暗示法。就是通过言语、行为或其他符号把自己的意向传递给公众，并引起反应的公共语言方法，主要有点化式、引发式、图像式三种。点化式是用点化与意向紧密相关的另一件事来引起反应。如公路拐弯处有一块告示牌写着："这里已有 6 人被车撞死!"人们看见后则会格外小心。引发式是以同一事物中的一对矛盾，用引发矛盾的一方来暗示另一方，从而引起双方反应的公关语言方法。如"请买票入场"，劝君买票之意，即是告诫无票不能入场。图像式是以图像来暗示并引起反应的领导者公关语言方法。如将"禁止吸烟"的牌子挂在办公室，可以省去不少口舌去劝诫别人。

四是模糊法。模糊法是运用不确定的或不精确的言语进行交际的公关语言方法，在很多场合会达到很好的效果。模糊法主要分为宽泛式、回避式和选择式三种类型。宽泛式是用宽泛、富有弹性的语言来传递信息的公关语言方法。回避式是根据特定场合的需要，巧妙地避开确指性内容的领导者公关语言。如国际外交常用的“在适当的时候……”“由于众所周知的原因……”等语句来代替不便直说的事情。选择式是根据不同的公关目的，用具有选择性的语言表达领导者公关语言的方法。如“如有可能，我将在月底或下月初，回访贵公司”。这里用的就是选择式模糊公共语言。

（二）公关的礼仪艺术

礼仪，不仅仅是些程序性、应酬性的形式，而是特定内容的外在表现，它直接反映出一个人的学识、修养、品格、风度，是一个人文明程度的标志之一。工会主席的公关礼仪，不仅仅是他个人学识、修养的体现，更重要的是他代表着工会的形象，因此决不可掉以轻心，尤其不能作出失礼之举。

工会主席应注重自己的服饰打扮、外在仪表。服饰美、仪表美，是礼仪礼节的重要内容和要求之一。注意服饰打扮和外在仪表，并不是要端庄威严、八面威风，而是要在公众场合和公务活动中，都应清洁、整齐、庄重、自然、质朴，给人一个良好的印象。在任何场合环境下，使自己的服饰仪表和身份都要与之相适应，尤其是在庄重场合、外事活动中更应如此。

举止言谈从内容到形式都很重要。工会主席既要注意其内在气质，又要注意其礼仪礼节。作为领导，一举一动、一言一语，都应给人一种亲切、诚实、可信、可靠的感觉。既不可傲里傲气、目空一切，也不可轻薄俗气、让人鄙视；既不可行为放肆、毫无顾忌，也不可谨小慎微、过分拘谨；既不可粗言俗语、不拘礼节，也不可滑头滑脑、虚伪不实。无论在什么场合，言谈举止都应得体恰当、落落大方、不卑不亢。

总之，工会主席应该在公关活动中妥善地运用礼仪，因时、因人、因地地加以变化，掌握其方法与艺术，使之更好地配合和服务于领导公关活动。

制胜法则

日常交往中的礼仪

日常交往中的礼仪主要有见面问候、接待与拜访、分手道别、电话与书信、聚会娱乐等。

◆ 相互见面时应相互问候，也可以点头致意。握手应握右手，目光注视对方眼睛，同时要向对方作出语言的表示，如“您好!”“近来好吗!”等。握手不能太用力，尤其对方是女士时。男女之间，女方先伸手；长幼之间，年长的先伸手；平辈之间，先伸手为礼。一方伸手，另一方不得拒绝。

◆ 见面后介绍，可自我介绍，也可别人代为介绍。介绍几个互不认识的人应按一定的次序。男女之间，先把男的介绍给女士；老少之间，先把年少的介绍给年长的；职位高的和职位低的之间，先把职位低的介绍给职位高的。名片介绍是一种简单的介绍形式，对上级或长辈不宜直接使用。

◆ 在接待与拜访时，不同的场合、不同的公众，接待、拜访方式和要求也应各有不同，但共同的要求则是热情、周到、平等待人。

◆ 双方在分手离去时，应相互告别。在微笑、握手的同时，道声“再见!”“欢迎下次再来!”告别的神态尤为重要。神态、表情、语气应是恋恋不舍、依依惜别的意思，使对方也有恋恋不舍的感情。

◆ 打电话语言要简洁，口齿要清楚，应先自报姓名。要保持必要的个人友谊和工作联系。对于相距较远，不常见面的亲友和同志，应定期或年节时飞鸿问候或保持电话联系。

◆ 举办宴会决不能漏掉主客。要请与主客志趣相同者共桌，以表示对主客的尊重。参加舞会、晚会或公共娱乐，应仪容整洁、举止文明、遵守公共道德。男方应先邀舞伴，女方一般不应拒绝。

◆ 要尊重对方的风俗和禁忌，根据不同国家、不同民族的情况，使用不同的礼仪；在不同的场合，使用不同的礼仪；注意分寸，适当有度；根据内外不同，使用不同礼仪。

（三）媒体沟通艺术

媒介素养是指一个人对媒体的认知能力以及对媒体信息进行解读、批判和运用的综合素质和能力。在信息网络社会，媒体在现代治理中的作用越来越重要，提升媒介素养已经成为各级工会主席提升领导力的重要着力点。工会主席的媒介素养主要有三个方面的内涵：一是要树立正确的媒介观，了解媒体的性质、功能和特点。二是要提高同媒体打交道的能力，善于运用媒体引导舆论，化解危机。三是要加强媒体关系管理，寓管理于服务之中，营造良好的媒体环境。

1. 树立正确的媒介观

工会主席树立正确的媒介观，要认识到媒介既是进行舆论引导和媒体沟通的重要载体，也是做好工会领导工作的必备工具。

（1）要了解媒体的性质和功能，善待媒体

人们对社会现实的认知和态度在某种程度上是由媒体构建的。在这样的“媒介化社会”中，工会主席一定要正确认识媒体的社会功能，不能把媒体和记者视为对手，而是要以开放的心态善待媒体，将媒体作为密切工会与职工群众关系的重要纽带，支持记者对事实真相的探询和质疑，保护记者的知情、采访和人身安全等各项权利，并进一步寻求合作、谋求共赢。

（2）要把握媒体特点和传播规律，善用媒体

当前，媒体数量越来越庞大，以不同的标准可以有不同的分类。不同的媒体具有不同的特点，其信息诉求也大不相同。日报、周报和杂志，其

采访要求大相径庭，党报和社会生活类报纸的关注点也存在明显差异。此外，随着互联网的发展，微博、微信等新媒体，突破了传统媒体的“把关人”的作用，实现了裂变式传播，形成了开放的公共话语空间，既激发了人们前所未有的表达意识，有时也难免成为大量虚假信息和谣言和温床。时至今日，过去的“自上而下”的管控方式已远远不能适应新媒体的发展形势。因此，只有充分了解各种媒体的不同特点，努力把握相应的传播规律，才能更加有效地运用媒体，服务工会工作。

（3）要正确面对舆论监督，习惯与媒体“共舞”

今天，无论是媒体的监督意识，还是职工群众的权利意识都在不断增长，形形色色的“网络官”，正是传统媒体和网民合力行使监督权力的结果。因此，各级工会主席要有主动接受监督的意识和心理准备，通过舆论监督及时发现问题和不足，深入了解职工群众，增强领导工作的前瞻性和预见性。要正确面对和坦然接受舆论监督，适应在“聚光灯”“显微镜”和“放大镜”下工作和生活。工会主席对于媒体的质疑和批评要保持理性克制，避免恶意推测，避免恶意攻击；对于不实报道，要尽量摆事实、讲道理，正面纠正错误；对于不慎说错话和办错事的行为，要真诚道歉、承认错误，并勇于承担责任。

2. 提高与媒体打交道的能力

各级工会主席一定要提高同媒体打交道的能力，借助和运用媒体，提高工作能力。

（1）要明确宣传的目的

首先，要熟知自身的基本情况，明确宣传重点。要清楚地知道：哪一阶段有问题，哪一场合有记者，哪些事件有反应，哪些项目有麻烦，哪些政策要解释，哪些群体要疏导。其次，要清楚当前的宣传目的。是宣传新政策，还是塑造新形象；是表明态度，还是宣传成效。再次，要把握宣传工作的节点。在最佳的宣传时机，以最适合的宣传手段开展宣传。最后，要提前准备宣传方案。要准备好宣传的步骤、方式方法和具体内容，做到有备无患、胸有成竹。

（2）要借媒体之力做好正面宣传

首先，建立和完善新闻发言人制度，通过定期的新闻发布，主动发布信息、设置议题，使媒体自觉地围绕政府部门所发布的议题来进行报道。其次，充分运用工会网站和微博微信，及时公开工会要闻和动态，保持与职工群众的沟通与互动。再次，顺应新闻规律，运用传播技巧，有目的地策划新闻事件，在关键时刻、重大问题上牢牢把握话语权。最后，根据工作需要来决定与媒体沟通的方式。是主动给记者发传真，还是开新闻发布会或媒体见面会接受采访？信息是提供给一家媒体、几家媒体，还是全体普发？是先说后做，或是先做再说，还是边做边说？这些都应根据工作需要灵活掌握。

3. 加强媒体关系管理

对工会主席来说，媒体既不是敌人，也不是朋友，而是合作伙伴。媒体关系管理是指通过建立与媒体之间的互利互惠关系，实现与媒体的有效沟通与合作共赢。为了提高工会工作水平，各级工会主席在加强媒体关系管理时应该注意把握以下要点：

（1）要树立共赢意识

对待媒体记者既不能一味去讨好，刻意去套近乎、拉关系；也不能避而远之、不理不睬、无可奉告。既不能高高在上、指手画脚，更不要另眼看待、视为另类。要在平等的基础上，与媒体记者交往、交流、交友，彼此支持，相互合作，实现共赢。

（2）要建立和保持与媒体的经常性联系

首先，要以资深记者和跑口记者为重点建立媒体关系网。其次，要经常邀请参加活动或安排非正式的聚会以保持联系。再次，要保持经常性沟通，第一时间通报相关信息。最后，要跟踪关注媒体报道，并及时回馈相关信息，探讨相关报道。

3. 要为记者提供信息服务

从新闻生产的角度说，记者需要信息，工会应该主动通过提供新闻线索、组织新闻发布、组织记者现场采访等方式为记者提供新闻信息，以满足他们的发稿需要。

知识链接

新闻发言人制度

新闻发言人作为一种“制度”，其内容涉及政府的重大事项、重要活动、社会关注的热点问题、海内外关注的问题、重大突发事件、公共政策、公共服务、政府决策等所有与公众利益直接相关的问题，是针对这些内容提供的一种接受公众公开咨询、质询和问责的制度安排。我国新闻发言人制度起始于20世纪80年代。1983年4月23日，中国记协首次向中外记者介绍国务院各部委和人民团体的新闻发言人，正式宣布我国建立新闻发言人制度。

为推动工会新闻宣传工作向科学化、规范化、制度化方向健康发展，全总制定了《中华全国总工会新闻发言人制度》，地方工会也在不断地建立健全新闻发言人制度。

4. 要寓管理于服务之中，做好媒体采访报道的管理工作

为媒体采访报道提供必要的方便条件，无疑是建立良好的媒体关系的重要手段。但需要注意的是，必要的方便条件并不是吃好住好，而是及时提供媒体所需要的信息。更重要的是要做到提供服务不能忘记管理、不能忘记引导，要有意识地把管理和领导寓于服务之中，在善待媒体的同时做到善管媒体。

三、工会主席提高公关艺术的途径

公关艺术的提高是完善领导艺术的必然要求。一定的公关艺术其内在的东西是领导的公关素质、品质和知识，这些是提高公关艺术的基础。提高工会主席的公关艺术，就必须首先提高其公关素质、公关品质和公关知识，只有这样，才能使公关艺术得到相应的提高。

（一）工会主席应具备的公关素质

1. 要有强烈的事业心

工会主席的事业心具体地体现在热爱工会工作，并且踏踏实实地去奋

斗；对自己担负的工作有强烈的责任感，不断进取。事业心既是方向，又是动力，这是领导公关最普遍的品质特征。

2. 要有组织家的头脑

现代领导学认为，任何领导活动都不外乎是对人流、物流、信息流的管理，因此，领导者的公共关系思想也应贯穿这“三流”的全过程。工会主席公关工作的实质，就是通过对流入组织的信息、组织内部流通的信息、流出组织的信息进行适当的协调。为此，工会主席必须做到两点：在宏观上把握工会组织运转的战略全局，在微观上熟悉工会组织运作的具体情况，具有组织家的头脑。

3. 要有宣传家的技巧

工会主席应当是善于运用传播工具的宣传家。一是要善于运用传统传播工具，如报纸、杂志、广播、电视等；二是要善于运用新媒体，如网络、微博、微信等；三是要善于运用其他传播渠道，利用工会组织内部的各种宣传工具，包括会议、内部广播、内部网站等，把各种信息传播给公众。

4. 要有外交家的风度

工会主席在各种公关场合都是工会组织风格的体现者和工会方针政策的代言人，因此必须具备应有的风度礼仪，举止大方、言谈适度、不卑不亢。既要有高度的政治责任感，又能熟悉和了解各方面的业务知识，还要有严谨灵活的工作作风。

（二）工会主席提高公关素质和艺术的途径

工会主席公关素质及公关艺术的提高途径主要有学校教育、培训班、职业训练和业余学习四种方式。

1. 学校教育

主要办法是工会主席脱产或半脱产进入有关学校进行系统的专业学制教育。如普通高校、成人院校或党校等。普通高校，尤其是成人院校和党校应系统开设公共关系课程，着力培训和加强工会基层领导的公关能力的培训。另外一种方式是积极挑选公共关系专业毕业、经过培养锻炼的人进入工会领导层，这样的人才知识面广、专业能力强，是工会领导公关最合适的人选。

2. 培训班

采取短期培训的方式提高工会主席的公关素质和艺术是一个成效比较显著的办法。由于工会领导干部大多没有受过公关专业教育，多半是先干后学或边干边学，为了尽快提高其公关素质，有必要在不影响工作的情况下举办短期培训班，聘请这一领域的各类专家学者授课，将公关的基本知识和主要内容深入浅出、有重点地传授给他们，以提高工会主席公关理论水平并扩大其知识面。举办工会主席公关培训班容纳学生较多、时间花得少、经济上也比较节约。

3. 职业训练

职业训练对于培训工会领导公关人才是一种效果极其显著的方法。其基本原则是学用结合、边干边学。具体做法是：工会主席有意识地、自觉地在日常公关工作和重大公关活动的实践中学习公关工作的一般业务知识和技巧，积累工作经验，逐步培养公关能力。如果有条件，工会主席最好先陪同某些公关专业人员亲临考察一些公关实践场合，逐步提高自己的公关能力。

4. 业余学习

工会主席利用业余时间，阅读、钻研公共关系学的书籍和读物。只要方式对头、持之以恒，并对照实践加以理解和验证，同样是掌握公共关系学基本理论的可取途径和方法。目前，国内的公共关系书籍不仅质量很高，数量也很可观，这为工会主席的业余自学创造了很好的条件。

第14篇 工会主席的谈话艺术

一、工会主席怎么跟群众谈话

一席谈话主要包括三个组成部分：一是说话，二是聆听，三是眼手、态度与语言的配合。任何成功的谈话，都离不开这三个方面的运用艺术。

谈话在工会主席领导工作中占据重要地位，它是工会主席的一种主要的工作方式。工会主席的工作最终是要落实到人头上。工会主席几乎每天都要与各式各样的人接触，同他们会晤、交流，甚至是谈判。从某种意义上讲，工会主席的工作就是无数次的会见和谈话。因此，能否正确、合理、充分地运用这一主要工作形式，是否善于掌握谈话的艺术和技巧，对于工会主席提高领导效能至关重要。工会主席的谈话，最能体现其思想水平和艺术水平，也最能显示出工会主席的才干。真正地掌握谈话艺术，是工会主席开展好工会工作的利器。

（一）谈话双方接近的语言艺术

这是指通过适当的语言形式和其他辅助性手段，使谈话双方形成一种“融洽”的关系和心理。这是深入谈话进行下去的基础，同时也是以真诚、热心、礼貌、得体为本的。

1. 介绍得体

初次见面时，不管是自我介绍，还是别人代为介绍，都不宜太冷淡或者太随便。特别是当自我介绍时，更应注意自己的言语举止，做得恰当得体。介绍的语言要简洁明了，最好是能够使对方通过自己的介绍能找到继续说下去的话题，既使对方对你有所了解，又使对方不认为你在自吹自擂。

2. 巧用“我”字

说话之初，不要用“我”太多。这会给人以突出自我的感觉，会给对方在心理上筑成防线，影响谈话的深入进行。应把握使用分寸：一是承前省略“我”字。这对意思的表达不会有什么影响，而且能使语句简洁，避免了不必要的重复。二是说话时要以较平稳的语调配合自然的表情动作。也就是说，说“我”时不要读成重音，不要拉长读音，目光要温和，表情不要洋洋自得，把表达的重点放在对事件的客观叙述上面。三是用“我们”代替“我”的使用。这种方法实际在谈话中经常运用。它可以直接拉近谈话双方的心理距离，拉近感情，是行之有效的办法。

3. 善于提问

设计些巧妙的提问，不但能起到投石问路的作用，而且能使交谈沿着自己希望的轨道向深入发展；既使自己主动起来，还可以达到相互沟通的目的。方法如下：一是在预期的目的已经十分明确时，可以运用限制性提问。这一方面可以使谈话对方感受到你的诚意，也可以把对方的思路引到自己希望的答案上。二是采用一些暗示性的提问。使用婉转含蓄的语言，既不会使对方感到难堪，又可以避免产生矛盾和误解，有时还会使对方觉得你很有礼貌、有教养，产生好感。

4. 善于转换话题

谈话难免会处于“卡壳”，这就要求寻求灵活多变、寻求转机。转换话题是行之有效的办法之一。山重水复疑无路，柳暗花明又一村。但转换话题最关键的是要求你有及时从上一回合的谈话中总结经验、作出判断的能力。弄清对方的心理、性格、文化素养等特点，找寻出能为对方接受、理解，能打开局面的话题。必须指出的是：话题的转移并不是可以随心所欲的，更不要为转换话题而无话找话，而是要为原来话题的再展开创造更好的条件，继续铺平道路。因此，一定要通盘考虑，注重转换话题后的效果。

（二）谈话过程中的语言艺术

当谈话双方接近以后，即要进入谈话的正常工作阶段，要使谈话保持顺利进行，就要有一定的情感和艺术。

1. 开诚布公，促膝谈心

谈话即是谈心，触机而发，谈笑风生，促膝谈心，这是最理想的。谈话应该推心置腹，理想的境界是达到心心相印。谈话与演讲的不同，就是要求“理”尚往来，各抒己见，在求同存异、相互协商中达成共识。谈话双方面对面，便于察言观色，使谈话始终在轻松平和的气氛中进行。

2. 寓理于例，以事说理

谈话或做事情，总是要摆事实讲道理的。事和理缺一不可。如果没有思想，谈话就没有灵魂和意义；没有事例佐证，也只能进行一场空泛的谈话。“例”并不是指顺手拈事，而是要求具备新、精、切、实几个特点，就是引用事例要有新时代的特色，要大家看得见、摸得着的，和现实比较接近的，要有典型意义、有说服力，要切合谈话的观点、要点，在社会生活中是真实准确的事例。

3. 迂回曲折，善于巧说

谈话有直说和巧说之分。肝胆相照、真诚相见是直说的特点，但巧说也并不是来虚的，与直说相比，它更具有艺术性。“巧”指的是谈话常常能给对方带来出人意料、跌宕起伏、引人入胜的感觉。巧说的方法有：一是归谬法。针对对方谈话之谬，不直接指出，而是先假定其论题为真，做深入引申推理，便会导出更为荒谬的结论。这样就以对方的观点达到了推翻对方的论点的目的。二是激将法。合理利用适宜的话来刺激对方的自信心，使谈话进入到有来有往、互不相让的境地，提高谈话的效率和效果。三是迂回法。针对对方的观点，如果不便直击或为达到更理想的谈话效果，可以欲西先东、欲进先退，避开其锋芒，采用迂回诱导的方法，这样可以避免谈话进行不下去的事情发生。

4. 刚柔相济，软硬兼施

为使谈话效果更好，分别采用刚、柔、软、硬的方法是必不可少的。谈话的艺术性就表现在刚柔相济上。何时用刚，何时用柔，要依性格条件而定，根据对方的性情当刚则刚、当柔则柔、相互结合、不可偏颇。刚要刚出严格守信，柔要柔出理解和宽容。刚不是粗暴和颐使，柔也绝非违心的迎合。积极和健康的谈话方式是当刚则刚，宜柔且柔。

二、说服的艺术

说服不同于争执、争论。真正的说服力是形成被说服者的内在服从效应，这是至关重要的。

（一）说服艺术的原则

1. 设计说服任务

说服就是领导者的工作任务，具有以下特点：

一是针对性。要说服别人到底该做什么及怎么做，任何具有持久效果的说服，都不会因为一次谈话一蹴而就。尤其那些带有刺激性的语言“别人能，为什么你不能”，这样的说服唯一的结果是使说服力马上荡然无存。

二是系统性。工会主席应该认识到，说服是一项系统工程，任何说服都必须有一定的环境条件，都不是只靠语言本身所能达到的。

三是关联性。要去说服别人之前，工会主席都应充分意识到这样一点：每一个人的背后都有更多的人，每一个人的头脑都与他接触到的不同的人共享某些共同观念，只有认识到并有效地利用了这种关联性，才能使说服更加有力，更强化说服力。

2. 巧妙传达信息

说服是一种高强度的沟通，不仅要发出信息，而且要使信息本身具有说服力。

一是要有诚恳的态度。要说服对方，使说服取得成功，就必须把你自己的观念及主张“移植”到对方的心灵之中。如果不能调动起对方的积极态度，使他能主动地自我说服，一切说服的努力都将前功尽弃。唯一的前提就是我们讲话的态度诚恳，确是发自内心并且极具自信力，对方才可能在感动之下反复琢磨，从而自觉地进行自我调整。诚挚恳切本身就是一种最大的说服力。

二是要从灵活的话题切入。有效的谈话话题是能吸引对方说话兴趣的话题，这种话题的展开使人感到轻松、自得其乐。尽管说服是有目的的谈话，但是一种轻松平和的气氛总是有助于对方去思考、判断、评价与选择，使对方能把自己的真实想法表达出来，寻求解决的方案。说服不是机械的灌输，它只有在对方内心生根发芽，说服才能成功。说服中选择的话题要注意哲理性，要有历史感、幽默感，这会带来意想不到的好结果。

三是要精心组织材料。说服与被说服的过程无论如何都是隐含着辩论成分的。说服的策略与艺术是不使这种辩论公开化。因此便必须了解什么是支持你的主张的论据，并且把这些论据有效地组织和论证，从而有理、有力、有节地表达自己的意见。

3. 用别人的动机来说服别人

说服者要把自己的观点、理念及提出的劝告和建议与对方的有关动机联系起来。因为任何人的行为都是由动机驱使的，他只能依据自己的内在需要来认同你所提供的观念或者建议。为提高自己的说服力而把对方的动机与需要作为运用的工具与手段，虽然应受到道德的限制，但实际上也只有你的说服满足了对方的需要时，才有说服力。优秀的说服者的优秀之处就在于他能够让被说服者自己说服自己，而且只有被说服者自己说服自己才是真正成功的说服。

（二）说服不同于命令

说到“命令”，人们很容易就会想起“军令如山”这句话。这一方式直截了当，有可能带来高效率。如果工会主席为某一项作或决策必须得到贯彻执行，没有讨论的余地，则必须直截了当地发出“命令”，要求干部群众按章执行；其次，如果针对某一事项的讨论陷入僵持，无法达成统一意见时，通过命令的方式来结束讨论或许会是一个合适的选择。

再说说“说服”。生活中，人们看待问题的角度、解决问题的方法不尽相同，工会主席要让干部群众重视自己的建议和忠告，就必须说服他理解和接受自己的观点，这样干部群众才能全心全意地去完成工作。

其实，“说服”和“命令”反映的是工会主席不同的两种管理风格。一般来说，工会主席应针对干部群众成熟度的四种情景，即不成熟、初步成熟、比较成熟和成熟分别采用四种不同的管理风格。

一是不成熟——命令式：这种管理方式的要点是进行详细的指示和管理。告诉干部群众应该干什么、怎么干以及何时何地去干。

二是初步成熟——说服式：在传达指示之后进行说服并让干部群众思索具体方法，但重要部分必须按指令执行。

三是比较成熟——参与式：和干部群众交换意见，充分协商，共同决策，推动下属执行。

四是成熟——授权式：明确表示期望的结果，具体执行方案全部交给干部群众去办理。

在管理过程中，当干部群众的成熟水平不断提高时，工会主席可以不断减少对其行为和活动的控制，不断减少干预行为。

从上面的模式中可以大致看出“命令”与“说服”的分水岭，但“说服”与“命令”并不是绝对对立的，而是同一过程的两个阶段，一般情况下是先有“说服”后有“命令”。但“沟通”环节不可以省略。要达成这两个过程的统一，寻求一种“中庸之道”，也绝非易事。说服，自然有“服”与“不服”两种结果，在与干部群众进行“一对一”的沟通时，经常会碰到意见相左的时候，这时候再“命令”他们去执行可能就会适得其反，这样不但不能树立工会主席“民主、兼听”的形象，反而会在干部群众心中打开“专横”的烙印，更为严重的是会破坏双方的默契。工会主席应有包容和接纳不同意见的胸怀。

没有哪个领导者不希望高效地实现自己的目标，但是强迫手段带来的只是“被动地服从”而已。被动地服从导致实施决策目标时，带来的结果只能是低效，甚至无效、负效。只有“主动地支持”，才能充分发挥下属的主动性、创造性，获得高效益。比如著名的“南风法则”，就形象地说明了温和的方式比强力更容易被人接受。温和的态度、友善的方式意味着对下属的尊重，必然会得到相应的回报。在日常工作中，工会主席应尽量少命令，多商量，尊重干部群众的人格尊严，使之乐于接受，并积极主动、创造性地完成工作。

在说服的过程中，有许多值得注意的地方：

一是调节气氛，动之以情。在说服时，要想法设法调节谈话的气氛。和颜悦色地用提问的方式代替命令，并给人以维护自尊和荣誉的机会，气氛就会是友好而和谐的，说服也就容易成功；反之，在说服时不尊重他人，摆出一副盛气凌人的架势，那么说服多半是要失败的。

二是善意威胁，消除防范。威胁能增强说服力，但是，在具体运用时要注意态度友善，讲清后果，说明道理，适度威胁，消除防范。

三是知己知彼，以心换心。站在下属的立场上分析问题，给他一种为他着想的感觉，这种技巧常常具有极强的说服力。要做到这一点，知己知彼非常重要，唯先知彼，而后方能从对方立场上考虑问题。

四是寻求一致，引起共鸣。习惯于顽固拒绝他人说服的人，经常都处于“不”的心理状态之中，对付这种人，要努力寻找与对方一致的地方，先让对方赞同你远离主题的意见，从而使其对你的话感兴趣，而后再想法将意见引入话题，最终达到求得对方同意的目的。

三、应急与推拒的艺术

工会主席在工作中常会出现一些预料不到或一时难以做到的事情，处理不好，既会影响工作，也会影响自己的形象。因此，工会主席必须培养提高自己应付突发事情的能力，恰当的语言和高超的语言艺术会使紧张变得轻松，场面变得自如，危急得到缓和。

（一）应急的艺术

谈话过程中的突发事情通常有三类，应对也各有相应的语言艺术。

1. 谈话中友好的提问或口头失误

应对的办法有三种：一是顺势牵连。“牵”是一种艺术，要牵得巧妙，连得自然，不牵强、不附会。二是巧释逆挽。突然性的变故或失误，是最考验一个人的水平的，如在这时能随机应变，作出一些别出心裁的解释或说明，也是了不起的顺势解围的良策。三是借题发挥。这种方法若运用得好，不仅可以变被动为主动，使窘迫变自如，更能化消极为积极。借题发挥就是因势利导，为“我”所用，把别人提出的对自己不利的问题巧妙地变成自己的观点和主张，表明自己的观点和长处。

2. 对无礼或非难的应急

面对他人的有意识地无礼的说话或者提问，应该给予坚决的回击。方式有两种：一是针锋相对，以牙还牙。这是刚性的回击。面对无礼的冲撞、冒犯、挑衅，带有明显的嘲弄和讽刺，采用以其人之“法”还治其人之身是痛快无比的。二是以静制动，以礼对辱。这是一种柔性回击。在工作中，别人对你恶语中伤，如果不能马上想出妙语进行还击，也可以彬彬有礼地面对挑衅：“是这样吗？”“请详细谈谈好吗？”在平静、从容与不屑中显示你的无畏与藐视，使对手无地自容。

3. 面对非常棘手的提问

在某些特殊场合，会遇上虽然无恶意但却咄咄逼人的提问，而这些提问又属于机密或者过于敏感，使你无法正面回答。如何才能避开或挡住笑容背后的利刃呢？一是巧妙闪躲。避开实质性问题，偏移提问重心，把话题扯远，使问题难以深究。二是诱导否定。即当对方提出不该其知道答案的问题时，先顺着话题提出设问，诱使对方落套，走向自己否定的结果。三是反口诘问。有些问题不能明确作答，但可以采取反问式。四是模糊对答。避实就虚，避重就轻，用模糊的但同时又是非常积极的语言来摆脱提问。

（二）推拒的艺术

工会主席常和职工群众交往。职工群众的要求有合理的，也有不合理的。合理的要求可以满足，对于不合理的要求总是要拒绝的。拒绝，就会造成不愉快。但这种不愉快的程度同工会主席的态度和语言是有直接关系的。不愉快程度越高，就越会影响工会组织和职工群众之间的沟通，就越会降低工会组织在职工群众中的威望。很好的推拒艺术能够减少对方心中的不愉快，并最终获得对方的理解。工会主席必须做到既拒绝又不得罪，既把对方的不愉快降低到最小，又能得到对方的谅解。因此，掌握推拒艺术是非常重要的。

推拒的技巧包含以下方面：一是“推托”与“推延”。“推托”就是借他人之口加以拒绝；“推延”就是通过一定的客观理由来拖延办事的时间，实际上是拒绝的表示。实际工作中往往把这两种方法结合起来应用。二是以笑作答。有很多问题如果直接回答拒绝，非常伤对方的面子，直接损害双方的关系，后果可能会非常严重。在这种情况下，可以以笑作答，并辅之以一定的手势或其他态势，如边笑边摇头。对方明白其中的意思后，问题也就解决了。三是“装聋作哑”。在有些特定的场合，不管怎样回答对方的问题，对自己都是不利的，在这种情况下，你可以装作没听见，没有看到，不作出任何表示。

四、倾听的艺术

成功的工会主席通常都是很好的倾听者。谈话总是双向性的。工会主席在与他人的交谈中，不但要善于表达自己的意思，更应善于倾听对方的谈话。一席成功的谈话，其艺术性不仅包括说话的艺术，善于倾听也是其成功的重要方面。

（一）不要轻视倾听的能力

有许多问题根本不需要倾听者提供答案，你只要认真地倾听，让那些倾诉的人有机会申诉，就已经解决了一大半的问题。只要听得够久，对方总会自己找出适当的解答。

倾听是一种技巧。这种技巧的第一要件，就是给予对方全然的注意。作为一个工会领导者，当有人来到你的办公室和你交谈时，你不应该让任何事情打断你对对方的注意。如果当时是处在很拥挤的房间，也应该摒除其他一切干扰，要让对方觉得他是唯一的在场者。你必须注意对方，要全神贯注，只有这样才能听到对方告诉你的话。

在倾听中常遇见的问题是容易走神，特别是在对方说话很慢的时候。这是非常常见的事情，因为人思考的速度要比讲话速度快，讲话的速度是120～160字/分钟，而思考速度是400～600字/分钟。对于容易走神的人讲话时要用短句，多问问题；对爱走神的听者则要耐心，强迫自己集中注意力。因为倾听既是对别人的一种尊重，同时也是使谈话继续的基本前提。除了出于礼貌的需要外，倾听还有另外四大好处：即能更好地了解人和事；能学到更多的东西；能改善工作关系，提高工作效率；能使紧张的关系得到缓和。

（二）倾听中的双向交流技巧

我们应多听少说，让别人把话讲下去、把话讲完。不要主观臆断讲话人接下去要说什么，也不要想着自己接下去该说什么，倾听中做好以下三件事就可以了：

一是不要先入为主。你的价值观念、对问题的理解方法、思维形式、期望值和推测，都会导致先入为主，成为妨碍你倾听对方讲话的“有色眼镜”。即使讲话人的表达缺乏条理，或者言辞不善而增加你聆听的难度，但也要继续听下去，尽量控制自己的反应，因为你倾听的主要任务是要领会谈话人的观点。

二是偶尔的提问。要表现出积极的兴趣，聆听对方的意见时，如果有不明白的问题要去澄清，也不要对谈话人所讲的内容进行评论或评价，而只是为了要求对方进一步提供信息去提问题。

三是及时给予反馈。积极聆听的最后一个环节是用自己的语言复述对讲话人所表达的思想与感情的理解。给讲话人以反馈，从而完成聆听的全过程，并告诉他他所讲的内容已经全部听到而且理解了。反馈的方式有三种：即逐字逐句地重复讲话人的话；重复讲话人的话，只是要把“我”改成“你”；用自己的语言解释讲话人的意思。

倾听是注意力十分集中、技巧性也非常强的过程，不能因为自己的习惯或一些小偏见而分心。因此，有些问题是必须要注意禁止的：一是要让对方把话说完，不打断对方的讲话；二是要去体验对方的感觉，注意对方语言以外的表达手段，反应不能过于迟钝；三是不要介意对方谈话时的语言和动作特点，怀着批判的态度去专门挑刺。

五、运用身体语言的艺术

工会主席在同职工群众谈话的过程中，除了用有声语言外，还可以充分利用身体语言。凡是通过手势、姿态、眼色和面部表情来进行信息传递、思想沟通、感情交流的活动方式，都是身体语言。身体语言虽然并不是由口腔发出声音的语言，但是在沟通过程中却可以起到极大的辅助作用。工会主席要实施自己的领导行为，准确有效地表达自己的意向和感情，就必然运用身体语言。这里我们着重介绍面部和手部的身体语言。

（一）微笑

据统计，微笑是所有的交际语言中最有感染力的身体语言，是放之四海而皆准的人际交往语。工会主席在交往中要学会笑，笑暖人心，又能体谅人心，给人以幸福感、自由感。

往往一个微笑就能令人如沐春风，放松神经，表达出善意和愉悦，缩短与他人之间的距离。因此有人说微笑是最廉价的宝物，它常常会让人有意外的收获。微笑就像一种情绪的调和剂，更是沟通过程中的一种润滑剂。但是工会主席在运用微笑传情达意的时候，要注意做到以下几点：

一是笑得真诚。微笑既是自己愉快心情的外露，也是纯真之情的奉送。真诚的微笑让对方内心产生温暖，有时候还可能引起对方的共鸣，使之陶醉在欢乐之中，加深双方的感情。

二是笑得自然。微笑是发自内心的，是美好心灵的外现。要笑得自然，笑得亲切，笑得美好、得体。要注意不能为笑而笑，没笑装笑。

三是笑的对象要合适。对不同的沟通对象，应使用不同含义的微笑，传达不同的感情。不然，难免会有适得其反的情况出现。

四是笑的程度要合适。微笑是向对方表示一种礼节和尊重。但是如果不注意程度，微笑得放肆、过分、没有节制，就会有失身份，引起对方的反感。

五是对人微笑要看场合，否则就会适得其反。当你出席一个庄严的集会，或是讨论重大的政治问题，自然不宜微笑。当你同对方谈论一个严肃的话题，或者告知对方一个不幸的消息时，或者是你的谈话让对方感到不快时，也不应该微笑，或者要及时收起微笑。

（二）巧用手势

在与干部群众沟通时，工会主席除了要有自然流利的口才外，还要有与之相配合的体态和手势。手势的妙用在沟通中具有独特的作用，手势的运用是否恰当，会直接或间接地给语言以不同的影响。恰到好处的手势会让你的语言更具有说服力，也会使你的个人形象更具魅力。

经验表明，手势的运用也要恰到好处才能发挥作用。一般而言，手势必须是内在情感的自然表露，而不应是生硬的做作。做手势是为了帮助表情达意，如果达不到这个目的，就是画蛇添足、毫无意义了。有人认为有手势比没有手势好，手势多比手势少好，何况手势还可以掩饰自己紧张的情绪。这其实是一种误解，令人眼花缭乱的手势只能显露出自己的慌乱和无礼，毫无任何意义。

一些人认为，“为了强调某个重要的观点，手势能缩短你和听众之间的距离”。所以，说话时采用的手势应与谈话的主题相适应，打手势也要注意空间的大小，而且应该明确对方手势的含意：手指敲桌子可以表示谢谢；平掌摇动通常表示不同意；双手搓动可表示高兴或着急。亦可以在谈话中借助手势加强语意。不过打手势时切忌幅度过大，过于夸张。

手势有多种复杂的含义。手向上、向前、向内时往往表达希望、成功、肯定等积极意义的内容；手向下、向后、向外，往往表达批判、蔑视、否定等消极意义的内容，如空中劈掌表示坚决果断，手指微摇表示蔑视或无所谓，双手摊开表示无可奈何。

关于手摆放的位置，一些专家还特意设计了不同的方案，不过在运用时，不能太拘泥，只要自然得体就可以了。但是切忌把手插到衣袋里，显得对人不尊重，而自己好像“被捆住了一样”。另外，手臂的动作也可以是一种语言暗示。手臂交叉表防御；手臂交叉握拳表敌对；手臂交叉放掌表示有点紧张并在努力控制情绪；一只手握另一只手上臂，另外一只手下垂表示缺乏自信，等等。

知识链接

几种常见的手势

一是仰手式。即掌心向上，拇指张开，其余几指微曲。手部抬高表示欢欣赞美、申请祈求；手部放平表示诚恳地征求下属的意见，取得支持。

二是推手式。即指尖向上、并拢，掌心向外推出。这种手势常表示排除众议，显示坚决和力量。

三是覆手式。即掌心向下，手指状态同上，这是审慎的提醒手势，能抑制听众的情绪，进而达到控制场面的目的，也可表示否认、反对等。

四是包手式。即五个手指尖接触，指尖向上，就像一个收紧了开口的钱包。这种手势一般是强调主题和重要观点，在遇到具有探讨性的问题时使用。

五是切手式。即手掌挺直全部展开，手指并拢，像一把斧子飕飕地劈下，表示果断、坚决、快刀斩乱麻等。

六是啄手式。即手指并拢呈簸箕形，指尖向着听众。这种手势具有强烈的针对性、指示性，但也容易形成挑衅性、威胁性，一般不要过多使用。

七是伸指式。即指头向上，单伸食指表示专门指某人、某事、某意，或引起听众注意；单伸拇指表示自豪或称赞；数指并伸表示数量、对比等。

八是握拳式。即五指收拢，紧握拳头。这种手势有时表示示威、报复；有时表示激动的感情、坚决的态度、必定要实现的愿望。

九是抚身式。即用手抚摸自己身体的一部分。双手自抚表示深思谦逊、诚恳；以手抚胸表示反躬自问；以手抚头，表示懊恼、回忆等。

第 15 篇 工会主席的言语表达艺术

一、言语表达的重要性

言语表达是工会主席动员、组织和激励职工群众的基本方法，是实现和提升领导影响力的主要手段，因此也是工会主席必备的素质之一。我国自古就高度重视官员口才。“口能言之，身能行之，国宝也。”以习近平总书记为首的新一届党中央领导集体在言语表达上展示出扑面而来的清新之风，比如，“打铁还需自身硬”“‘老虎’‘苍蝇’一起打”“抓铁有痕，踏石留印”“鞋子合不合脚，自己穿了才知道”等鲜活语言，不仅为国人熟知传播，也引起海外好评热议，充分显示了新一届党中央领导集体鲜明的领导风格，极大提升了新一届党中央领导集体的领导形象与领导魅力。

工会主席作为工会工作的领导者和指导者，工会的一切具体工作最终都要通过语言来完成。主持会议、布置工作、接待来访、社交活动、发表演说等，都离不开口才。语言表达能力的高低，将直接影响这些活动效果的好坏。因此，工会主席必须高度重视言语表达艺术。要想提高言语表达艺术，就要把握以下原则：

1. 精心准备与终身学习相结合

工会主席的语言表达与写文章、起草文件等，都是其文风的表现，直接关系到工会主席自身的社会形象，也直接关系到工会的形象。

一是必须做好准备功课。做好准备功课，首先要求工会主席做好深入调查研究，工会主席只有接了地气，讲话才会有底气、长灵气；其次要求工会主席在调查研究的基础上，进一步做好“案头功夫”，也就是要对调查得来的数据、情况，进行一番“去粗取精、去伪存真、由此及彼、由表及里”的分析过程，从而获得规律性的认识。唯有如此，工会主席的言语表达才能言之有物，才能避免长空假的问题。

二是必须做到终身学习。“言为心声”，说到底，工会主席的言语表达是其知识积累、思想水平、工作历练和人生感悟的反映。因此，工会主席善于讲话，这就不仅在于要做好每次讲话前的准备功课，更离不开平时学习与实践的积累，正如古人所言“腹有诗书气自华”。因此，注重终身学习是工会主席必须终身准备的“功课”。

2. 反映共性与表达个性结合

每个工会主席所从事的具体工作，都是全局与局部的统一体，即所谓共性与个性的统一体。那么，言语表达作为工会主席一项不可或缺的工具和手段，也就必然要求做到共性与个性的统一。

一是反映共性，“搭天线”。所谓“共性”，首先就是要坚决、认真、不折不扣地贯彻落实中央和工会的精神，决不能阳奉阴违，另搞一套。毫无疑问，中央和工会的指示精神是对普遍规律的反映、全局工作的指导、共性问题的揭示，各级工会主席必须首先吃透中央和工会的指示精神，准确反映中央和工会指示精神，即所谓“搭天线”。

二是表达个性，“接地气”。所谓“个性”，就是各单位的实际情况。各单位的情况千差万别，贯彻中央和工会精神必须紧密结合自身实际，决不可照搬照抄，不唯上、不唯书、只唯实，切实做到深化、细化和具体化。首先，要努力贴近事实。任何事物的运动都是在特定时间与空间中进行的，每一个事实都蕴含相对应的特定时间、特定空间，从而构成了这一事实不同于其他事实的个性化特征，言语表达一旦贴近了事实，必然就会富有个性。其次，要努力贴近受众。我们无论做什么事都要看情形办理，文章和演说也是这样。言语表达贴近受众，表达内容是受众所关切的问题，受众才会喜闻乐见；一旦贴近受众，则必然都是有关特定时间、特定地点、特定关切、特定对象的言语表达，毫无疑问也就必然富有个性。贴近事实、贴近受众，即所谓“接地气”。

3. 善讲道理与善讲故事相结合

言语表达要想使得听众入耳、入心，也就必然要求工会主席讲话必须入情、入理，把“讲道理”与“讲故事”结合起来就是一个特别有效的方法和途径。一是善讲道理。言语表达要想令人信服，首先必须做到能够“以理服人”。这就要求必须把深刻的道理讲得通俗易懂、平白简洁。二是善讲故事。大家都爱听故事，故事比道理更容易为人理解，而且故事中蕴含着丰富哲理。工会主席善于讲故事能够为讲话增添感人力量和迷人魅力。

4. 简洁明了与幽默生动相结合

工会主席要增强言语艺术，必须努力做到简洁明了和幽默生动。

一是简洁明了。简洁明了是工会主席言语表达的基本要求。工会主席讲简短的话是思路清晰的必然结果。思路清晰才能简洁明了、一语中的；思路不清，问题不明，言语表达必然是啰啰唆唆、云山雾绕。善于引用古今中外名言名句是使言语简洁明了的一个有效办法。名言名句往往经过千锤百炼，流传至今，不仅涵意丰富，而且言简意赅。

二是幽默生动。幽默生动既是工会主席知识和智慧的表现，又能取得良好的沟通效果。言语表达幽默生动，“巧解法”就是一种常见方法。其幽默生动是因为当人们通常以“此法”认识、评说一个事物时，有人却以“彼法”认识、评说同一事物，往往就能产生幽默生动的效果。

二、讲话的艺术

（一）讲话的原则

工会主席在公众、媒体面前的讲话水平如何，在很大程度上决定了职工群众对其工作能力和水平的评价。讲话艺术有以下三条基本原则：

1. 以情动人

一是要感动自己。唯有激情才能点燃激情，唯有坚信才能让人相信。二是要将心换心。唯有真情实性、情真意切、发自内心的话语，能够打动已经被不痛不痒的官样文章磨出老茧的心灵。三是要言为心声。饱含情感的语言是完成高效沟通的决定性因素。谦和、朴素、真挚的语言比华丽的语言更有力量。四是营造共同的处境、引起共鸣。这是打破被说服对象戒备心理的关键。站在对方立场、顺着对方逻辑推导出你要提示的结论，对方就容易接受你的建议和意见。

2. 以理服人，实事求是

一是以理服人。通常职工群众对于一件事情，不会从很高的角度来认识。他们凭借最朴实的情感和最朴素的常理来判断事物的对与错。如果工会主席能够运用常理和常识把某些事情解释清楚、讲解明白，那么职工群众就会拥护你。二是实事求是。把事情摊开来说，反而能够得到职工群众的谅解和理解。越是掩盖，瞻前顾后，患得患失，反而欲盖弥彰，越难以获得谅解和支持。

3. 针对性强

有一些受人尊崇的“老黄牛式”的工会主席，除任劳任怨、勤勤恳恳之外，往往还自诩有一张“婆婆嘴”，充满与人为善的好意，东也要说，西也要说，耐其烦，唠其叨，处处殷勤关切。这在不少场合固然不是坏事，但在正式讲话的场合，则不可取。以召集会议为例，尽量有话则长，无话则短，重点突出，单刀直入，对症下药，把问题讲清楚即可，切忌东拉西扯、不着边际。

（二）讲话的话风

工会主席与职工群众打交道，更多地利用软权力。所以工会主席必须善于讲话，重塑话语形象。话风的好坏，是一个人素质的综合反映。因此，工会主席要注重培养优良的话风。

一是多讲一点带有感情的话。带着感情讲话会讲出水平，讲出与众不同的效果，影响工会主席的人格魅力和亲和力。号召力、感染力和讲话水平成正比。二是多讲一些生动形象的话。莎士比亚说：“幽默和风趣是智慧的闪现。”幽默的作用不仅使人轻松，还能给人以无穷的回味和智慧的启迪。幽默可以提升工会主席讲话的魅力。三是多讲一点自己思考的话。

工会主席的话对职工群众具有引导作用，因此，他讲话不能随心所欲、口无遮拦，要思考过后再说出口，保证政治方向的正确性和语言的严谨性。四是要有美感，雅俗共赏。尤其要总结一些朗朗上口的句子，能让听众记住的精彩的句子。五是要讲群众听得懂的话。工会主席无论知识水平多高，面对职工群众讲话，一定要把话讲得通俗易懂、深入浅出，让职工群众能理解、听得懂。六是要讲实在话。工会主席在职工群众面前说话，一定要结合实际，一是一，二是二，有什么问题说什么问题，不说大话、套话、空话，不讲脱离实际的话。

（三）提升讲话的魅力

1. 要善用语法修饰

一是善用比喻，增强形象性。在说明一个事物时，不是直接去说，而是通过描述或说明另一个事物来达到目的。这样，用人们比较熟悉的东西来描述、解释人们不熟悉的东西，减少理解的障碍。巧妙运用比喻，能给语言涂上一层绚丽色彩，增加讲话的形象性、生动性和感染性，让语言更精彩。

二是巧用借代，嘴下生辉。借代是用相关的事物来代替所要表达的事物的修辞方法。这种方式不直接说出要说的人或事，而是巧借他物，“指鹿为马”。

三是适时排比，增强语势。运用排比最能提升语言气势，可以让话语整齐明朗，富有节奏感，让听众感受到一种气势如虹、滔滔不绝的语气力量和强烈的震撼力，使语气气势强劲，情感得到升华，形成强烈的表达效果。

四是适度夸张，出奇制胜。为了表达需要，在尊重客观事实的基础上，故意言过其实，夸大或缩小人或事物的一些特征，形成强烈的对标效果，从而使人受到话语的感染而投入更多的注意力。

2. 要善于运用博引艺术

博引艺术，就是指在讲话中通过引用一些具有说服力的材料来证明自己观点的一种讲话艺术。运用博引艺术可以使讲话生动活泼、丰富多彩，有效地吸引听众。

一是精于举例。举例，就是用现实生活中的人和事来证明自己的观点。举例既能有效地阐述观点、说明问题，又能使讲话内容充实、形式活泼。事实胜于雄辩。正确的观点来源于客观存在，最可靠的基础是事实。证明论点最有效的方法就是用事实作论据，让事实来说话。

二是善用历史典故。讲话中巧妙地引用典故，可以达到叙事论理、引人入胜、妙趣横生的效果。典故既可以是马列主义、毛泽东思想、邓小平理论的经典著作，也可以是古今中外的历史、语言、成语、民间故事、神话传说等。

三是巧用名言警句。诗词名句具有深刻的哲理和特定的含义，其正确性是被无数事实证明和后人所公认的。在讲话中适当引用诗词名句，能增强讲话的哲理性。在引用名言警句时，要敢于创新，要准确无误，还要适度。

三、演讲、报告的艺术

作为工会主席，召开大会、发表讲话是必要的工作内容。因此，提升自身的演讲、报告的艺术性非常重要。

1. 立意不落俗套

一件司空见惯的事情、一个很平常的意思，工会主席要能把它讲得有新意，讲出深刻的、发人深省的含义来。一场报告，要想让大家愿意听、听得进去，就要把平常的素材、很不起眼的内容、普通常见的题材，能够讲得非常生动、意境高远。所以，工会主席在演讲报告过程中，首先要立意不落俗套，讲话要能吸引人，既要讲清楚，又要有鼓动力。

2. 妙在开头

演讲和报告，好的开头就是成功的一半。开头中的开场白非常重要，要直接影响听众情绪及对整个演讲和报告的总体评价。好的开场白就像一本引人入胜的书的封面或序言。因此，从内容上说，开场白就要先声夺人，避免陈词滥调，要力求新意，让人有耳目一新之感。从形式上说，就要巧趣、别致，避免平淡无奇，要有声有势，避免庸俗气味，一开始就吸引听众。安排演讲和报告的开头要切忌虚张声势、故弄玄虚、矫揉造作、自我吹嘘及过度谦虚，那样不仅不能给演讲和报告增色，反而会导致听众的厌烦、甚至反感，致使整个演讲和报告归于失败。

3. 巧用知识，善用比喻

在演讲和报告过程中，要巧用知识，善用比喻。演讲是一门语言艺术，最大特点是口头语言表达。要把纷繁复杂的问题，用简单明了的语言表达出来，而不能把简单的话语，用复杂的语言甚至哲学语言加以表达。要想使听演讲和报告的人明白其中的含义，语言一定要简单，讲述复杂问题时，最好的方法是善用比喻。

4. 善用幽默，语言生动

幽默的含义是有趣，引人发笑，而且又意味深长。幽默是演讲者或讲话的人思想、知识、智慧和机敏在语言中综合运用的成果。工会主席要善用幽默，引发听众兴趣，用意味深长的诙谐话语表达观点、传递信息，从而感化听众，启迪听众。

四、临场应变的艺术

工会主席在发表演讲、报告时，时而会发生一些主客观的、意外的、非正常情况的干扰和阻碍。这就要求工会主席必须具有临场应变能力和艺术，采取积极、有效的办法和补救措施，使活动继续进行下去。这种能力的培养与工会主席自身素质和社会经验有着直接的关系。

（一）临场对答的技能

演讲者与听众之间应当是一种互动的关系，临场的互相交流最直接的就是听众的当场提问。演讲者在演讲过程中如何面对听众的质疑和问题，是否能准确、迅速地作出分析、合理的解释与说明，这是一种技巧和本领。听众的问题多种多样，工会主席作为演讲者，必须熟练地掌握各种对答技能。

对于临场提问，大致有以下几种处理方法：一是对于提问者所提出的易于回答的问题，或者是演讲者认为此问题是带有共性、并为大家广为关注的问题时，演讲者在经过迅速敏锐的思考后，要迅速、果断地作出回答，不拖泥带水。二是对于提问者提出的与演讲内容无关，或者是临场不易回答的问题，要用平和但又坚定的语气告知对方待演讲结束后个别作答。三是对于听众提出的带有主观片面性的问题，而演讲者认为回答后能起到宣传教育和科学启迪作用时，要科学地、有理有据地回答，使听众受到教育和启迪，也扩大了演讲的影响和作用。四是对于别有用心的提问者

延伸阅读

1971 年，基辛格博士为恢复中美外交关系秘密访华。在一次正式谈判尚未开始之前，基辛格突然向周恩来总理提出一个要求：“尊敬的总理阁下，贵国马王堆一号汉墓的发掘成果震惊世界，那具女尸确是世界上少有的珍宝啊！本人受我国科学界知名人士的委托，想用一种地球上没有的物质来换取一些女尸周围的木炭，不知贵国愿意否？”

周恩来总理听后随口问道：“国务卿阁下，不知贵国政府将用什么来交换？”基辛格说：“月土，就是我国宇宙飞船从月球上带回的泥土，这应算是地球上没有的东西吧！”

周总理哈哈一笑：“我道是什么，原来是我们祖宗脚下的东西。”基辛格一惊，疑惑地问道：“怎么？你们早有人上了月球，什么时候？为什么不公布？”

周恩来总理笑了笑，用手指着茶几上的一尊嫦娥奔月的牙雕，认真地对基辛格说：“我们怎么没公布？早在 5000 多年前，我们就有一位嫦娥飞上了月亮，在月亮上建起了广寒宫住下了，不信，我们还要派人去看她呢！怎么，这些我国妇孺皆知的事情，你这个中国通还不知道？”周恩来总理机智而又幽默的回答，让博学多识的基辛格博士笑了。

或者是带有攻击性的问题，既可以拒绝作答，也可以针锋相对地进行坚决的反驳。

总之，工会主席在临场回答问题上必须具有以下素质：一是要从容镇定，敏于思考，见微知著；二是要旗帜鲜明，当机立断；三是在回答问题时语言要简练、精干；四是要有严密的逻辑性，切入要准确，不能答非所问或非常含糊。

（二）对失误的补救技能

演讲者都希望自己能够获得成功，但事实并非如此。在演讲过程中出现意料不到的失误、说错话、做错了手势，难以避免。对于这样的“过失”或失误，作为听众应当平静对待，不要过于责难，但对于演讲者自己，则必须事先有准备应付或者补救这样的失误。因此，掌握临场失误的补救技巧和方法是必需的。

对错话的补救一是把讲错的话搁置一旁，按正确的讲法再讲一篇，这样做虽有重复之嫌，但总可纠正错误。二是把讲错的话当作反面论题使用，并列举出一些事实根据来加以驳斥。这种方法对演讲者的要求是很高的，需要灵活的大脑，反应迅速、当机立断。

对做错手势的补救，首先反应要灵敏，大脑要快，可以这样补救：话要先跟上，说“大家看到了我做了与语言表达不一致的手势，就是为说明‘言行’必须一致，让大家看到‘言行’不一致的直接后果”，几句话一出口，就会博得满堂彩。这样的补救，既表现了演讲者的机智和幽默，也让听众领略了演讲者的素质和口才，同时还通过做错了的手势讲明了一定的道理。

对忘却的补救，行之有效的解决办法就是随方就圆。已经忘掉的就不要再想它，想到哪就讲到哪儿。虽然丢掉了几句话，也可能会影响演讲的完整与逻辑性，但也要比中断好。

（三）积极适应演讲环境的技能

演讲环境是指演讲会场和听众。演讲者要充分考虑到演讲的场合以及听众的理解能力，否则就达不到理想的效果。为了演讲获得成功，工会主席在演讲时就应该积极主动地去适应环境。

积极主动地适应就是指演讲者的心理活动和精神面貌与演讲环境相适应，驾驭自己的演讲活动。就是量体裁衣，在不同场合、面对不同的听众，其语言和结构也应有所不同；就是要求演讲者注意自己的仪表和态势，使之形象适合特定的场合和听众，就是要求演讲者在态度上平等待人、和蔼可亲。作为演讲者，工会主席只有努力按照上述要求去做，并认真做好，才能保证演讲内容的可接受性，真正受到听众的欢迎，收到好的演讲效果。

第16篇 工会主席的表扬和批评艺术

一、表扬的艺术

表扬是激励下级的一种方式。工会主席如何运用这一方式调动干部群众的积极性，则是一种领导艺术。有效地激励干部群众的工作热情，实现具体工作目标，表扬起着非常重要的作用。

（一）表扬的作用

表扬作为一种领导手段、一种激励方式，体现出六个方面的作用：

1. 表扬可以肯定人的价值

人的价值往往是在别人对自己的态度中体现出来的。一个人，如果他做的事情受到了表扬和称赞，那么，他就会觉得自己的付出得到了认可，自己在社会生活中是具有价值的，他就会更加努力地做好每一件事情。

2. 表扬可以满足人们的荣誉感和成就感

心理学家们认为，在需要的五个层次当中，荣誉感和成就感是人们最高层次的需要。一个人在工作中、事业上作出了成绩，取得了成就，非常需要得到社会或他人对此的承认和认可并作出评价。表扬就是一种积极的评价，就是承认其成就的一种方式。当人们的行为受到称赞，就会觉得自己的努力已经得到了他人的认可，就能在一定程度上满足自己在荣誉和成就方面的欲望，从中受到鼓舞，焕发出更大的工作热情，表现出更大的积极性。

3. 表扬能激励个人巩固和发扬良好的行为

人类具有的良好行为，有些可以自觉发扬，有些则是不太自觉的。表扬可以起到这样一种作用，就是能使人们更好地认识到自己没有意识到的良好行为。同样，良好行为的发生，有时是偶然的，但表扬能使偶然发生的良好行为和工作态度得到巩固和提高，并使之通过人为的有意识的培养变成经常发生和可以保持的行为。适时的有计划的表扬可以使一个人不断地朝着更好的方面转化。

4. 表扬能消除疑虑和隔阂，密切上下级关系

一般地讲，由于上下级之间、领导和下属之间交流感情的机会不多，这与领导工作繁忙有一定的关系。但在工作中形成的疑虑、隔阂是时有发生的。解决或者消除这种事情，最有效的办法之一就是表扬。领导要随时注意下属的长处和成绩，经常给予恰如其分、实事求是并充满感情的表扬，通过这种表扬，使下属意识到，自己的想法是多虑的，唯以更好地工作作为回报。表扬作为一种领导艺术，使用得当，会使整个部门增强集体荣誉感，活跃风气，增强彼此间的信任感，有利于疏通上下级关系。

5. 表扬可以树立榜样，起到导向作用

表扬可以表明，什么样的动机、什么样的精神和风格会得到赞扬；也可以表明领导提倡什么、怎样创造、怎样取得成功。所以，表扬的导向作用是具体的、强力的、一般的政治教育不能取代的。

6. 表扬能形成竞争空气，保证领导目标的实现

任何领导使用表扬，都有一定的条件和标准，而这些条件和标准对全体人员来说机会是均等的，经过努力都是可以达到的。因而，表扬实质上是能促进职工工作态度和才能贡献的竞争，使其朝向目标奋力拼搏。这样，就会保证领导目标的有效实现。

（二）表扬的原则

表扬不是靠随便说几句好听的话，就能奏效的。工会主席必须遵守真诚、及时、具体、如实、多样、看长处以及适度等七个原则。

1. 表扬要具体

表扬要具体是指表扬要言之有物，用事实说话。这个事实，不仅指工作取得的成绩，也包括被表扬者为克服种种困难而作的努力和付出的心血。表扬只有言之有物、有血有肉，道出了被表扬者的心血和精力之所在，才能使人感到表扬者观察得细致入微，从而激发被表扬者的知音效应，产生出“士为知己者死”的精神动力。

2. 表扬要真诚

表扬要真诚是指表扬的态度要诚恳热情、发自内心，不要冷漠无情、应付差事。人们都有喜真恶伪的天性。只有真诚的东西，才会被人所接受。表扬也不例外，工会主席只有以真诚的态度去表扬，才能唤起干部群众的真挚感、亲切感、温暖感、信任感和友谊感，愉快地接受表扬。因此，表扬时，工会主席对干部群众的成绩和优点，应从内心感到由衷的高兴，满腔热情地表示赞扬，并热切地希望他能够把这些成绩优点发扬光大。只有表扬者在感情上很热，被表扬者才会受到感染，心里也才热得起来。如果表扬者只是讲些“年轻有为”“前途无量”“干得不错”之类的公式化语言，就很难达到激励的效果。

3. 表扬要及时

一个人工作表现好，取得好成绩、提出好建议等，工会主席都应及时地给予肯定。因为一个人在家干完一件事后，总希望尽快了解它的价值和社会反应。如果得到及时的肯定，会给他带来愉快的情绪，使他的行为得到保持和再现。许多有经验的管理专家都重视及时表扬，提倡“一分钟表扬”，这种方法产生的效果是良好的。如果工会主席对好人好事漫不经心、漠不关心、视而不见，或认为这是理所当然的，不作任何表示，那么他们的好行为就难以持续下去，甚至会感到自己的好行为没有得到认可，产生“干好干坏一个样”的想法，就会导致消极因素的产生。

4. 表扬要如实

表扬要如实是指表扬要实事求是、恰如其分，掌握好表扬用语的分寸。表扬者不能任意夸大情节、评价失实、随意拔高。表扬不是搞文艺创作，不能像文艺作品那样虚构、夸张，必须有一说一，有二说二。工会主席要对那些确实值得表扬的人和事给予恰如其分的表扬，只有这样，才能起到鼓励他人前进的作用。如果表扬时随意把事实夸大，把七分成绩说成十分，把朴素的想法拔高到理想化的境界，评价失实，只能产生消极作用。其一，会使被表扬者产生盲目自满的情绪，误以为自己真有夸大的那么好，从而坠入自我欣赏、不求进取的泥坑。其二，会造成人们的逆反心理。人们崇敬的是真楷模，而不是人为拔高了的典型。对于名实不符的样板，人们会由不服气到反感和生厌。其三，容易助长人们不务实、图虚名的不良风气。因此，表扬务必恰当求实，切忌随意拔高。

5. 表扬要多样

人的需要是多种多样的，人的个性也是多种多样的。同一种表扬方法，对不同的人所起的作用是不同的，有些人可能受到很大鼓舞，有些人可能会无动于衷。表扬所起作用的程度，取决于它是否满足了人们的心理需要，是否符合人的个性特征。这就决定了表扬要因人因时因地而异，方法要灵活多样，不能千篇一律。同时，对不同的人，表扬方法还应注意到不同的性格特点。比如，对年轻人的表扬，在语气上应稍带夸奖的意味，可以提出勉励性希望；对德高望重的长者表扬，在语气上应当带有尊重的意味；对思维敏捷的人，表扬可以抓住要点、三言两语，有时稍加暗示也能领会；对疑虑心重的人，表扬应当明显，把话说清楚，避免产生误解。

6. 表扬要适度

表扬要适度是指表扬人数、次数要恰当，表扬的标准要适中。首先，表扬的人数要得当。表扬的人数可以直接影响其效果。实践告诉我们，一次表扬的人数必须掌握在一定数量范围内，过多或过少都不利于鼓励先进，调动积极性。人数过少，容易使受表扬者产生离群感、孤立感，使其他人产生与己无关心理；相反，如果人数过多，也会由此产生“干好干坏一个样”的感觉，形成“你好我好大家好”的局面。这就失去了激励作用。其次，表扬的标准要得当，不能过高或过低。表扬的标准过高，容易使人感到高不可攀、望而生畏，从而失去争取表扬的动力；表扬的标准过低，容易使人感到唾手可得、易如反掌，同样会推动调动积极性的作用。确定标准，要由具体而定。再次，在特定的时间内，表扬他人的次数要得当。事实表明，在特定时间内表扬同一个人的次数越频繁，表扬的作用也就越低。

7. 表扬要看长处

俗话说：“金无足赤，人无完人。”任何人都是一分为二的，既有优点又有缺点。有的人优点突出，缺点也明显。在表扬人时，应当多看他的长处、优点，不要求全，不能等到一个下属各方面都做得很好了，甚至达到“标兵”“模范”的程度才给予表扬。这样做，会使大多数人的成绩、优点和贡献得不到及时的支持和帮助，不利于调动其积极性。因此，表扬应当把着眼点放在人的长处上，做到既诚于嘉许，又宽于称道。

（三）表扬的方式

工会主席表扬职工群众，不仅要符合表扬的基本要求，而且需要掌握具体的表扬方法。只有表扬方法运用得当，才会起到事半功倍的效果。表扬方法不当，就可能起到消极作用。表扬的方法很多，主要有点人表扬、点事表扬、直接表扬、间接表扬、当众表扬、个别表扬、领导表扬、公举表扬、个人表扬以及集体表扬等。下面介绍几种常用的基本方法。

1. 直接表扬

对被表扬者当面提出表扬，称作直接表扬，又称当面表扬。这种表扬方法的优点是表扬及时，产生效果快。

2. 间接表扬

间接表扬就是对不在场的被表扬者进行表扬。当工会主席想表扬一个人，又不便当面提出时，可以在他的亲朋好友面前把他表扬一番，表扬的信息通过第三者间接地传到被表扬者的耳中。人的心理常常是，厌恶别人背地讲他的坏话，但是很喜欢别人在背后讲他的好话。这比领导当面讲他的好话更能使他乐于接受。他会认为你的表扬是诚心诚意的、公平无私的。因此，有时间接表扬的效果要比直接表扬好得多。特别是下属对某领导有成见、有误解时，领导采用间接表扬，往往能消除成见和误解，融洽双方的关系。

3. 当众表扬

当着众人的面而表扬某人某事，称作当众表扬。对突出的好人好事，或带有方向性的良好行为，工会主席应采用当众表扬的方法，常常能收到鼓励先进、鞭策众人的效果。这种方法的不足之处是，如果表扬不得当，特别是大家也做了同样的事而未受表扬时，便容易引起一些人的不服。因此有的人害怕领导当众表扬他，对这些人适合用个别表扬法。

4. 个别表扬

个别表扬就是没有第三者在场时表扬某个人。对于害怕当众表扬的人，适合用这种方法。比如，对这种人只要拍拍他的肩膀说：“你的工作很卖力，也很认真负责。这件事做成功了，有你一份功劳。”这样个别表扬，他心里会感到领导对他是了解的、满意的、信任的。领导的这种表扬，不仅能使下属上进，而且能沟通关系，融洽感情，起到当众表扬无法起到的作用。

5. 领导表扬

领导者对下属的成绩和长处给予肯定，称作领导表扬。这种表扬体现领导者对下属的了解、尊重和信任，带有权威性。一般来说，下属是很重视领导者对他们的评价的，他们常常根据领导者表扬的多少，来评估自己在领导者心目中的地位。

6. 公举表扬

公举表扬就是由职工群众推举和评选，让群众代表去表扬某人某事。这种方法的好处是，能稳定受奖者在职工群众中的基础，可防“领导偏心”之嫌，更能成为大家自觉学习的榜样。

7. 个人表扬

个人表扬就是表扬成绩突出的某个人。集体表扬是对集体进行表扬，这种表扬应具备以下条件：集体作出了明显成绩；集体的成绩不是少数人努力的结果，大多数人对集体的成绩都有贡献。集体表扬的优点是可以培养人们的集体荣誉感和责任感，增进团结，其缺点是使荣誉分散。因此它常常与个人表扬结合起来运用。

8. 点人表扬

点人表扬是指表扬某个人时，对他的为人处世方法和思想品德等进行全面肯定。这种表扬适用于树立先进模范。

9. 点事表扬

点事表扬是指领导者对某件做得好的事情进行正面评价，它不涉及某个人怎样，而主要评价某件事的成功与意义。这种表扬，要求把表扬事和评价人区别开来，对事不对人。即使做这件好事的人，过去犯过什么错误，或者现在毛病还很多，同样可以表扬这件事。

表扬除了以上几种外，还有许多形式，比如上光荣榜、颁发奖状、授予荣誉称号和奖章、赠纪念品、给予旅游机会和休假时间、让其生产特别重要的产品或操作关键设备，等等。工会主席根据工作需要和可能，应尽量采取别开生面的表扬方式。

二、批评的艺术

批评和自我批评是我们党的三大作风之一，是保持优良作风的锐利武器，是领导者推动工作的重要手段。作为领导者的普遍性行为，批评包含有很强的艺术性。工会的各项活动，都富有说服教育的含义，批评是说服教育的一种重要手段。工会主席必须具备说服教育的能力，掌握批评的艺术，让批评给人以美感，使人在批评中接受情感和真理。

（一）批评的方式方法

高明的批评就像一块香皂，它既能除去人们身上的污垢，又能给人留下清香。内容决定形式，形式反映内容，能达到良好效果的批评，必然是批评的方式方法得体的批评。具体地说，批评具有以下方式：

1. 公开式批评

公开式的批评，就是在公众场合对被批评者进行直接或间接的批评。公开式的批评对群众影响大，对受批评者触动深，不仅是对被批评者，而且对其他人也能起直接教育作用。采用这种批评方式必须是那些影响范围较广的带有普遍倾向性的问题或者是问题性质较严重的问题。采取此种批评方式的最基本前提是，必须对要批评的人或事调查清楚，然后进行认真的分析，把握问题的性质，要通盘考虑批评后的效果以及批评对象的感情特点、心理承受能力等因素。

2. 单独式批评

针对犯错误的人的缺点和错误进行个别性的、单独的谈话或通信等，就是单独式批评。这是在工作中领导者较常用的一种方式。对影响范围小、性质轻、不产生其他影响或在道德和思想领域中产生问题的人和事，应采用此种方式。单独式批评方式便于被批评者敞开自己的思想，情感交流性强。更重要的是这种批评方式对被批评者来说，有较强的心理承受能力。

3. 承担式批评

这种批评方式是指领导者在批评中通过主动承担责任，来达到教育其下属的目的。如：由于全局性的原因而造成下级发生了错误；下级怀着贯彻领导意图的良好愿望，但在工作中发生了问题，或者在贯彻领导意图时，下属缺乏创新精神，等等。在这些情况下，领导应采取主动承担责任式的批评方式，使下属从领导者的自责中感受教育，使下属从领导的宽阔胸怀中教育自己。主动承担责任、推功揽过，是领导者应当具备的风度。

4. 希望式批评

一个人有缺点错误，其内心常常是痛苦的，领导者应该关心他们、动之以情、晓之以理、循循善诱，切忌简单说教、粗暴训斥、讽刺挖苦，否则就会使下属感到自己一无是处，前途渺茫，同时还会使下属产生逆反心理。

5. 开脱式批评

"这次任务中，你出现了一些错误，但这也不能全怪你，一方面我们在安排工作时有些失误，另一方面你对这项业务不太熟悉。下次，我们共同注意这些问题，相信可以顺利完成工作任务。"在下属遇到困难，受到挫折时，领导者这样的一番开脱式批评，既保护了下属的自尊心，又促使他在以后的工作中更加细心，少出差错。

6. 商量式批评

“这次你基本上完成了任务，可我觉得你的潜力尚未完全开发出来，你完全有能力把工作做得更好，比如工作中的某个环节还有纰漏，某个过程还没有达到目标，如果稍加注意，你的任务会完成得更好。”如此商量的口气让下属感到尊重和理解，会自觉地发挥自己最大的潜力，把工作做得更好。

7. 宽容式批评

一个人在成长过程中难免会有缺点和错误。因此，领导者要有宽大的胸怀，能容下属之错。如果对待下属，今天批评他们这个，明天指责他们那个，就会使下属感到无所适从，产生自卑心理，工作中就会更加被动，更易出现差错。领导者对下属中所犯错误的宽容，并不是无原则的。一般来说，下属会理解这番良苦用心，会尽力改正错误。

8. 冷处理式批评

针对做错了事还自以为是的下属，领导者就应该给他们一个转变认识的过程。如果仅仅从良好的主观愿望出发，急于对其批评，有时会令其难以接受。因此领导者应该从侧面加以引导，帮助其提高辨别能力和知识水平，并给其充分的时间进行冷静思考，待到时机成熟，再点到为止，效果必然要好得多。

9. 分类式批评

俗话说，人上一百，形形色色。不同的下属有不同的性格，领导者对其批评也要因人而异，切不可千篇一律。外向型性格的人倔强、急躁、任性、容易激动、情绪不稳，常常一吐为快。对这类下属批评要以柔克刚，交谈时可先让他们把心里话说完，待其情绪宣泄之后，再讲清道理，否则不合时宜的批评，效果不好，达不到目的。而内向型性格的人，对事物的反应速度较慢，思想不轻易露，闭锁性大，有时又特别敏感。对这类下属要有耐心，不能操之过急，最好不要在公开场合批评他们，要选择适当的时候，再个别交谈，重在开导，让其自己去想通。

10. 表扬式批评

有的下属由于一时疏忽，或感情用事，在工作中出现了差错，但事后自己认识到了问题，并流露出内疚的心情，这时领导者如果还是批评不止，就会伤害下属的自尊心。理智的做法应是以谈心的方式表扬其对缺点错误的认识，同时帮助其分析失误的原因，总结教训。

11. 激将式批评

每个人都有自尊心，特别是有了缺点、犯了错误的下属，其自尊心更强。领导者在批评时就要讲究艺术，要从保护下属自尊心，促使其尽快改正错误的角度出发、以激将式的批评，催其奋进。“这次工作中，你比其他人稍微落后了一点，我知道你是个不服输的人，你定会不甘落后的”。如此的话语，既艺术性地批评了下属，又激起下属克服缺点勇往直前的信心和勇气。

12. 启发式批评

有的下属犯了错误还不知道错在哪里，有的甚至认为是上司故意在给自己找岔子，对上司的批评非常抵触。对此，领导者就要弄清下属缺点错误的来龙去脉，对其缺点错误进行准确分析，在批评时，做到恰到好处，让下属知道为什么错了，错在哪里，做到心服口服。

13. 安慰式批评

当下属出现了错误时，不批评就会使其在错误的道路上越走越远，同时还会对其他同事产生消极作用。但领导者批评之后，切不可一说了之，应及时对下属予以安慰，让其为所犯错误感到羞愧，同时更为领导者的善意而感到温暖。

14. 渐进式批评

渐进式批评就是领导者逐步地输出批评信息，有层次地进行批评的方法。具体来说，就是领导者在进行批评时，对下属的错误和缺点不是“和盘托出”，而是有目的、有重点地逐步提出，由浅入深，耐心引导，一个层次接着一个层次、一个问题接着一个问题地逐步解决。这样做可以使下属对批评逐步适应，逐步接受，不至于因心理负荷过重导致心理失衡而产生抵触情绪，或者因此而背上沉重的思想包袱，从此一蹶不振。

15. 商讨式批评

商讨式批评就是领导者以商讨问题的态度，把批评信息传递给下属的方法。具体来讲，就是领导者针对下属的心理特点，改变那种居高临下教训人的批评方法，以商讨问题的态度，平心静气地对下属的缺点和错误进行畅所欲言、以理服人式的批评教育。这样做有利于改变被批评者可能存在的对抗动机，提高批评意见的可接受性，使他们感到领导者的批评意见是充满诚意的，从而虚心地予以接受。

16. 直接式批评

直接式批评就是领导者通过直截了当的严肃批评，来促使下属认识错误、改正错误的方法。通常做法是：领导者对下属的问题和错误，不绕圈子，不旁敲侧击，而是直接进行开门见山、一针见血的批评，使他们在批评的直接冲击下尽早、尽快地认识和改正自己的错误与缺点。在直接批评法的运用中，领导者应注意区分对象和场合，不可滥加使用，尤其是对那些虚荣心强，心理承受能力弱的下属，更不能在公众场合下进行直接批评，否则不但不能奏效，还会产生相反的作用。

17. 参照式批评

参照式批评就是领导者针对下属的错误和缺点，借助他人发生过的、并为下属所知晓的经验教训，运用对比的方法衬托出批评的内容，促使下属在参照物的对比所产生的压力下自我反省，深刻认识和纠正自己的错误缺点。这种方法通常适用于阅历浅、盲目性大、自我觉悟和自我意识差、理智感弱、易受感化的下属。

18. 暗示式批评

暗示式批评就是指领导者在集体场合进行批评时，为不伤害被批评者的自尊心，不是直点其名，而是通过“对事不对人”的批评，既使被批评者感到是在批评自己，又使知情或不知情的群众从中得以警示和受到教育的方法。暗示批评法是在公众场合进行批评的一种好方法，也是领导工作和管理工作中较为常用的一种方法。

19. 幽默式批评

幽默式批评是领导者用有趣且又意味深长的语言、表情和动作，对下属的缺点和错误进行善意的批评，使其在笑声中思考和改正自己的问题的方法。幽默批评法是一种技巧性和适应性都比较强的批评方法，它适用于各种场合和各种性格类型的人。领导者运用幽默批评法，可以造成一种平等、和谐、愉快的气氛，较好地消除被批评者的对抗和沮丧心理，促使他们自觉、愉快地接受批评意见。需要注意的是，幽默和讽刺有着本质的区别。幽默是一种善意的批评，而讽刺批评却带有一定程度的嘲弄，运用不当，幽默批评就会变为讽刺批评。因此，熟练运用幽默批评法，就要求领导者必须具有较高的思想、政治、心理和科学文化素质。

20. 触动式批评

这是言辞比较尖锐、语言较为激烈的批评方法，它通过领导者批评内容和语调的强烈刺激，使下属的思想受到震动，并从震动中得到醒悟。触动批评法主要适用于惰性心理、依赖心理和试探性心理比较突出的人。例如，精神不振、萎靡颓唐、行动散漫者；被动性强、自我意识薄弱者以及犯了错误不愿正视自己的问题、怀有侥幸心理者；等等。对于这人，领导者适度加大批评的刺激量，就能使他们的内心受到应有的触动。需要注意的是，触动批评法“火药味”比较浓，大多数属于“正面交锋”，如果运用不当，很可能会使领导者与被批评者之间发生对抗，导致矛盾进一步激化，因此，领导者应当慎重使用。

21. 集体式批评

集体式批评就是指领导者针对下属拒绝批评的否定性心理，集合相关人员共同对被批评者进行批评教育，以此造成强大的舆论压力，促进其认识和改正自己的缺点和错误的方法。集体批评法通常适用于头脑灵活、歪道理多试图通过狡辩和钻空子来拒绝批评的人。这类人大都能言善辩、工于心计，他们或找种种借口推卸责任、掩饰错误，或钻领导工作和领导关系的空子，来减轻、转移批评的分量。领导者运用集体批评法，就可以堵塞漏洞，消除可能被利用的可乘之机，迫使他们在事实和舆论面前低头认错。集体批评法的适用对象十分有限，领导者具体运用时要谨慎，不可不分对象地频繁使用。

（二）批评的时机

把握“时机”就是要设计好“时间”。“时机”是批评艺术的一个重要范畴，它会直接影响批评的效果，把握批评的“时机”要注意以下方面：

1. 要注意批评的及时性

就是当属下发生了问题，领导者应具体情况具体分析地及时进行批评。对于那些问题已经发生、性质已经明确、后果已经非常明了的人和事，进行及时的批评；对那些具有明显的劣性倾向、不及时制止就会产生连锁反应的问题，批评就更要及时；对那些口是心非、搪塞掩饰、将错误转嫁他人的人，也要及时批评。及时地批评也要求领导者要根据客观情况，深入细致地判断问题，既要有批评的坚决性和果断性，又不可使批评陷入盲目性。

2. 要会用批评的拖延性

相对批评的及时性，拖延性也是批评时机的一种方式。它是指当属下犯了错误、有了缺点，但批评其的时机和条件还不成熟，要有一段时间的缓冲，等到水到渠成时再批评。拖延并非不批评，而是一个等待被批评者认识转变和觉悟的过程。没有这个过程，采取了强加于人式的批评，只能激化矛盾，产生负面效果，因此，当被批评者尚有抵触时，采取拖延方式，稍微“冷处理”一下，则可以使问题的解决比较自然顺畅。拖延式批评适用于那些一时难以搞清的比较复杂的问题。

3. 要把握批评的弹性

弹性是指批评的灵活性和伸缩性。对人对事的批评是及时中有拖延、拖延中有及时，往往既是及时的、又是拖延的。因此，在实际运用中绝对不能把及时性和拖延性完全对立起来，割裂开来，要把握其中的灵活性、伸缩性。总之，批评和处理其他事情一样，时机总是变幻莫测的，如果把握好，就能像“及时雨”一样，使人享受一种自然的智慧美。

（三）批评的误区

批评是一项相当难以掌握的领导艺术。批评就好像是在别人的身上动手术，稍一疏忽就会伤人。因此，为了收到比较好的批评效果，在批评时一定要小心从事。实践中会有很多误区存在，形成这些误区，既是对被批评者的不公正，也从侧面暴露出批评者的人格素质和职务素质的低水平。

实施批评的最高艺术，莫过于身教。加强自身修养，自己首先做到要求别人做到的事情，处处起带头和表率作用。“己不正，何以正人”的道理，工会主席一定要牢记。

走出误区

批评的误区

◆ 以势压人，即领导者以权力来压制、打击下级。

◆ 发怒，即动辄对下级发脾气、耍态度。

◆ 恶语伤人，即讽刺挖苦人、骂人、侮辱人格，甚至当众侮辱。

◆ 全面否定，即一丑遮百俊、夸大其词、危言耸听。

◆ 否定未来，即以现在的缺点、错误，否定被批评者的未来发展。

◆ 背后批评，即有意见不当面指出，而是背后发议论。

◆ 扩大范围，即少数人出了差错，不惜集合几十人进行再教育。

◆ 推卸责任，即在批评时转弯抹角地说有人如何反映等，用意是为了说明他的批评是有依据的，但更多的是推卸自己的责任。

◆ 求全责备，即事无巨细皆以自己的喜恶为标准，不符合的就挑毛病就妄加指责。

◆ 大盘点，即把被批评者以往所犯错误如流水账一样，一一数落，大盘点、算总账。

第 17 篇 工会主席的协商谈判艺术

一、谈判与协商谈判

工会主席作为工会组织的领导者、职工群众的代表者，应该具备协商谈判的技能，掌握协商谈判的艺术，这是工会履行维护和参与职能的必要条件之一。

（一）什么是谈判

谈判是指两方以上的人或组织为了消除分歧、达成一致而进行磋商协议的社交活动，是能够影响各种人际关系和对参与各方产生持久的利益的过程。正常的谈判，实质上是一个协商的过程。而英语里面的谈判与协商就是同一个名词——“ne－gotiation”，即谈判就是协商。在当今众多的国内国外谈判中，若要顺利进行并取得良好的效果，就要改变我们已经把“谈判”和“协商”决然分开、并相互对立的想法，确立起“谈判”就是“协商”的观念。

对于一场成功的谈判来讲，应当遵循的原则如下：一是平等原则。即谈判的双方在法律地位上一律平等，所享有的权利、义务应当对等，根据各自的需求与可能，进行对等交易，互通有无、互惠互利。二是真诚合作。谈判本身就是一种合作的事业。双方通过谈判，共同寻求一种安排，使得双方结束谈判时，都感到远比他们开始谈判时的情况好。双方在谈判中本着合作成功的愿望，互谅互让，求得共赢，也就是双方的真诚合作。三是灵活机动。就是根据不同的谈判对象及不同的环境和条件，在坚持重

制胜法则

谈判的21条规则

◆ 关键规则

· 没有免费的礼物！你的每一次让步都要有所交换。

· 起点要高。

· 先让一大步，然后快速缩小下一次让步的幅度。

· 尽早并且经常提出请求。

· 对待问题不要逐个击破，而是要在最后把所有问题打包解决，统一成一套问题。

· 最后争取额外让步。

· 不断寻找创造性的（高价值－低成本）让步来进行交易。

◆ 重要但明显的规则

· 做好提前准备工作。

· 保持积极的谈判氛围。

· 永远不要因为对方不肯谈判，就认定一件事是不能商量的。事实上，几乎所有事都是可以谈判的。

· 永远不要接受对方的第一次报价。

◆ 有利规则

· 慢慢开始。

· 建立完整的议程。

· 先从小事谈起。

· 要有耐心。

· 运用或提防“规定”的权力。

· 保持你的职权是受限的。争取和高级负责人谈判。

· 考虑使用好人—坏人策略。

· 争取让对方先报价。

· 保持团队的最少人数和你对团队的控制力。
· 争取让对方来找你。

大原则的前提下，因事、因地、因人制宜地运用各种谈判策略、谈判技巧以使谈判获得成功。

谈判有多种类型，按谈判人员和谈判规模划分，有"一对一"谈判、小组谈判、大型谈判；按谈判国别划分，有国内谈判、海外谈判；按谈判地点划分，有主场谈判、客场谈判、中立地点谈判；按谈判的论题与内容准备程度划分，有正式谈判、非正式谈判；按谈判的交流方式划分，有口头谈判、书面谈判；按照对议题的谈判方式划分，有横向谈判、纵向谈判。

（二）什么是工会的协商谈判

工会的协商谈判也称集体协商、平等协商、集体谈判，是指职工一方与用人单位之间依法就劳动报酬、工作时间、休息休假、劳动安全卫生、保险福利、职工培训、劳动纪律以及劳动定额管理等直接涉及劳动者切身利益的规章制度或者重大事项，为达成一致意见而进行谈判的行为。

随着集体合同工作的深入开展，"调整工资要协商""化解劳动关系矛盾要协商"的协商理念影响越来越广。越来越多的企业经营者认识到，实现企业长远健康发展，必须树立协商理念，通过协商合作的方式化解矛盾、构建和谐劳动关系。同时，越来越多的职工意识到，参与集体协商是依法理性表达利益诉求的重要渠道和有效载体，对集体协商的了解度和认同度稳步提高。各级工会开展的调查充分表明，开展集体协商对职工各项权益的实现和改善产生明显作用，广大职工对开展集体协商充满期待。

在实际工作中，进行集体协商应当遵循以下原则：一是遵守法律、法规、规章及国家有关规定。集体协商能否规范实施，取决于其是否能够遵守法律、法规、规章及国家的有关规定。这一原则贯穿于集体协商的全过程。二是相互尊重，平等协商。集体协商是由法律保障的劳动关系双方实行平等对话、民主决策的机制，在法律上赋予了协商双方平等的主体地位。三是诚实守信，公平合作。所谓诚实守信，就是协商双方坦诚互信，恪守承诺，并能够切实担当法律责任；所谓公平合作，就是协商双方不仅能够站在客观公正的立场寻求解决问题的途径，弥合分歧，取得共识。四是兼顾双方合法权益。兼顾双方合法权益的原则，实际上是通过集体协商谋求实现劳动关系双方的共赢，达到促进企业发展和维护职工权益有机统一的目的。五是不得采取过激行为。劳动关系双方要通过理性、合法的方式解决因协商议题未达成一致而引发的争议，不提倡、不鼓励、不支持采取对抗性的方式。

二、工会主席的协商谈判艺术

集体协商的内容与企业发展和职工切身利益密切相关，集体协商代表的素质直接决定着集体协商的质量，对于职工方协商代表来说更是如此。通常职工一方的首席代表由工会主席担任，其主要任务是集体协商期间主持协商会议，负责集体协商的有关组织协调工作，并对协商过程中发生的问题提出处理建议、签署集体协商会议纪要或集体合同文本等。

（一）工会主席应当具备的能力素质

1. 较强的理论政策水平

工会主席作为职工方的首席协商代表，不仅应当熟练掌握相关法律法规和政策规定，还应熟悉了解企业经营管理知识和生产经营状况，具体的计划指标、劳动生产率和人均收入水平等；了解国家和地方有关物价指数、最低工资标准、劳动力市场价位等信息；同时还要了解地区和行业的职工平均工资、工资增长水平及其他劳动标准、劳动条件的情况等。只有这样，才能在协商过程中做到进退有据、游刃有余。外资企业的工会主席，还应了解投资国的文化传统、风俗习惯，以及公司在其他国家的经营状况和员工收入等情况，以便在与外方经营者沟通时有的放矢、恰如其分。

2. 高度的敬业奉献精神

工会主席作为职工方的首席代表，应当具有高度的为职工利益和工会事业奉献的敬业精神，既热爱工会工作，能够做到密切联系职工群众，充分全面了解职工群众的愿望和要求，又为人公道正派，在职工群众中有较高的威信和亲和力，受到职工群众的普遍信赖认可，在关键时刻能够为争取职工群众的权益挺身而出。

3. 出色的组织协调能力

工会主席作为职工方的首席代表，既是协商代表中的一员，也是协商代表的组织者和协调者，应当既能够协调职工方协商代表之间的分歧，形成整体的协商合力，又能够有效组织引导职工方协商代表发挥各自优势，在协商过程中为职工利益据理力争，从而实现协商顺利进行直至完成预期目标。

4. 丰富的协商谈判经验

开展集体协商是一项政策性、业务性很强的工作，协商的成效既关系职工群众的权益实现程度，又与职工方协商代表的能力水平有着很大关系。工会主席作为职工方协商代表的主导者，责任重大，必须精明干练、冷静从容、思路清晰，在协商的各个环节，既能坚持原则积极争取，又能够审时度势妥协让步。

（二）运用策略与技巧对于开展集体协商的意义

集体协商是一项政策性、专业性、实践性很强的系统性工程，也是劳动关系双方不断博弈的过程。这决定了在开展集体协商过程中，充分运用各种协商策略与技巧，通过与企业方的反复博弈，能够为劳动者争取尽可能多的合情合理的利益。

第一，运用策略与技巧是在集体协商过程中扬长避短、争取主动的重要保障。在集体协商过程中，劳动关系双方都希望通过协商实现自己的既定目标，这就需要认真分析和研究协商双方各自所具有的优势和劣势，即对比双方的协商“筹码”。在掌握双方的基本情况之后，若要最大限度地发挥自身优势，争取最佳结局，必须以机动灵活地运用策略与技巧作为重要保障，达成对本方最有利的集体协商结果。若不讲究策略与技巧，就很难达到这一目的。

第二，运用策略与技巧是在集体协商过程中打破僵局、顺利推进的有效手段。集体协商过程一般包括准备、始谈、摸底、僵持、让步和促成6

个阶段。集体协商过程的复杂性决定了协商代表在任何一个阶段对问题处理不当，都可能会导致集体协商的破裂和失败。尤其是在始谈阶段，双方要想营造一个良好的开端，使集体协商能顺利发展，达到预期目标，必须具备一定的集体协商策略与技巧。只有这样，才能克服集体协商中出现的问题和困难，将集体协商逐步推向成功。

第三，运用策略与技巧是在集体协商过程中达成共识、实现双赢的重要途径。集体协商双方既有利益冲突的一面，又有希望达成协议的一面，让对方明白集体协商的成败取决于双方的行为和共同的努力，就能使双方求同存异，在坚持各自基本目标的前提下互谅互让，互利双赢，达成协议。在集体协商过程中，恰当运用策略与技巧，既能够做到不轻易暴露本方意图，又能够按照实际情况的需要灵活运用各种协商策略与技巧，达到维护自身利益、实现既定目标的目的。

（三）运用策略与技巧应遵循的原则

集体协商策略与技巧形式多样，实践中只要有利于实现协商目标的策略与技巧都可以大胆采用。但是一些基本的原则必须坚持，这是集体协商运用策略与技巧必须坚守的底线，也是集体协商取得成功的关键。

1. 依法合规

在开展集体协商过程中，应当严格遵循国家有关法律法规和政策，在国家法律法规和政策允许的范围内充分运用协商策略与技巧。只有把法律法规和政策规定与运用协商的策略与技巧充分结合起来，才能实现协商效果的最优化。

2. 灵活多样

集体协商过程中运用的策略与技巧具有极强的复杂性、灵活性。在集体协商过程中，协商代表应当根据实际情况灵活运用策略与技巧，既可以正向运用，也可以反向运用，既可以运用策略的一部分，也可以综合运用几部分的组合。

3. 因企制宜

应当根据不同地区以及不同企业环境、条件的实际，坚持实事求是，围绕各自遇到的重点难点问题，合理确定和运用协商策略与技巧，切实增强协商的针对性和实效性。只有综合运用不同的策略与技巧，将其与具体的协商过程有机结合起来，才能实现事半功倍的效果。

4. 互利共赢

在开展集体协商过程中，运用策略与技巧的目的是要为职工争取更多合情合理的利益，但是，企业的发展与职工利益的保障和实现息息相关，两者互为基础、互为前提。只有按照“促进企业发展，维护职工权益”的原则，合理地运用协商策略与技巧，按照实现双方互利共赢的目标来开展集体协商，才能实现劳动者利益的最大化。

（四）开展集体协商策略的主要类型

策略的谋划和运用，是开展集体协商的重要因素，对于依法合规开展集体协商，并确保取得成功具有助推作用。从一般意义上讲，通常运用的策略有以下几个方面：

1. 双赢策略

在集体协商过程中，要取得双方都满意的结果，既要考虑职工方的利益目标，也要兼顾企业方的利益目标，从企业的实际出发，通过有效的协商谈判，使双方实现互利共赢。

2. 进攻策略

在集体协商中，职工方协商代表应明确：若劳动力市场求大于供（供不应求），根据“物以稀为贵”的交易原则，在集体协商时，要借助有利条件抬高要价，逐步推进。若企业对人工成本投入的获利高于对实物成本或技术成本投入的获利时，职工方协商代表也可以采取进攻策略。

3. 退让策略

若劳动力市场供大于求，本企业经济效益低下，而且无论增加何种成本投入，经济效益预期仍难预料，此时，职工方协商代表应当采取退让策略，以暂时的让步，换取未来的回报。

4. 坚守策略

若劳动力市场供求关系处于不稳定状态，企业内部人工成本投入和其他成本投入之间的效益比不稳定，此时，职工方协商代表宜采取坚守策略，坚持不降低原有工资标准，并力争有所提高。

5. 迂回策略

各项劳动标准之间有着内在联系，即存在此消彼长的关系。对此，职工方协商代表可采取相应的迂回策略。例如，当企业方协商代表要求降低工资增长幅度时，职工方协商代表可要求降低劳动定额，或要求提高加班加点工资标准；当企业方提出裁减人员时，职工方协商代表可要求缩短工作时间，实行带薪年休假等。

6. 包容策略

在集体协商过程中，要允许对方提出不同的观点、意见，认真倾听，理性思考，正确对待，求同存异，保证集体协商在和谐有序的气氛中进行，从而最大限度凝聚共识。

当然，在开展集体协商过程中，以上策略一般不会单独运用，很多时候需要根据协商的具体情况加以综合运用。同时，开展集体协商运用的策略包括但不限于以上所列内容，只要有利于协商顺利进行、实现设定的协商目标的策略，都可以大胆运用、积极实践。

（五）开展集体协商策略应注意的问题

在实践中，为了运用好这些策略，应注意把握好以下问题：

1. 把握关键，善于坚持

牢牢把握广大职工群众经济利益不受损、少受损这一核心，始终围绕确定的协商目标不动摇，通过合理运用集体协商策略来实现维护广大职工合法权益的目的。

2. 明确目标，循序渐进

在开展集体协商过程中，应当坚持大目标与小要求有机结合，宏观大势与微观现状平衡调节。在具体操作过程中，应以涉及职工实实在在的利益为突破口。在协商点的选择上，应当先易后难，逐步扩展协商的内容，防止和克服急躁冒进情绪。

3. 因情而异，灵活运用

开展集体协商是劳动关系双方相互博弈的过程，各种情况的动态变化决定了协商过程中策略的运用并无定势，应随着情况的变化做到因情而异、灵活运用。

4. 相互衔接，综合使用

集体协商中的策略是综合的、系统的，在使用过程中应当着眼开展集体协商全局、全过程的需要，从实际出发，通盘考虑综合运用，而不能机械地生搬硬套。同时，还需要在掌握基本策略技巧的前提下，根据不同的发展阶段、不同的境况，在运用过程中积极探索创新。

（六）开展集体协商技巧的主要类型

技巧在开展集体协商中，是一种辅助性的使用方法，在实际运用中，既不能喧宾夺主，又不能弃之不用，如何合理、巧妙地运用，需要在实践中不断摸索积累。从实践情况看，集体协商常用的技巧有以下几个方面：

1. 攻心术

一般人都喜欢和自己投缘的人协商，如果认为对方诚实、公道，就会愿意退让一两步。为此，在协商过程中，应当营造和谐的协商氛围，把握好对方心理的微妙变化，处处表现出对对方的尊重，做好必要的了解、沟通、交流工作，增进彼此之间的信任度。

2. 声东击西

在协商过程中，可以通过转移对方的注意力的方法，以求实现自己设定的协商目标。可在无关紧要的问题上大做文章，分散对方对自己要解决的问题的注意力，在对方无警觉时，巧妙实现自己的协商意图。

3. 留有余地

在协商谈判时，向对方提出的要求应当高于自己所期望的要求，为自己留有一定的退步空间。而当对方提出某些要求时，即使能够满足，也不必立即表示接受，而应留有余地，以备对方讨价还价。

4. 学会让步

应体现对我方有利的原则，不做无谓让步；确有必要让步，应当掌握火候，让得恰到好处；在重要问题上要力求使对方先让步，而在较为次要的问题上，根据情况需要，自己一方考虑先让步。

5. 善于运用事实和数据说话

应当在协商准备阶段做好有关资料、数据的收集和分析工作，学会用事实和数据说话，如本地区、本行业职工的平均工资水平、当地政府发布的工资指导线、本地区城镇居民消费价格指数、本企业劳动生产率、本企业职工平均工资水平等，以增强自己设定目标的说服力。

（七）开展集体协商技巧应注意的问题

通常情况下，运用集体协商技巧应注意把握好以下问题：

1. 扬长避短

在运用技巧中，工会应当发挥联系职工群众密切、善于借助外部资源形成合力、在职工群众中具有较强的号召力及影响力等优势，注重扬长避短，发挥优势，转化劣势，争取主动。

2. 进退有据

协商过程中双方观点不一致在所难免，当对某个问题僵持不下时，可以调整思路，避开锋芒，换一种表达方式。在协商重点和时机的把握上，应当灵活决断，把握好整个协商进程的速度、节点和重要的突破方向。

3. 重在沟通

集体协商中往往出现双方意见分歧较大，谁都不肯轻易让步的现象，使得协商陷入僵局。在这种情况下，可以提出休会、暂停的建议。同时，利用这一时机，积极与企业方沟通交流，力争在分歧点上达成一致，为继续进行协商创造条件。

4. 有的放矢

在开展集体协商前，应对对方协商代表心理、个性进行细致的分析，较好地把握对方代表的心理倾向，从而在实际协商中，有针对性地运用协商技巧，做到有的放矢。

5. 沉着应对

在协商过程中遇到激烈的争论时，会使人的情绪产生波动，思维发生变化，在这种情况下，应当尽可能稳定情绪，保持冷静，也可适当转移话题，缓和紧张气氛。

6. 适当施压

在运用技巧过程中，有时通过适当施压的办法可以取得良好的效果。比如，通过宣传营造声势和舆论；及时向职工通报协商进展情况，把职工群众的力量用好用足；用好与企业方直接对话的机会，通报职工的反应和工会的态度，对企业方形成强大压力。

总之，在协商技巧的使用上，不仅在协商过程中要用好，而且在协商之外运用技巧也很重要。比如，应当尽可能了解掌握企业方参与协商人员的详细资料；事先与企业经营者及人力资源部门负责人沟通；投入大量精力统一职工群众内部不同利益诉求，等等。

（八）解决相关信息资料收集困难的策略与技巧

在开展集体协商过程中，工会向企业相关部门提出了解集体协商涉及的相关资料信息时，对方往往以保守“商业秘密”等理由搪塞或推托，致使工会难以收集到全面、真实的资料信息。同时，政府相关部门发布信息有时相对滞后，难以满足工会开展集体协商的需要。针对这一问题，工会主席应当采取以下策略：

一方面，应做好与企业方的沟通协调工作。一是工会方和企业方可通过平时或谈判前的正式或非正式的讨论沟通，促进双方公开交流意见与观点，共同建立相互信任、共享信息、共同协商应对关键问题的良好关系。二是企业工会应当主动向企业行政方提供并宣传国家的法律法规和政策要求，使企业充分认识到在集体协商过程中提供相关资料信息，是企业方应当承担的法定义务。三是工会要求企业提供相关数据资料时，也应该同时承诺相关资料信息只用于集体协商，工会和职工方协商代表都有义务保护企业的商业秘密。

另一方面，应当拓宽资料信息收集的渠道、创新资料信息收集的方式方法。可充分利用网络、报刊等多种媒体，也可通过发动职工群众获得一手数据以及收集同类企业同类岗位的相似数据等方式，获取其他与开展集体协商直接相关的资料信息，为开展集体协商提供更为充分的数据信息支撑。

（九）打破集体协商僵局的策略与技巧

在协商中双方各自对利益的期望或对某一问题的立场和观点存在分歧，很难形成共识，而又都不愿妥协让步时，协商进程就会出现停顿、进入僵持状态。协商僵局出现后，如果处理不当，就会导致协商破裂，使协商双方利益均受到损失。破解集体协商过程中出现的僵局，要沉着冷静，仔细分析协商僵局产生的原因，在坚持原则的前提下，既不为一时出现的僵局所困扰，又要用积极的态度有理有节推进协商。具体地说，可以采用以下策略技巧：

1. 尊重客观实际，懂得适度退让

在协商过程中，不能一味纠缠枝节问题，而要尊重客观实际，善于从对方的角度看问题，充分考虑对方的利益诉求和实际情况，从整体利益着眼，适度作出退让。在某些问题上稍做让步，而在其他问题上争取更好的条件，通过在局部利益上做一点牺牲以换取长远利益和整体利益。

2. 转移协商议题，提供替代方案

对协商中发生争议的问题，应当审时度势，既可以暂且回避分歧，换一个新的议题进行协商，避免一味争辩耽误时间，缓和紧张气氛；也可以提供事先准备好的替代方案供对方选择，替代方案要兼顾双方利益和需求，从而推动双方从新方案中寻找共识。

3. 采取降温措施，适时提出休会

休会可以是预定的程序，也可以是临时的提议，可以是有期限的，也可以是不定期限的。在休会期间，双方可以找专家咨询，可以与对方沟通和探讨，也可以接受第三方的斡旋，从而推动协商继续进行下去。

4. 坚持据理力争，拒绝无理要求

当对方提出不合理条件，故意制造僵局施加压力，特别是在一些原则问题上提出无理要求时，要以坚决的态度据理力争，明确表示拒绝接受对方的不合理要求，揭露对方故意制造僵局的不友好的行为，使对方收敛态度，但要注意表达的技巧性，用绵里藏针、软中有硬的方法回击对方，使其知难而退。

（十）增强集体协商针对性和实效性的策略与技巧

在实践中，有一些集体协商缺乏针对性和实效性，集体合同流于形式、停在表面。造成这种状况，既有职工方“不敢谈”“不会谈”的问题，也有企业方“不愿谈”“不真谈”的问题。这就要求在开展集体协商时，合理运用相应的策略与技巧，使职工方“敢谈”“会谈”，企业方“必须谈”“真正谈”。

1. 依法引入专业人才参与协商

职工方协商代表“不会谈”很大程度上因为不具备相应的专业知识，在开展集体协商时难以对企业方的推诿、隐瞒等行为提出有针对性、说服力强的理由和主张。针对这种情况，可以按照《集体合同规定》规定的“集体协商双方首席代表可以书面委托本单位以外的专业人员作为本方协商代表。委托人数不得超过本方代表的三分之一”，通过依法将专业人员引入协商过程，充分发挥他们了解政策、熟悉法律、精通业务、善于协商的优势，有效破解职工方协商代表“不会谈”“不善谈”的问题。

2. 善于借势借力向企业方施压

集体协商顺利实施的一个重要因素就是善于借势借力。在协商过程中应当把争取资源手段列入思考范畴，除企业行政方外，还要想方设法争取上级工会以及劳动、工商、税务等部门的理解和支持，借助新闻媒体和社会舆论的导向和影响，不断借助外力向企业方施压，使企业时时感受到“必须谈”的压力。

3. 合理利用程序规则破解难题

积极探索“上代下”协商机制，对协商和要约有困难的基层工会特别是外商、港澳台资企业工会，上级工会可代行协商和要约，督促企业开展集体协商。大力开展行业性、区域性集体协商，行业性集体协商在选择集体协商代表时，可以采取“交叉回避”的办法，最大限度避免出现职工方协商代表和企业方协商代表来自同一家企业的现象，破解制约职工方协商代表“不敢谈”的难题。

第18篇 工会主席的改革创新艺术

一、改革需要提高创新力

创新力就是竞争力。改革的本质就是创新。因此，工会主席要推动改革，就必须提高创新力。创新是人类在社会实践中扬弃旧事物、旧思想、旧方法，把新设想、新技术、新成果成功付诸实施并获得更高效益的运作过程。换句话说，创新就是人们能动地进行创造并最终获得更高效益的一个综合过程。

创新首要的问题是解放思想，实现意识创新。创新意识是一种不安于现状的求精意识，是一种好奇心。创新意识不是天生就有的，是创新力培养的重要基石。它是创新者适应客观世界的发展变化，科学和准确地把握规律，以正确的方式构建新的思维、新的思想以形成对变化了的世界新的正确的认识。

创新力是指一个人（或群体）在前人发现或发明的基础上，通过自身的努力，创造性地提出新的发现、新的发明和新的改进革新方案的能力。也可以说创新力就是人们革旧布新和创造新事物的能力，包括发现问题、分析问题、发现矛盾、提出假设、论证假设、解决问题以及在解决问题过程中进一步发现新问题，从而不断推动事物发展变化等。通俗地讲，创新力就是产生某个以前不存在的东西。这东西可以是一个产品，或是一个过程，或是一种思想。

创新是个知易行难的问题。一个称职的工会主席，应当是创新工会工作的设想者和组织者。勇于开拓创新是现代领导者的基本特征。尤其是在现代科学技术日新月异、信息瞬息万变的时代，工会工作的多变性和动态性更加显著。工会主席如果不善于提出新问题，开拓新领域，就无法跟上形势的变化，使自己的工作处于被动。

工会主席要提升创新力，应具备以下要素：一是坚定的自信。自信是创新的力量，自信力的来源是现有的能力、潜在的能力、学习的能力。一个真正具备创新力的工会主席，必须确立正确的创新意识，提高创新素质，并能在实践中创新机制，锤炼创新作风。二是强烈的创新愿望。创新愿望是成功的前提。一个不思创新的人是不可能获得成功的。三是深厚的理论基础和广博的知识。知识素质是工会主席取得事业成功的基础，主要包括三个方面：深厚的理论知识和功底、娴熟的管理专业知识、广博的科学文化知识。四是精神素质和坚强的心理承受能力。培养科学的探索精神与批判精神，要有自我否定的精神、勤奋好学的探索精神、不断开拓的创新精神、科学冷静的求实精神、不屈不挠的顽强精神。五是能力素质。这是工会主席素质的核心。良好的分析能力和实践技能主要表现在洞察能力、探讨能力、决断能力、组织能力、驾驭能力、协调能力、应变能力等。六是品格素质和身体素质。这是工会主席素质中居于中枢地位的素质，包括事业心、责任感、原则性、灵活性、宽宏的度量、自制力、正确的研究方法及健全的体魄等。

工会主席要提升创新力，还要保证创新环境和创新机制。一是要把创新力作为评价和任免干部的重要标准，形成能者上、平者让、庸者下的良好机制。二是创新的安全系数很低，要创新就有可能失误，对开拓创新的工会主席不能求全责备。三是健全创新发展机制。要保证工会主席的创新力能够可持续发展，就要为他们创造条件，包括在职学习、脱产进修、出国考察、社会调研等，使之保持丰富的创造来源和旺盛的创造灵感。

二、工会主席提高创新力的途径

习近平总书记提出，领导干部要“提高开拓创新的能力，善于根据事物发展的客观规律推动思维创新、方法创新、实践创新、制度创新，创造性地开展工作”。这就为我们指明了领导创新力的具体路径。

（一）思维创新

思维创新是工会主席在开展工作中，运用掌握的知识、经验和智慧，通过分析、比较、综合和想象，突破常规思维，创造新思想和新观点的一种思维方式。与创新思维相对应的是常规思维，这类思维的实质是直线思维，也称线性思维。这种单向思维已越来越不适应今天复杂的工会工作。事物发展不是一因一果，而是一因多果、一果多因，甚至多因多果。工会主席需要多向思维和系统思维。

思维创新需要想象力，需要打开思维的空间，不要给思维定框划界。工会主席既要善于正向思维，又要学会逆向思维；既要能够聚合思维，又要能够发散思维。同时，又要善于借助外脑甚至外行来创新思维。过去常说“内行看门道，外行看热闹”，实际上，外行看热闹有时候也能够创新，因为外行的思维不受既有规则的限制，更容易从新角度发现新问题，提出新思路。

（二）方法创新

“工欲善其事，必先利其器。”工作方法是决定工会主席工作绩效的“金手杖”。我们的任务是过河，要过河就要解决桥的问题，解决船的问题，工会主席掌握了合适的工作方法，工会工作开展就会事半功倍。因此，提升创新力需要方法创新，需要领导干部一切从实际出发，实事求是，与时俱进，开拓创新，在没有桥又造不了船的时候，要学会打隧道过河、绕道过河甚至是摸着石头过河。总之，硬方法不行就用软方法，旧方法不行就用新方法。比如，同是做群众工作，过去，我们主要强调工会干部要下基层和群众“面对面”。但在当今网络信息时代，做年轻人的思想工作，就不仅要“面对面”，还要“键对键”，不仅要下访说家常话，更要上网使用“网言网语”，善于借助网络做群众工作。

（三）实践创新

工会主席要在思维创新和方法创新的基础上，善于结合本地区和本单位的实际进行实践创新。实践创新就是要不断打破固有的思维定式和条条框框，善于用新的视角看问题，用新的思路谋发展，用新的机制和办法解决问题，以实践创新攻坚克难，以实践创新赢得先机。习近平总书记当年在福建宁德工作时，面对当时闽东地区落后面貌和群众脱贫致富的期盼，对党的群众路线工作方法进行了实践创新，提出了领导干部“信访接待下基层、现场办公下基层、调查研究下基层、宣传党的方针政策下基层”等四下基层的工作方法和工作制度。四下基层源于实践又指导实践，是对我们党坚持群众路线这一优良传统的继承和创新。实践证明，四下基层的实践创新是了解民情、科学决策的关键环节，是化解矛盾、促进和谐的重要渠道，是落实工作、为民办事的有力抓手，是固本强基、锤炼干部的有效手段。

（四）制度创新

制度创新是在实践基础上，总结成功经验并进一步上升为制度，通过制度创新为实践创新提供动力支持。因此，领导创新重在制度创新。制度创新旨在破解体制机制弊端，激发群众创新活力。制度创新是从根本上破解机制体制弊端的不二法门，一定的制度总是与特定的环境和任务相匹配的，环境和任务变了，原来能够促进我们事业发展的制度现在就可能变成阻碍我们事业发展的制度，原先充满活力的制度现在就可能变得僵化，不再适应当前环境和任务的需求。这就需要在法律允许的范围内以极大的政治勇气，突破旧有制度的束缚，于法有据地推动改革创新。

三、工会主席改革创新的艺术

（一）要处理好四个关系

改革的实质是对利益分配格局和利益分配规则的调整，必然会导致既得利益群体的反对和抵制。改革往往面临着来自“左”和右两方面的阻力，必须“两线作战”，同时面对保守力量和激进力量的责难和反对。所以，推动和领导改革既要有智慧，又要有勇气，要处理好以下四个关系：

1. 要处理好动力和阻力的关系

推动和领导改革的艺术就是正确处理好“三力”的关系，即尽量地减少改革的阻力，增加改革的动力，形成改革的合力。工会主席在确定改革方向后首先要明确谁支持改革，谁反对改革；谁真正掌握权力，谁实际控制舆论；还要关注改革过程中可能遇到哪些阻力，这些阻力来自何方；为了克服这些阻力，需要做哪些努力；关键是能够将改革的观望者和反对者转变为支持者，最大程度壮大改革的力量。“上下同欲者胜”。工会主席和广大干部群众对改革的认同和共识至关重要。

2. 要处理好激励与凝聚的关系

增加改革的动力重在激励，要给改革的支持者和参与者权利和福利，给他们荣誉和信任。要激励那些有胆有识而不是畏首畏尾的人，激励那些富有创造性而不是因循守旧的人，激励那些实干苦干而不是只会空谈的人，激励那些取得职工群众满意的成绩而不是政绩的人。在激励的同时，还要善于凝聚力量。一切改革都要于法有据，推动和领导改革要善于法治引领，要坚持法治思维，要善用法治方式。同时，又要特别重视道路自信、理论自信、制度自信和文化自信，要用社会主义核心价值观来凝聚人心。工会主席既要能够通过法律和纪律等硬约束来形成改革的合力，又要善于运用理想信念、道德作风和社会主义核心价值观等软约束来凝聚改革的正能量。

3. 要处理好“蹄疾”和“步稳”的关系

通常，改革需要稳扎稳打，从容易处着手，“摸着石头过河”，进行渐进式改革，进行增量改革，积累经验，赢得支持，积小胜为大胜，力求“步稳”。要通过小胜赢得干部群众的信心，坚定他们推动改革的决心，鼓舞他们推动改革的勇气。否则，没有小胜，多数人就很可能看不到希望，看不到变化，就可能停下改革的脚步，甚至反对改革。处理好“蹄疾”和“步稳”的关系既要做到迈小步、不停步，又要关键时刻迈大步。要掌握改革的节奏，把握改革的时机，善于借助重大时机进行存量改革，进行“激进式”改革，推动更深层次的改革，解决更难更大的问题，最后积小胜为大胜，积跬步至千里。

4. 要处理好整体推进与重点突破的关系

改革是一个系统工程，涉及方方面面，因此，改革需要整体推进，这样才能统筹协调，把握改革大局。但改革又不能齐头并进，平均用力，在整体推进的同时要重点突破，这样才能以点带面，激发改革动力。整体推进要求每一项改革既要考虑局部的具体情况，更要从大局出发，从全局来谋划，服从大局，顺势而为，从而减少阻力，增加动力。重点突破则要选好突破口和切入点，选择好时机啃掉硬骨头，没有重点突破，就难以撬动改革进程。处理好整体推进和重点突破的关系，要求工会主席要统筹大局，善于抓住主要矛盾和矛盾的主要方面，注重抓改革的关键环节和重点领域进行突破，从而“牵一发而动全身”，推动全面深化改革。整体推进需要顶层设计，确定改革的时间表、路线图和任务书；重点突破需要基层探索，发现啃硬骨头的方法，扎扎实实推动改革取得实效。

知识链接

约翰·科特：领导变革的过程

领导变革需要循序渐进，从组织动员、构建团队到共建愿景、宣传愿景，制定战略阶段，从破除改革障碍、不断取得阶段性成果到把变革融入组织文化，使其持续下去。改革要有条不紊，每一步都是为下一个步骤奠定坚实的基础，变革要循序渐进，欲速则不达。

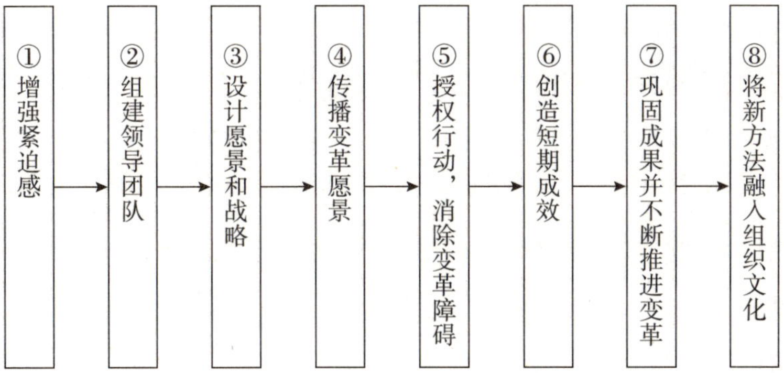

（二）处理好继承与创新的关系

习近平总书记指出，领导干部“不应当否定或抛弃前任所取得的成就，而应当虚心向老同志学习，不断充实提高自己，并在此基础上继承发展，在继承中创新。在创新中把改革开放和经济建设推向新的阶段，在创新中增强自身的领导才干。只有这样，才能保持领导工作的连续性和稳定性”。因此，处理好继承与创新的关系是高超的政治智慧，也是很实用的推动改革的领导艺术。

处理好继承与创新的关系就要坚持解放思想与实事求是的有机统一。一切从基本国情出发，从工会工作实际出发，从职工群众的利益出发。处理好继承与创新的关系，就是推动改革要遵循事物发展的内在规律，保证改革的正确方向。工会主席要坚持历史的继承性，要尊重历史、尊重前任，尤其不能否定和抛弃前任所取得的成就，不能一切工作都推倒重来，要做到“新官要理旧账”。

工会主席应当在继承的基础上有所创新、有所突破、有所发展，坚持稳中求进、稳中有为、稳中求好，不断改革创新，在创新中把经济社会建设推向新的阶段。“苟日新，日日新，又日新。”创新就是要求工会主席要牢固树立进取意识，做到改革不停步、开放不止步、永远追求卓越。从根本上来说，创新精神和进取意识是精神力量之源。

处理好继承和创新的关系，既要有底线思维意识，又要有开拓创新意识，就是处理好“胆子要大”与“步子要稳”的关系。一方面，巩固过去取得的成绩和向好的发展态势，促进经济社会大局稳定，为全面深化改革创造条件。同时，要积极推动全面深化改革，要把握大局，扎实推进，战略上要勇于进取，战术上要稳扎稳打，坚持问题导向，勇于突破创新，以改革促发展。处理好继承和创新的关系，既要防止继承不够，又要防止创新不足。因此，工会主席务必把继承和创新有机结合起来推动变革，做到“蹄疾步稳”。“步稳”需要继承，“蹄疾”有赖创新，只有“步稳”才能“蹄疾”，只有继承才有创新。

第19篇 工会主席的信息运用艺术

一、信息和工会信息

信息通过符号（如文字、图像、密码、数据、报表等）、信号（如语言、有某种含义的手势、指令、电磁波信号等）和声、光、电波等载体进行反映、传递并存储。收集得到并经过加工、传输的信息，对于信息的接收者来说是预先不知道的新消息或知识，可使其减少或消除不确定性、未知度和存疑。信息是现代社会进步发展的重要支柱，是人类认识事物的媒介，是知识型生产力，是科学管理的前提，是进行决策的基础和依据。

工会信息是为工会领导机关掌握情况、进行决策、实施正确领导服务的信息，是工会向党政领导机关反映情况、替职工说话办事、维护职工合法权益、提供决策和参考材料的信息，也是工会内部相互交流情况、推进工作的信息。工会信息除具有信息的基本功能外，还具有维护功能、协调功能、参与功能、指导功能和教育功能。

工会信息工作是党委信息工作的重要组成部分，是工会领导机关掌握情况、进行科学决策、实施正确领导的一项基础性工作；是工会履行社会职能，加强民主参与、反映职工意见和要求、维护职工合法权益的重要渠道；是工会内部互通情况、交流信息、搞好工会自身改革和建设的重要手段。因此，工会主席必须掌握信息运用能力，进而实现科学的工会领导。

信息能力是指工会主席对工会信息的获取、处理与利用的技能和水平。它是工会主席获取工会信息数量与质量、加工信息程度与水平、运用信息的效率与效益的综合反映。工会主席信息能力，既是其才能与智慧的具体体现，又是其决策能力强弱、领导水平高低的决定性因素之一。它是现代工会领导者进行科学领导、开创新局面的重要能力。

工会主席要提升信息能力，一是要有清醒的政治头脑，坚持正确的政治方向，有敏锐的洞察力，有比较扎实的理论功底和较高的政策水平，坚持实事求是的原则和求真务实的作风，有争分夺秒的时间观念和快速高效的办事风格，有自觉遵章守纪、严于律己的为人处世态度，有埋头苦干、勇于奉献的精神。二是要培养发现有用信息的洞察能力，区分信息优劣的判断能力，由此及彼的信息分析能力，兼收并蓄的信息综合能力，把握未来的信息预测能力，主动适应形势的创新能力，娴熟表达信息的文字能力。

二、工会信息的收集艺术

（一）工会信息收集的原则

1. 目的性原则

收集信息时，首先必须明确信息服务的对象和所需信息的用途，然后进行有针对性、有的放矢的收集。只有这样，才能事半功倍，使收集的信息对路、有用。

2. 真实性原则

收集信息要尊重客观事实，不能先入为主，不能道听途说，而要准确反映事物的真实面貌。为此，信息源要真实可信，信息采集方法要科学，从而保证信息的本真面目。

3. 系统性原则

事物的发生、发展本身具有连续性、系统性，因此，收集反映事物的信息亦应体现出连贯性和系统性。为此，在收集信息时，应遵循事物发展和运动的轨迹，进行有始有终的系统收集和反映，从而使收集到的信息脉络清晰，便于把事物的来龙去脉交代清楚。

4. 全面性原则

事物的产生和发展，不是孤立的、无缘无故的，它既有外部的原因，也有内部的原因；既有表层的原因，也有深层次的原因。因此，收集信息时，要开阔视野，拓宽领域，在开发信息的广度和深度上下功夫，从整体上对事物进行考察，力求准确反映事物的全貌和本质，从而使收集的信息更易为处于驾驭全局位置的领导机关所使用。

5. 多样性原则

世界是多样的，社会是多彩的，人们从事的行业是五花八门的，我们收集的信息应当是多样性的。收集信息时，就应当立足工会，跳出工会，从纷繁复杂的事物和五彩斑斓的社会中，选取有助于工人运动和工会事业发展、有助于社会健康发展的信息，以备开展各类工作的信息所需。

6. 时效性原则

收集信息时，一是要注意信息本身的时效，看其是否过时，二是采集信息要及时、快速，以免延误，从而保证收集的信息具有价值。

（二）工会信息收集的要求

1. 要讲政治

工会信息的收集是一项政治性、政策性很强的工作，如果处理不当，就会给工作造成损失。因此，必须讲政治。为此，工会主席要坚持正确的政治方向，时刻保持清醒的政治头脑，具有高度的政治敏锐性，学会从政治的角度去观察、认识、分析事物，善于从一些看似平常的事情中发现带有倾向性、苗头性的问题，从一些貌似有理的论调中识别真理和谬误，从而保证收集的信息政治上正确。

2. 要坚持实事求是的原则

在信息收集时要把实事求是的理念化作具体行动，就是要坚持一切从实际出发，深入实际、深入基层，没有调查就没有发言权，一切结论产生于调查研究的基础之上；坚持走群众路线的工作方法，相信群众、依靠群众、发动群众收集和提供信息；坚持原则，坚持真理，一就是一，二就是二，不为权势所动，不为利益所惑，从而保证收集的信息真实不走样。

3. 要有全局观念

工会信息要为领导服务、为决策服务，工会主席就应站在领导者的角度和全局的高度，围绕中心，把握大局，审时度势，收集反映影响全局发展的问题，而不是局限于某些方面，从而真正体现出大格局、宽心胸。

4. 要有良好的作风

工会主席要有脚踏实地、严谨的作风，对收集的每一条信息，应当进行认真分析，仔细核对，保证信息中涉及的时间、地点、人物、情节、重要细节等都准确无误，特别是对重要信息，要进行反复核实，使之经得起时间的检验；要有雷厉风行的作风，争分夺秒，提高工作效率，确保提高信息的时效性。

5. 要有必要的各种手段和条件

工会主席要配备计算机等现代化办公设备，采取科学的采集方法，遵守一定的规范，并有经费和后勤保障，特别是有党政的指导与支持。

（三）工会信息收集的方法

观察法。就是凭借自身素质和能力或借助必要观察手段，来认识事物，收集、获取相关信息。

调查法。就是采取普遍调查、重点调查、典型调查、抽样调查、追踪调查等方式，或采取座谈会、讨论会、接待信访者等直接接触有关人员的方式，来收集信息，获取大量第一手材料。

阅读法。就是通过阅读文件、资料、报纸、书刊等现成材料，以及收听广播、收看电视等方式，从中收集需要的信息。

交换法。就是用自己收集和加工整理的信息资料，同有关地区、部门或单位达成临时交换或长期交换协议，进行资料交换，以互通有无，实现信息共享。

索取法。就是当面向有关部门、单位或个人做调查询问；或通过发函，请求其帮助收集和提供有关信息资料。

购买法。就是向信息服务单位或个人有偿地索取所需的信息资料。

委托法。就是对一些内部的和不易获取的信息资料，在用购买、交换等办法都得不到的情况下，委托有关单位或个人帮助收集。

（四）工会信息收集的途径

1. 通过组织渠道获取信息

这是工会信息收集的正常途径。基层工会和下级工会须向上级工会报送信息，工会的各职能部门和直属单位应通过办公室及其信息工作机构向本级工会报送信息，各地方工会和全国产业工会须向全总报送信息。

2. 通过建立健全信息收集网络获取信息

通过建立健全覆盖广泛、布局合理、反应灵敏、运转高效的信息收集网络获取信息。这是工会信息收集的主要途径。利用信息网络，可以定向收集所需信息，也可以通过协调达到信息共享的目的。

3. 利用参加各类会议获取信息

这是工会信息收集的一个重要途径。如参加党代会、人代会、职代会、会员代表大会、执委会、全委会、主席团会等重要会议，可以了解全局情况、总体工作部署等信息，并通过领导讲话了解上级指示精神和领导思路与意图；参加部门工作会议和产业工会会议，可以了解各条战线、各系统贯彻落实领导决策和机关工作部署的举措、进展等信息，也可以从某个侧面加深对总体工作部署的理解；参加各种专门工作会议，可以了解某方面专门工作的意义、面临的问题、采取的措施和工作安排等信息，为本单位开展这项工作提供思路和指导；参加各种研讨会、座谈会、论坛等，可以吸取那些对开展工作有益的新观点、新想法、新思路等，为创新工作提供信息服务。

4. 发现和获取现成文字资料信息

通过阅读文件简报、参考资料、调研报告、机关内部刊物等，发现和获取现成文字资料信息。这是工会信息收集的便捷途径。这些文件资料，往往文字简洁，语言精练，信息量大，针对性、指导性强，可以从中获取许多有用的信息，成为良师益友。

5. 通过大众媒体获取图书资料信息和音像信息

这是工会信息收集的有效途径。传统出版物如图书、报纸、期刊，新兴出版物如 VCD、DVD 光盘等以磁、光、电等介质出版的非印刷型文献资料和电子出版物、光盘音像制品，视听媒体如广播、电视等，以及新兴媒体如互联网等，因其信息来源广泛，对所载内容一般均经编辑处理，公开播发容易获得，所以对信息收集者来说，获得的虽不是第一手资料，也不失为一个丰富的信息源。特别是权威性新闻媒体、网站和作为党政群机关喉舌的传媒，其发布的信息更可靠可信，可以从中收集大量的有用信息，以备所需。

6. 通过开展专项调研和信息调研，获取第一手信息资料

这是工会信息收集的专门途径。由于开展一般所谓的专项调查研究比较耗时费力，信息工作部门往往从现成的调查报告中获取相关信息，并通过到信息发生地进行实地收集，以进一步了解信息的真实情况。可以说，这是一种“短、平、快”的信息收集途径。

7. 通过信访渠道获取基层真实情况的信息

这是工会信息收集的特别途径。职工来信来访，大多是向党政工领导机关和领导同志反映情况、请求帮助、要求解决问题，或者是进行申诉、控告、检举、揭发等。从一定意义上说，信访状况是国家政治生活的“气象台”，是社会稳定的“晴雨表”，可以直观地反映职工群众的生产生活状况和遇到的困难问题，也可以感受到一个时期党和政府制定的方针政策贯彻落实情况及职工群众所关注的问题。因此，信访信息是送上门来的第一手信息资料。

三、工会信息的综合处理艺术

信息综合处理，是指工会主席收到原始信息或初始信息后，对其进行鉴别筛选、分析研判、核实事实，剔除滞后、重复、不准确信息，对一般信息进行汇总、提炼和综合，对不同类型的信息做相应加工处理的过程。

（一）工会信息内容的鉴别

信息鉴别，是指对得到的信息内容的真伪、时效性做出判断，以确保用于加工编报信息的内容客观、真实和有效的过程。某些信息由于原始时就存在一些掺假和水分，或者由于信息提供者采编时的疏忽或表达不当，

以致造成内容失真、前后不一致等情况。某些信息在初始采编时可能认为可取，但由于信息所反映的事实本身过时，或者信息提供者延误，造成信息失去时效。因此，对信息内容进行鉴别显得必要和重要。

信息内容鉴定的标准如下：一是信息构成的时间、地点、人物、事件、因果等要素必须准确，信息的内容不过时。二是信息中引用的各种数据资料不能有误，应用的数据应前后一致，分项数字之和与总数相符。三是信息反映的事实客观真实，经得起推敲，没有明显的漏洞。四是信息中反映的观点应当从事实出发，不偏激，不文过饰非，不以偏概全。五是信息的表达令人信服，不能不讲逻辑，不能有悖常理。

信息鉴定的方法如下：一是核对。即对信息涉及的引文、数据、日期等，参考有关公文、权威部门发布的统计数据、相关内容的报道等，进行核对比照，剔除不真实部分，舍弃掺假和带水分的内容。二是分析。即凭借工会主席的素质和水平，对信息提供的内容和所做的表述进行逻辑分析、判断，以发现其中的疑点和破绽。三是调查。就是对信息的存疑之处，直接或委托有关部门向信息所涉当事人或有关单位进行调查，以检验其真实性和准确性。

（二）工会信息内容的筛选

信息筛选是指对信息的价值做出判断，剔除无价值的、重复的、无法利用的信息，把有用的信息选择出来的过程。信息鉴别，重在判断信息的真伪和时效，是信息处理的第一道关口；而信息筛选，重在判断信息的价值，是信息处理的第二道关口。因此，信息筛选也是信息处理的一个重要环节，做好这项工作，对于提高信息的效用、保证信息的价值至关重要。

信息筛选的标准如下：一是题材重要，对领导决策、推动当前工作、解决面临的问题、谋划未来、防患未然有用。二是信息的主题突出，不夹杂无关材料，反映的事物真实、准确、完整，分析问题比较辩证客观，并能从现象揭示本质，提出的意见较为中肯可行，表述严谨，编报及时，行文规范。三是信息反映的事物具有代表性、典型性、新颖性、独创性，具有典型意义、推广价值或可供借鉴。四是信息反映的内容具有知识性、可阅读性，或具有教育意义和启迪作用。五是信息的工会特色明显，所反映的是职工和工会关心、关注的问题及解决问题的办法、措施等，并能反映一些新情况、新思路、新经验。六是信息虽然暂时无用，但具有存储价值。

信息筛选的办法如下：一是对信息稿件本身进行剖析，如果不符合筛选标准，就不是有价值的稿件。二是与该信息稿件反映的事实同类的其他信息稿件相比，如果该稿件明显比较逊色，或是内容基本重复的，就不要选择该稿件。三是工会主席可以通过接触有关部门和人员，听取他们对某信息稿件的评价，如果基本持否定和负面评价的，就可考虑放弃该稿件。当然还有其他的分析判断办法，需在实践中不断探索创新。

（三）工会紧急信息的处理

所谓紧急信息，是指反映国内外各类重大突发事件、重要社会动态、紧急灾情疫情以及其他重要情况的信息。工会紧急信息，着重反映职工突发性事件的情况、境内外敌对势力渗透和破坏工会组织统一及职工团结的情况、工会协助党政组织处理重大突发事件和重大灾情、疫情的情况，等等。

紧急信息的涵盖范围如下：

1. 重大突发事件

包括参加人数较多、涉及面较广、影响较大的集体上访、请愿、游行、罢工、罢市、骚乱、非法集会等；虽然只有少数人参加，但影响极坏的突发事件等；重大治安和刑事案件，如械斗、枪杀、抢劫、劫机、劫船、劫持人质、暴狱等；可能引发重大突发事件的内幕性、预警性、行动性信息。这类事件的重要特点是政治性强，对一个地区乃至全国的社会政治稳定有一定的影响，如不尽快平息，可能会导致事态严重化，其后果不堪设想。

2. 重大灾情、疫情

包括重大自然灾害，如地震、海啸、风灾、雪灾、水灾、旱灾等；重大事故灾难，如爆炸、火灾、翻车、沉船、矿难、飞机坠毁、列车相撞等；重大公共卫生事件。这些灾情、疫情，有的是自然灾害，有的是人为造成，一般虽不具有政治性质，但对人民生命、财产危害极大，必须迅速做出决策，组织抗灾救灾，如果行动迟缓、救灾不力，弄不好容易演化为政治问题。

3. 重要动态

包括涉及国防、外交方面的重要动态；涉及港澳台地区的重要紧急动态；涉及国家安全和经济金融稳定的重要动态；本身较为敏感、已经或者可能在社会上形成舆论热点的事件等。这些方面的情况，都会对国家的政治、经济、外交、军事和国家安全与社会稳定造成这样那样的影响，如不及时掌握、作出积极应对，就可能造成工作被动，带来不良后果。

（四）工会信息的加工处理

信息加工处理是信息处理的重要环节，它是对原始信息资料或初始信息进行必要的增删修改、综合提炼、充实完善、挖掘内涵，使之更加真实、准确、规范和有价值，以便于传递、使用和存储的信息处理过程，包括信息的提炼与综合和信息文稿的编辑处理。

1. 信息的提炼与综合

信息的提炼是进行信息加工处理的一种方法，它是对初始信息的内容进行去粗取精、去伪存真和对文字表述作推敲精练的加工处理过程。提炼与鉴别、筛选的异同之处：提炼是针对某一条有价值的信息资料进行加工处理，而鉴别、筛选是对全部信息资料进行品鉴；提炼是对初始信息从内容和文字表述两个方面进行加工处理，而鉴别、筛选只重在信息的内容方面，基本不考虑信息的文字表述问题；提炼是在信息鉴别、筛选之后的加工，而鉴别、筛选是信息提炼的基础和预处理。信息提炼的过程，是进一步明确主题、突出主题、表现主题，使之更好达到报送或刊发目的的过程。因此，信息提炼一定要体现思想性、逻辑性、简明性及通俗性，在文字表述上还要体现出生动性、鲜明性、形象性和规范性。

信息的综合也是信息加工处理的一种方法，它是将内容相同或相近的零散无序的多条原始信息材料，按照一定的目的要求进行归纳汇总，从而形成一条新的、价值更高、具有一定深度的高层次信息的信息加工处理过程。

这种综合不是简单地将原始信息材料进行汇集与罗列，也不是不加选择地使用原始信息材料，而是围绕主题和行文目的进行的再创作、再加工。

2. 信息文稿的编辑处理

信息文稿的编辑处理程序如下：

首先，通读待编文稿。通读的目的在于了解原稿的结构、内容、语言等方面的情况，领会其想要表达的主题和所要达到的目的，并粗略发现存在的问题，从而为修改打下基础。不要匆忙动手，以免会错意思、来回返工、耗时耗力。

其次，对原稿作修改完善。包括：基本维持原稿框架，对标题、结构、内容、文字或作增删，或作调整，或作归并，或作修饰，使之主题突出，内容充实，结构严谨，层次清晰，格调庄重，语言精练，格式规范；只吸取原稿精华，进行推倒改写。

最后，对修改过的文稿进行审读。通过审读，检查文稿是否有不符合原意、表述不恰当及疏漏、谬误之处，如有发现，再作修改完善，以确保文稿的质量。

信息文稿编辑处理的常用方法或技巧如下：

压缩。就是将篇幅较长的文稿进行删繁就简，缩短篇幅。可采取以下具体办法：一是紧扣主题，将与主题无紧密关系、不利于突出主题的内容删去，使文稿中心思想明确、主次分明、详略得当。二是摘取原稿中的精华部分，或摘取其中有用的部分而删去其余部分，或摘取其概要而舍弃其详情，从而增大信息的价值含量。三是精选典型和事例，在同一篇文稿中，能用一个事例、典型材料说明问题的，决不用两个，可省去很多文字。四是将可有可无的字、句、节删去，既能压缩篇幅，又能使表述简洁。当然，在压缩文稿时，要注意不能把一些重要的信息要素压缩掉。

改写。就是将写得不好的原稿进行改头换面的彻底改造，写出新的文稿。可采取以下具体办法：一是改变行文角度。将原来文稿反映事物的视角进行变换，如从领导的角度改为群众的角度，从介绍经验的角度改为报道成果的角度，从报告情况的角度改为研究问题的角度，从某个局部的角度改为全局的角度，等等，从而使不易引起人们关注的问题得到注意，使本来无新意的东西变得有新意、有价值。二是改变文稿结构。使原来叙事不顺、逻辑混乱、颠倒重复、看了令人费解的文稿，变得条理分明、层次清楚、叙事流畅。三是分篇。如有的文稿反映有两个以上主题的内容，并且每个主题都很重要，又不宜将它们糅合在一起，可考虑将其分篇处理，各冠以标题，使之独立成篇。四是综合。将几篇稿件的相关内容归纳为一篇新的稿件，如将不同地区、单位反映的同一主题的稿件，同一事件先后报道的稿件，同类事物形成正反对照的稿件，归纳综合为一篇新的稿件。

改题，就是通过修改标题，使文稿起到画龙点睛的作用。为使标题更醒目、更题文一致、更一语破的、更简洁、更顺口，具体采取两种方法：一是在原标题基础进行修改，或推敲用字，或省略，或锤炼，或浓缩；二是更题，重新拟一个更理想的标题。

修饰。就是基本保持原稿的大体，只对局部内容作必要的修改，使之更完善、更充实、更准确、更有气势和说服力。

四、工会信息的交流艺术

工会主席实施工会领导的过程，就是一个工会信息交流的过程。交流渠道是否畅通，交流效果是否良好，都将直接影响工会领导活动的效果。因此，注意改进工会信息的交流方式，讲究工会信息的交流艺术，是工会主席的一项重要任务。

（一）工会信息交流的概念和类型

搜集、加工工会信息的目的是利用工会信息。由于信息接收者的地点不同，所以只有经过传递，工会信息才能到达各个信息接收者（或机构）手中，从而使工会信息得以利用。由此可以看出，工会信息的交流主要是指工会信息的传递。交流是工会信息处理的重要环节，是联系整个工会活动组成一个有机整体的纽带，它能促使工会各项工作协调发展。只有通过交流，工会信息才能实现其价值并发挥作用。工会信息交流越快，质量越高，价值就越大；工会运动、工会领导活动能够正常运转的前提条件是工会信息的交流。

工会信息的交流有三种流向。第一种是单向交流，即工会信息的传递者直接把信息传递给接收者；第二种是反馈交流，即工会信息的传递者按接收者的需求有针对性地选择信息进行传递；第三种是双向交流，即工会信息的传递者与接收者都向对方发送信息，共同参与传递过程，共享对方的信息。工会信息交流的基本类型大致有如下几种：一是正式交流与非正式交流，二是上行交流、下行交流和平行交流，三是口头交流与书面交流。交流的各种类型各有利弊，根据所要传递的信息，选择合适的交流类型，将会明显地提高交流的效果。

（二）工会组织内部的信息交流艺术

有效的内部信息沟通是工会组织保持良好内部关系、各项工作顺畅开展的基本保障。工会领导机构要及时有效地把工会的目标、职能、方针、政策以及工会的现状和发展前景、工会机构和人事变动等情况告诉会员群众；同时，会员群众将自己的意见、需要和建议畅通无阻地反映给工会领导机构，由此增进双方彼此的了解，使工会领导机关的决策更符合会员群众的要求，更好地得到贯彻。

工会组织内部的信息交流如按是否通过组织系统的原则划分，其类型主要是正式信息交流和非正式信息交流两种。正式信息交流是通过工会的组织机构，有计划、有系统地进行信息交流。例如，工会组织内部传达文件、发会议通知、定期召开会议、上级向下级发布指示、下级向上级报告等。工会组织内部的正式信息沟通，一般分为三种主要形式：一是下情上呈。下情上呈是指基层工会的信息上达至上一级工会组织。例如，基层工会向上级工会反映情况，上级工会主动去了解情况，以及会员群众意愿和要求及时反映到工会组织。下情上呈的信息内容涉及工会组织和会员群众工作、生活的各个方面。二是上情下达。上情下达至下级工会组织和会员。上情下达的内容有工会工作的方针政策、各种报告、重大会议精神、工作状况等。三是平行交流。平行交流是指组织内各平行机构之间的信息沟通。例如某一产业工会下属的各企业工会之间的横向交流，某一企业工会下属的车间或部门同级工会间的交流皆属于此。平行交流能够加强组织内各平行单位的了解与协调，增强合作意识。对于基层工会组织而言，要特别重视为会员群众创造各种平行交流的机会，增进会员间的相互了解与帮助，为开展各种群众性的工会工作打下坚实的基础。以上三种形式，无论哪种都应从实际出发，采用灵活多样的方法和技巧，发挥工会信息系统的优势，使工会内部正式信息交流收到实效。

非正式信息交流是指正式信息交流以外的信息传递与交流，即不受工会组织监督而自行选择的沟通。工会内部的非正式信息交流建立在会员群众的人际关系基础上。工会组织内部的会员之间存在着业缘、血缘、地缘人际关系，诸如师徒、学友、同事、父子、朋友等友善关系，并由此构成为工会组织内部的非正式信息交流网。非正式信息交流尽管没有计划，也不成系统，但是按照传播学的原理，非正式信息交流往往传播速度快，不受时间、地点等条件的限制，而且多为直接沟通，常常反映沟通者与被沟通者之间真实的思想和动机。另外，非正式交流还可传递一些不便正式交流的信息。因而，对于工会组织内部的非正式信息交流，关键在于做好引导工作，可疏不可堵，引导得法，便可以作为正式信息流通的补充。然而，不可忽视的是，非正式信息沟通也有着它致命的弱点，即信息易失真、意见易被歪曲、各种小道消息及流言蜚语易于传播，如一旦处于失控状态，有可能造成不利影响。

工会主席在把握工会内部信息交流的方法艺术时，应注意如下几点：

一是充分运用媒体来沟通信息。首先是利用工会自己掌握的媒体，比如《工人日报》，中工网，企业单位内部的广播台、闭路电视和自办刊物，基层工会的黑板报、宣传栏等，都是信息交流的重要渠道，可传递大量的信息。所以工会主席要特别注意看报纸、听广播、读简报，善于从上面获取信息，同时脑、手都要勤，多写信息，并善于运用媒体发送出去，使之在信息交流过程中产生实际效果。

二是要建立健全工会信息网络。工会信息的搜集、交流都可以利用传递网络来完成。这既包括建立健全从全总到省市乃至基层自上到下的纵向网络，也包括各省、市产业或基层工会之间的横向网络，这种健全的网络体系将加速工会信息的传递和交流，产生出巨大的效益。

三是要善于利用特殊渠道沟通信息。比如公开电话、意见箱、信访等都可以使工会主席和工会组织随时听到会员群众的批评、建议和呼声，体察到会员群众的要求和情绪。

四是身体力行直接与会员和职工群众交流信息。其方式主要是对话、相互交谈、各类会员活动等。上述方式的特点是面对面、互讲互听的过程，气氛是诚恳、坦率的，适应其所处环境的，令人满意和愉快的。运用其方式的关键是要有说与听的艺术，即要有打动听众和对方的演讲与话语，这包括内容要充实、正确、有吸引力，语气要肯定、果断，态度要宽厚、和蔼、从容、注入情感；同时要注意认真地倾听，要全神贯注地听，建议对方补充说明，并适当地给予支持。

（三）工会组织的对外信息交流艺术

工会组织的存在和工会工作的开展都离不开复杂的社会环境，都受到它的制约。工会主席抓好工会信息的对外交流，将会增强工会与党政及社会各界的了解和合作，为工会工作的开展创造出一个有利的外部环境。

工会组织的对外信息交流是指工会与自身系统外界以及所处环境的信息交流，其特点如下：

一是交流对象的广泛性。工会组织有着广泛的外部公众，他们便是工会对外信息交流的对象。在今天，工会工作迫切需要得到党政和社会各界的真诚合作与支持，这就需要工会主席抓好对外信息交流工作，以使工会组织本身能够迅速而准确地了解党政和社会各界对工会的建议和需求，又使党政和社会各界能够及时了解工会的实际情况，从而争取党政和更多的社会公众来支持工运事业。

二是交流的双向性。工会对外信息交流必须是双向交流。这种双向交流体现在两个方面：一方面是吸收来自工会外部的信息。工会要尽量快速、准确地收集处理来自党政和社会各界的信息，并及时地对外部信息作出反应、调整自己的行为。另一方面是发布工会自身的信息。工会自身的信息要及时、准确、有效地对外发布，让党政和社会各界如实了解工会组织内部的有关情况，增进党政和社会各界对工会的了解，进而支持工会工作。

三是交流的侧重性。由于对象的不同，对工会组织的利益要求也不一样，因而具体的工会组织对各类特定的外界对象，总是要有针对性地去调节关系。基于上述前提，工会对外信息沟通应具有侧重性。从吸收与发布信息考虑，就应该有针对性地分别收集各界尤其是党政的特殊信息，并根据他们的特殊要求，有选择地传达某些特殊信息。

工会主席在做好对外信息交流工作时，应注意以下几点：

一是要利用好新闻传播媒介。新闻传播媒介有传统媒体和新媒体两种。传统媒体是指各类报纸、期刊、广播、电视等，新媒体的主要代表是手机媒体与互联网，如数字杂志、移动电视、网络电视、微博、微信等。利用大众传媒传播工会信息，在方式方法上要重视创新。

二是要利用好各类函牍、简报。工会组织在与上级组织和平行组织之间进行信息交流时，较多地是采用公文、通信、简报之类，因此，工会主席一方面要善于从中获取信息，另一方面，也要及时地利用这些形式发布、传播工会信息。这些方式一般具有简洁、精练、准确、及时的特点，应该说是用来传播信息的较好形式。

三是要做好各类口头交谈。口头交谈是指创造面对面的交谈机会，进行信息的交流。例如召集各界人士座谈，举行记者招待会或新闻发布会，与行政部门进行协商对话，领导层的各种访问活动，到社会各界公众中去座谈、征询意见等。口头交谈由于是信息交流双方的直接见面，人情味较浓，交流效果也较好，是一种理想的对外信息交流方式。

四是要利用好工会信息网络。工会信息的对外交流需要在各个层次上同党政和社会各界进行沟通，因此就应当建立健全各种横向信息网络。比如全国总工会与中央各部委、各省市自治区总工会同各省市自治区政府部门等，都应该有健全的信息交流网络，通过这些信息网络做好工会与各界的沟通工作，以做到互相理解、相互支持，促进各项工作的发展，维护大局的稳定。

第20篇 工会主席的“互联网+”应用艺术

一、“互联网+”时代，工会大有作为

互联网作为信息技术和信息时代的产物，经过多年飞速发展，已全面渗透并影响着人们的工作、学习和生活，同样也给工会工作带来新的发展机遇。一是互联网作为全新的信息传播媒介拓宽了工会工作空间。互联网以强大的开放性，打破了地域、区域之间的界限，拓宽了工会工作的对象及其活动的空间，为工会工作的社会化奠定了基础。二是互联网独特的传播手段丰富了工会工作方式。互联网具有报纸、广播、电视等传统媒体所不具备的数字化、多媒体等优势，依托互联网可使工会工作内容更形象、方式更多元。三是互联网作为海量平台开辟了工会民主参与的新渠道。通过网络及时了解职工群众的思想动态和需求信息，可便于我们更有效地进行决策和开展工作，进一步提高工作针对性。

“互联网+”并不是“+互联网”，不是简单地把工会的工作直接从办公室、服务站搬上网络。这样的认识对于真正拥抱互联网还远远不够，而是要真正应用在工会领域，给工会工作加上信息化的翅膀，全面提升工作效能，至少应该包涵几个关键词：信息透明、提升效率、优化服务。具体来说，“互联网+工会”至少应具有如下几个元素：一是构建统一的互联网平台，让互联网与工会工作高度融合，全面提升工作效能；二是内容体现信息化，能够让职工借助互联网平台反映诉求，获取帮助，职工与工会组织能够互联互通；三是服务方式网络化，职工的意愿和诉求，工会组

织的职责能够通过移动网络平台实现，不需要通过传统面对面方式进行沟通，打破工会和职工之间的“玻璃门”，打造“网上职工之家”。

二、“互联网＋工会”怎么“＋”？

处于“互联网＋”时代，工会主席要有高度的敏感性，要高度重视国家经济层面的顶层设计，要深刻理解和认识工会工作适应信息时代发展的要求，与时俱进，完成工会工作管理新模式转型升级的嬗变，这是机遇，同时也是摆在工会工作者面前的一个现实而紧迫的新课题。

（一）提高认识，建立工会应用互联网的科学理念

各级工会主席要深刻认识互联网发展趋势，正确把握互联网给工会工作带来的机遇和挑战，顺应时代发展潮流，增强应对互联网发展的紧迫感和责任感，树立应用互联网的科学理念。

一是加强组织领导。要充分运用信息网络技术，按照有关规范和统一标准，加强数字化工会建设，建立相应的组织领导机构和工作推进机构，各级工会主席是本级工会数字化工程的第一责任人。

二是创建工作载体。各级工会要因地制宜，借助新媒体，改革工会原有工作方式，通过建立数字化工作载体，开展好本级工会工作。载体既可以是从工会全局工作出发的综合性载体，也可以是围绕工会教育培训、帮扶维权服务等一个或若干个方面的个性化载体。

三是强化舆论宣传。加大工会数字化宣传力度，要广渠道、多形式地向社会各界宣传工会数字化系统建设成果以及工会服务职工的新举措，提高职工群众对数字化系统的知晓率和认同度，基层工会也要通过各种媒介加强工会工作宣传，营造良好的舆论氛围。

（二）优化服务，创新工会应用互联网的工作模式

各级工会要结合实际，真正立足职工需求，进一步完善已有的数字化服务平台，不断探索新的服务载体，优化服务内容，通过“三个结合”打造“网上职工之家”，让更多的职工群众得实惠。

一是在平台建设上做到完善与创新相结合。加强数字化服务平台的统

一规划及“硬件”建设，有条件的基层工会可按照工会组织新闻门户网站要求，建好本级工会网站，以“网上工会”为主题，全方位、多角度地宣传工会工作，优化网站专栏设置，开设“投诉咨询”“主席信箱”等互动栏目，畅通职工诉求渠道。尝试微信新媒体发布模式，探索开通工会公众微信号，建立微信工作群，实现信息逐级传递和“点对点”全覆盖。开设内容新颖、主题健康的工作板块，用“接地气”的语言，定期推送反映工会工作、传递服务资讯的原创微信，零距离服务职工。

二是在服务项目上做到特惠与普惠相结合。在加强“硬件”建设的同时，突出服务“软件”建设。要认真贯彻落实全国总工会《关于新形势下加强基层工会建设的意见》“着力打造基层服务型工会，大力推行会员普惠制”等要求，为职工量身定制服务项目。继续完善医疗互助平台保障办法、结报手续、大病救助标准和救助范围，为困难职工提供特惠服务；探索建立工会服务卡管理平台，为全体职工提供工会专项服务和特约商户普惠服务。

三是在推进方式上做到整合与拓展相结合。整合现有的数字化系统，对一些过于复杂、不够实用的平台栏目予以精简，并加大系统的推广使用，扩大系统覆盖面，力争在几年内将数字化系统延伸至村（社区）、企业工会一级，实现市、镇街（园区）、村（企）工会工作三级联动，信息共享共通。

（三）统筹规划建立工会应用互联网的长效机制

各级工会要在完善线上平台栏目板块的同时，对线下工作流程进行优化重组，建立长效工作机制，使线上线下相互促进、有机融合。

一是经费保障机制。将数字化系统建设、运行以及维护费用纳入工会经费支出，实行项目预算，切实保障资金到位。

二是操作使用机制。重点抓好系统平台应用，从操作层面完善专项细则，特别是交友联谊平台登录、操作、退出制度以及管理员对会员发表文字、上传视频的后台审核制度，基层工会也要根据本级实际，制定符合自身特色的新媒体使用制度。

三是管理考核机制。加强对工会应用新媒体的统一管理，要制定数字化系统平台应用考核评估标准，健全完善新闻宣传和信息报送、档案管理、工作激励等配套制度，基层工会也要建立相应的工作制度。四是活动运行机制。探索建立网上活动机制，利用现有媒介资源，配合本级工会主流工作，定期开展普法宣传、交友联谊、寻找最美青工、安全隐患随手拍等形式多样的网络“微活动”。五是合力推进机制。积极争取党政以及相关部门和单位在互联网应用方面的支持和协作，实现资源共享，建立合力推进的工作机制。

（四）加强配备，打造工会应用互联网的工作队伍

建立一支懂互联网、有新媒体技术、会电脑操作同时也熟悉工会工作的人才队伍，是工会应用互联网的关键。为此，各级工会要抓紧配好“三大员”，强化队伍建设，为工会运用“互联网+”提供智力支持。

一是信息员。各级工会至少配备1名工会干部作为信息员，市总工会也要配备专人负责网站信息管理。组织信息员开展互联网应用业务培训，集中学习网络媒体技术、公文写作、新闻报道撰写等知识，提高信息员写作水平和运用信息技术的能力。

二是维护员。当前网络攻击、病毒传播、有害不良信息泛滥等已成为严重的网络安全问题，各级工会要未雨绸缪，加大投入，通过系统内配备或社会化外聘专业网管、技术骨干，加强数字化系统技术维护工作。

三是宣传员。适应互联网时代信息公开要求，促进工会与社会媒体之间的有形互动，探索在工会系统内组建网络宣传员队伍，及时对国内外重要网站信息进行浏览查看，对网络舆情进行综合分析研究，特别要对一些影响较大的职工诉求问题和群众反映的热点问题及时报告，并协调相关部门制定宣传口径，有针对性地予以回复和处理，有效引导舆论，把握工作主动权。

三、工会主席运用“互联网+”的艺术

（一）全面认识“互联网+”

李克强总理在第十二届全国人民代表大会第三次会议上提出，制订

"互联网+"行动计划。"互联网+"是指以互联网为主的信息技术（包括移动互联网、云计算、大数据技术等）在经济、社会、生活等各部门、各领域的扩散、应用过程。简单点说就是需要将互联网与传统行业相结合，促进各行各业发展。它代表一种新的经济形态，即充分发挥互联网在生产要素配置中的优化和集成作用，将互联网的创新成果深度融合于经济社会各领域之中，提升实体经济的创新力和生产力，形成更广泛的以互联网为基础设施和实现工具的经济发展新形态。

当今世界变化快。IT（信息技术）、DT（数据技术），将和200年前的蒸汽技术、100年前的空气动力技术和电力技术一样，对人类经济社会生活产生巨大、深远而广泛的影响。"互联网+"工会工作管理新模式旨在以信息技术主导工会工作，也就是运用大数据和云计算成果为工会工作所用，把工会工作的"基础"打好，应用"互联网+"和工会服务职工各种要素，建立好互联网时代工作平台。

我国迄今已有6.5亿网民，5亿的智能手机用户，其中职工农民工用户占大多数，为推动"互联网+"工会工作奠定了坚实的职工群众基础，"互联网+"将为工会工作添上有力翅膀。"互联网+"工会的管理新模式主导思想要从以人为主管理转变为以信息数据管理为主，充分发挥信息在工会保障职工权益资源配置和运用中的主导作用，建立起"互联网+"工会工作管理新模式。

（二）提升网络运用能力

工会主席要切实树立"网络就是机遇"的新观念，创新网络沟通方式，提升网络沟通能力。为此，必须做好以下三方面的工作：

1. 借助网络推动信息公开

借助网络技术，推动信息公开。要建立阳光工会，让政策透明、权力透明，让职工群众看得到、听得懂、能监督。要完善新闻发言人制度，把工会信息及时准确地传达给职工群众，表明态度和立场。对重要舆情和社会热点问题，要积极回应、答疑解惑。

2. 加强网络民主决策

善于通过“网上议事厅”“网络问计”等形式，进行网络民主决策。首先，要重视“策”，通过网络平台，确定公共议题，让网民畅所欲言。其次，要重视“选”，从网民意见建议中选出合适的建议。再次，要重视“合”，和网民合作协商，制定正确的公共政策。最后，要重视“传”，通过网络传播，让政策深入职工群众之中。

3. 做好网络舆论引导

要切实把握舆论引导的时机。舆情事件发生后，一定要第一时间进行快速而有效的回应，但舆论引导并不总是“抢”的问题，也有“缓”的学问。有些热点问题的事实并没有完全呈现，各方还有较大争议，就需要适当缓一缓、看一看，不能盲目作判断、匆忙下结论。同时，还要切实把握媒体沟通的火候。舆论引导贵在掌握火候、拿捏分寸，讲究适时适度。有选择性地淡化问题和强化问题，不要轻易把点上的问题说成面上的问题，把人的问题说成体制机制问题，等等。

（三）提升网络危机应对能力

工会主席一定要树立“网络蕴含风险”的危机意识，善于运用网络，凝聚各方力量，化解网络危机。为此，必须把握以下三方面的工作重点：

1. 及时启动应急预案，掌握应对危机主动权

一旦发现舆情信息，工会主席必须以最快的速度作出反应，正确分析研判舆情，迅速启动应急预案，早发现、早预警、早处置。要在第一时间发布权威信息，第一时间表明立场态度，占领信息制高点，先声夺人，消除网民困惑。随后，通过主流报纸、广播、电视深入报道事件发生的背景、原因等，告知公众事件的详细过程、调查进展。

2. 快速展开真相调查，高度重视回应民意

发布信息时一定要反复核实信息源，确保能够经得住网民“挑刺”。千万不要因微小的误报、漏报加重网民的质疑甚至误解，影响工会的公信力，引发“次生危机”。要动态发布，随着事件调查的进展不断跟进式发布即时信息，既满足公众知情需要，又有利于事件的解决。要根据舆情的

内容、性质、影响和关注程度等因素，合理确定动态发布周期。

3. 全力化解网络危机，赢得舆论主导权

应对网络危机，要善于变被动为主动，准确把握舆论引导的方向和重点，针对网民的质疑，主动答疑解惑。工会主席要学会换位思考，考虑相关主体的立场、感情和需要，满足网民的合理要求，追查有关部门当事人的责任，调整和完善相关政策、法律和制度，在此基础上把握网络危机舆论发展的方向，从而转危为机，赢得主动权。

（四）提升新媒体运用能力

“互联网+”时代，新媒体的迅猛发展既带动了信息传播格局、社会舆论环境、公众参与方式的变革，也给工会联系职工、服务职工带来了更多机遇、更多挑战。面对信息化浪潮的冲击，各级工会组织纷纷组建工会网站、QQ群，开通官方微博、微信，开发手机APP（应用软件）等新媒体，努力实现与职工沟通零距离、服务全天候，这给工会主席的工作带来了新的机遇和挑战。

1. 用户为王

互联网时代，用户前一秒“关注”新媒体成为其“粉丝”，后一秒不满意就可以“取消关注”弃之而去，他们对新媒体是否满意直接关乎新媒体的生死存亡。因此，工会新媒体必须秉承“用户为王”的理念，准确定位职工用户群，了解他们的年龄特点、职业特点、思想特点、知识特点、阅读特点等，调整好发布角度，吸引大批忠实的职工“粉丝”。

以新心态贴近职工。过去，工会是把信息提供给职工，在“互联网+”时代，我们要把职工关心的信息转化为服务，再把服务提供给职工。这就需要工会主席主动深入现实世界和虚拟世界寻访职工，以大浪淘沙的方式倾听职工心声，了解职工群众的所思所想所盼所需。

以新语态走近职工。时尚的网络语言如同与职工之间架起自然沟通的桥梁。工会主席要经常浏览职工喜爱的门户网站、论坛，及时掌握职工的表达方式，抛开习惯的“官话”，学会说职工喜闻乐见的网络“热语”，拉近与职工的距离。

以新形态引领职工。要拓展“新阵地”，针对不同年龄、不同职业、不同习惯的职工，建立“信息加工库”，打造集信息发布员、网民志愿者、铁杆粉丝群为一体的新媒体“粉丝团”，培养熟悉互联网技术、热心公益的职工“大V”，让他们成为正能量的“舆论先锋”和虚假信息的“粉碎机”，让工会正能量占领职工思想高地。

2. 互联为魂

互联网是以信息为纽带的超级大组织，其网状结构特点将五湖四海的职工在虚拟世界聚集起来，而链接职工和信息的核心是“OTO”（Online To Offline），即线上和线下的有机互动。

新媒体互联。工会可对官方微信平台功能进行升级，打造“3+N”新媒体矩阵，即“粉丝”只需关注微博、微信或网站其中之一，就能链接至其他新媒体，直通N个热门服务，实现工会新媒体间的初步融合。同时，利用工会长期形成的人脉网络，加强与其他职能部门新媒体的联系，扩大工会新媒体的影响力。

信息互享。服务信息实用性强，往往会被用户保存、分享和转发。官微平台经常发布医疗互助、困难帮扶、家政培训、法律援助等服务指南，不断吸引用户，往往能实现裂变式传播。

职工互动。依托网络技术，职工对新媒体可以随时体验、随时反馈，对内容的评价可以一对多、多对多实时发布。但要真正实现“动起来，更精彩”，需要通过线上召集、线下组织的形式增加互动。

3. 内容为源

为适应“互联网+”的语境，工会新媒体要积极改文风、转网风，确立“内容个性化、吸引年轻化”的目标，推动发布内容“快起来、轻起来、靓起来”。

一是快准结合凸显引导力。快是“互联网+”的显著特征，“刷屏”更是网民的常规姿态。力求第一时间发布，实现快速响应、秒级传播，已成为新媒体的首要任务。二是清新活泼引领轻松阅读。新媒体受众以年轻职工为主，他们厌恶一本正经的说教和长篇大论，清新活泼的风格更能赢得他们的欢心。三是可视化丰富传播形式。从静态的文字、图片到微动漫、微电影的转变，彰显了报道的动感。

“互联网＋”时代，新媒体已成为传播最高效、受众最广泛的媒介，正深刻改变着工会工作的方式方法。工会只能也必须顺势而上，用心经营好自己的新媒体，才能将服务和创新有机结合，点亮一条与时代合拍、与党政同行、与职工同心的发展之路。

延伸阅读

深入推进“互联网＋”　探索工会服务新模式

——河南职工网（漯河频道）职工服务平台建设纪实

国务院总理李克强在全国“两会”的《政府工作报告》中提出，“互联网＋”是潮流所在大势所趋。为适应新常态下经济社会发展形势，方便快捷地宣传党的路线方针政策，传播工会声音，弘扬主旋律，传递正能量，把互联网开辟成工会教育、引导职工的新阵地，漯河市总工会以搭建河南职工网（漯河频道）职工服务平台载体，将先进的网络技术与工会的组织优势紧密结合起来，以开展网上服务活动为抓手，“上下同步”“内外兼修”，抓重点、带全局，多策并举，深入推进“互联网＋”网上工会建设，努力探索工会工作服务新模式，形成了漯河经验，2015 年 10 月 15 日河南省“一网一卡”工作现场会在漯河成功召开。

切实履行工会职能

工会是职工之家，工会组织就是家长。切实履行家长的职责和义务，让广大职工感受到家的温暖，引领广大职工精神、文化生活同步高质量发展，是漯河市工会在多年的工作中形成的一贯做法和成功经验。2015 年年初，漯河市总工会成立河南职工网（漯河频道）职工服务平台领导小组，下设办公室，办公室设在市总保障部，作为日常工作协调机构，行使指导全市各级工会开展职工网络服务平台建设的职能，并从基层抽调懂业务、精通电脑操作的工作人员专职负责此项工作。为充分利用互联网和现代信息技术，建立线上线下、资源共享的服务职工新模式，进一步提高为广大职工服务的水平，市总工会依托互联网平台，以"一网一卡"为载体为广大职工提供全方位的政策信息、培训就业法律咨询、生活服务等六个板块服务工作，并开通适合广大员工需求的劳动权益、职工信访、特困求助三大平台，让广大职工通过网络享受到普惠制服务，不断增强工会组织的吸引力和凝聚力。

"劳动权益""职工信访""特困救助"是河南职工网（漯河频道）服务职工的三大拳头品牌，为精心打造其品牌，漯河市总工会首先从关注职工安危冷暖入手，制定出网上平台救助实施方案，根据职工求助内容，符合工会救助条件的，漯河市总工会帮扶中心及时给予救助，对于寻求社会帮助的，在确保真实性后在网上发布，动员社会力量给予援助，使困难援助工作更加细致入微。为有效维护职工合法权益，漯河市总工会组建了工会法律工作者、工会法律顾问、法律服务志愿者团队，团队成员信息上传至职工网，充实"权益受理"栏目信息，并对法律工作人员进行业务和网上操作程序的培训；制定出"法律咨询""权益受理"工会法律服务范围及职工信访网上受理实施办法等，当好贴心人，指导职工以合法、理性的方式表达诉求，维护自身权益，促进社会和谐稳定。

以平台塑造新形象

漯河市总工会坚持实施"塑形工程"，把"塑形象、创品牌、打造一流'服务型'工会"作为网络平台建设的重要任务。市总工会以规范制度入手，严格网站管理运作，在每个版块每个平台都配备有网络管理员，及时掌握职工需求信息和思想动态，有针对性地提供常态化、零距离服务，并就网络媒体和职工群众关心的相关问题进行答复，及时做好收集分析和引导工作。

为推动网络建设稳步进行，为广大职工提供多元化、普惠制、便捷化服务，真正让工会服务融入社会、走进基层、贴近职工，市总工会制作了“一牌一卡一海报”，打造个性化标识。“一牌”是制作河南职工网（漯河频道）标识牌，张挂在基层工会办公室、职工活动娱乐场所，提示工会干部和广大职工关注河南职工网（漯河频道），职工通过职工网正确表达自己的诉求，工会干部网上查阅，及时与职工沟通交流，把矛盾化解在一线、解决在基层；“一卡”是制作宣传卡片，依托基层工会、合作银行营业网点、加盟商家等社会服务窗口发放宣传卡，为职工群众提供社会化服务；“一海报”是制作宣传海报，让河南职工网（漯河频道）服务进厂区、车间、班组，真正做到与职工面对面、零距离接触，服务职工达到无盲区。做到工会服务有平台、微信有链接、应用有APP，向社会推介河南职工网（漯河频道）对内凝聚人心、激发活力，对外展示形象、提升品牌质量。

拓宽网站服务新领域

漯河市总工会积极探索网络服务平台建设的新途径，量身定做，打造出以线下活动引领，线上深化拓展，“上下”呼应，推动网络三大平台、六个版块与工会管理服务的有机融合。

为充分发挥河南职工网（漯河频道）技能培训栏目功能，更好地服务经济建设、培育技能型人才。漯河市总工会及时收集发布财政支持的培训项目及工会组织的培训信息，对区域内所属培训机构进行摸底调查，选取信誉度高、培训效果好的培训机构在网上发布；筛选一批有影响力的技术能手先进操作法录制成视频，在网上发布，以“贴心的娘家人”姿态，给职工提供一个更加现代、便捷的学习技能、提升素质的服务平台；为不断丰富职工的精神生活，满足职工的文化需求，漯河市总工会收集发布全市文化阵地信息，以及各级组织面向大众的公益文化活动信息在网上发布，并在线上制定职工文艺活动实施方案，线下开展笔会、采风等活动，鼓励职工创作散文、诗歌、绘画、摄影、微视等作品在网上发表，开展网上评选活动；针对城镇社区职工及其家庭和农民工等群体的不同生活需求，以及部分家庭对老幼病残陪护、保洁等特殊服务需要，及时征集发布有针对性的服务引导信息，充分利用漯河工会已有的成功婚恋交友品牌，将服务拓展至河南职工网婚恋交友栏目，为单身男女职工提供长期、不间断服务，并定期汇总、组织网上相互关注成功人员，开展线下见面会活动，为单身职工搭建相识、相知、相恋的网上婚恋交友平台；为充分利用“春风行动”、民营企业招聘周、“工会就业援助月”活动，走进市劳动人才招聘市场，推介河南职工网就业服务，引导新毕业的大学生或其他求职人员，线上注册使用河南职工网，使招工和求职在网上实现双向选择，并举办河南职工网（漯河频道）职工服务平台推介会，进一步宣传河南职工网（漯河频道）的功能及作用，使网络平台建设发展可持续、创建有方向。

在今后的工作中，漯河市总工会将按照省总工会“河南职工网”职工服务平台的部署和要求，拓宽思路，整合资源，立足实际，着眼长远，不断探索工会服务新途径，努力做好新常态下的工会工作，让职工体面劳动、舒心劳动、怀揣梦想、努力奋斗，以务实肯干精神引导网络舆论发出工会组织的好声音，让职工群众真正感受到工会是最可依靠的“职工之家”、工会干部是最可信赖的“娘家人”。

后 记

全面从严治党是中国共产党自我净化、自我完善、自我革新、自我提高的重要战略举措。全面从严治党就要不断加强党员干部的能力建设。工会作为党的重要群团组织，如何贯彻落实这一重要精神，进一步加强“党建带工建、工建服务党建”工作，成为摆在各级工会组织面前的一个新的重大课题。

面临新形势下工会工作的新情况、新问题，广大工会干部应以党员干部的高标准严格要求自己，不断加强自身的能力建设，以更好地服务职工群众。因此，我们编写了这套《新形势下工会干部能力与素质提升丛书》，旨在为广大工会干部尤其是工会领导干部提升驾驭工会工作的能力提供帮助。全书共分三册，紧扣提高工会干部能力与素质这一主题，分别对工会主席应当掌握的领导艺术、应当具备的能力和工会干部应当掌握的工作方法，做了全面、系统的介绍和阐述。本套丛书既着眼时代要求，又从工会实际出发；既注意理论分析，又注重对实践经验的总结概括；既着力阐述一般方法，又精于介绍实际操作。相信广大工会干部，特别是工会主席阅读后，会有开卷有益之感。

本套丛书由河北劳动关系职业学院闫晓燕担任主编，参与写作的还有张静、周英锐、董亚静、戴文宪、张亚勇、张红锋、陈迁达、王玉、刘莎莎。由于客观事物是不断向前发展的，新事物、新问题、新方法、新创造总会不断涌现，加之我们自身水平有限，虽尽了很大努力，但仍难免出现缺憾。因此，敬请工会主席、工会干部及各界读者能提出宝贵意见，以利我们改进。本套丛书在编撰过程中参考了有关的书籍、资料，谨向相关编著者表示由衷的感谢并致敬意。

编者

2016 年 4 月